퇴사
대신

노조
만들기

퇴사 대신 노조 만들기

송영수
신지은
지음

희화나무

차례

들어가며 009

1부 노동조합 활동

1장 노동조합을 만들기로 했으면 만들어보자! 025

1. 노동조합 설립하기와 가입하기 025
2. 규약 만들기 036
3. 조직 체계 꾸리기 038
4. 시작은 집행부 단결에서부터 042

2장 노동조합을 만들었으면 이제 움직여보자! 053

1. 노동조합의 일상활동 053
   1) 노동조합의 성격 · 2) 노동조합의 운영 · 3) 노동조합의 대표 · 4) 회의 운영 방법

2. 노사관계의 기본과 노조 실력 높이기 063
   1) 노사관계는 휴전상태 · 2) 일상활동에 대한 재인식 · 3) 제일 중요한 것은 지부도의 의식

3. 임금인상 요구안 작성법 069

4. 단체교섭-처음부터 마무리까지 073
   1) 단체교섭이란 · 2) 단체행동권과 노사협의회 · 3) 단체협약이란 · 4) 단체교섭을 거부하는 경우 · 5) 단체교섭 관련 절차 · 6) 쟁의행위 관련 절차 · 7) 교섭 시기별 중점 사항

5. 파업투쟁, 어떻게 할 것인가 091
   1) 파업권이란 · 2) 파업권의 위력 · 3) 쟁의 전술의 수립

II부 노동조합 교육

1. 알게 되면 생각하는 그릇이 달라진다. 099
2. 교육, 실무가 아닌 역사와 이론을 101

1장 우리가 아는 노동조합, 우리가 모르는 노동조합 105

1. 노동조합은 당연한 권리다. 105
2. 헌법 제33조, '노동자는 노동3권을 가진다.' 107
3. 노동조합을 빨갱이라고 가르치는 한국 사회의 현실 109
4. 노동조합 조직률이 높으면? 112
5. 노동조합 조직률이 하락하면? 118
6. 노동조합 조직률이 하락하는 원인은 어디에 있을까? 121
7. 노동운동의 패착-정리해고제 127
8. 노동자는 철학을 가져야 한다. 129

2장 노동자의 철학, 노동자의 관점 132

1. 학문도 소비의 도구 133
2. 우리 사회가 근본적으로 비인간적인 이유 136
3. 하나의 현상, 두 개의 관점 138
4. 노동조합 그리고 노동운동만이 휴머니즘을 옹호하는 운동이다. 142
5. 다시 시작한 노동조합운동은 자주성·민주성·연대성·변혁지향성·투쟁성을 견지해야 한다. 146

3장 신자유주의를 넘어서기 위한 노동자의 철학 148

1. 아는 게 병이고, 모르는 게 약이다? 148
2. 문제를 해결하는 첫 번째 단계는 문제를 인식하는 것이다 151
3. 자유민주주의, 제대로 알고 있을까? 154
4. 단결금지법이 폐지된 지 200년,
   노동자의 단결은 자유롭지 않다. 156
5. 사유재산은 과연 신성한가? 160
6. 자본주의에 대한 노동자의 입장과 철학은? 163

4장 한국의 현실과 자본주의 167

1. 선진국으로 진입한 대한민국, 당신은 행복하십니까? 167
2. 하루 약 38명이 스스로 목숨을 끊고 있는 대한민국 171
3. 한국 자본주의의 형성과 노동자계급 174
4. 자본이 돈을 버는 비밀 176

5장 노동법의 기원, 원리와 체계 183

1. 노동법의 기원-구빈법과 공장법 183
2. 프랑스혁명과 근대 시민법이 가진 한계 185
3. 근대 시민법의 수정과 노동법 191
4. 노동법의 역사 192
5. 노동법의 체계와 양면성 194
6. 위험의 외주화와 〈중대재해처벌법〉 196

6장 최저임금을 통해 본 자본주의 사회의 임금 200

1. 88만 원 세대의 항의,
   "적어도 최저임금 1만 원은 받아야……" 200
2. 자본주의 사회에서 노동자의 임금 202
   1) 최저임금이란 · 2) 표준생계비-생활임금이란
3. 자본주의 사회의 임금이 가진 특수성 209
4. 임금은 현실적으로 협상에 의해 결정된다. 213
5. 노동력의 가치와 노동의 가치 216

7장 노동조합 조직활동, 어떻게 할 것인가 219

1. 다른 나라의 사례들 228
   1) 영국의 노동조합운동 · 2) 독일의 노동조합운동 · 3) 프랑스·스페인·이탈리아 등 남부유럽 노동조합운동의 경향 · 4) 미국과 유럽의 신노동조합운동 · 5) 마르크스-레닌의 혁명적 노동조합운동
2. 노동조합 조직활동의 과제 236

8장 노동운동이란 무엇인가 248

9장 자본주의 이후를 상상한다. 267

1. 우리가 바라는 사회는 267
2. 미래 사회를 향한 투쟁-역사의 증언 270
   1) 1871년 파리코뮌 · 2) 러시아혁명 · 3) 중국혁명
3. 자본주의를 넘어, 새로운 사회를 상상하자! 288

마치며 293

들어가며

얼마 전 신지은 동지로부터 'MZ세대들을 위한 노동조합 안내서'를 내보자는 제안을 받았다. 2003년 간이식 수술 당시 노동운동에 진 빚에 떠밀리기라도 한 양, 노동운동을 계속 해야 했던 시간 동안 조합원들의 교육을 위해 써두었던 교안을 모아서 책으로 내보자는 제안이었다. 지난 2000년 부산지역 일반노조 설립 초기에 나와 맺은 인연이 어쩌면 그의 인생에서 아픈 상처로 남았을 터인데도 여전히 노동조합과의 인연을 끊지 못한, 다른 직원들 임금이 배로 오른 수년 동안 임금 동결을 감수하고 다시 노조위원장을 하겠다며 나를 찾아온 이 멋지고 끈질긴 친구의 제안이 처음에는 그저 당혹스러웠고, 또 무슨 도움이 될까 싶어 고민하다 무작정 함께해보기로 했다.

1996~1997년 노동법개정 총파업투쟁을 겪고 난 후 나는 민주노총에 대한 기대를 접었다. 민주노총을 합법화해 정치세력화하려는 방편이었다고는 하지만, 정리해고제의 수용은 자기 조합원에 대한 보호를 포기하겠다는 선언이나 다름없었다. 자기 조합원에 대한 보호를 포기한 조직은 노동조합이 아니다. 적어도 내 눈에는 민주노총이 그렇게 보였다.

아니, 어쩌면 MZ세대들에게도 민주노총은 그렇게 보였을지 모른다. 한창 감수성이 예민한 나이에 정리해고된 부모를 지켜보았던 당시의 초·중·고등학생들의 눈에 비친 노동조합은 힘없이 쓰러져가는, 그리고 정의롭지도 못한 노동조합이 전부였을 것이다. 그들과 그들의 부모가 경험해야 했던 불행의 진짜 원인이 자본의 야만성과 폭력성임을 이해하기엔 너무 어리지 않았던가. 신자유주의 개혁으로 포장한 구조조정과 정리해고의 직접적 피해자에는 MZ세대도 포함되어 있었다. 나는 그 시대의 트라우마가 아직도 우리 사회를 지배하고 있을 뿐 아니라 MZ세대의 의식이 형성되는 데 지배적인 역할을 했다고 생각한다.

구조조정은 일상화되었고, 비정규직은 늘어만 갔으며, 최저임금과 빈부 격차까지…… 게다가 정치세력화를 빌미로 정리해고제를 내주고 제도권으로 들어간, 소위 운동권 출신 국회의원들의 어처구니없는 변절과 배신을 보고 자란 이 MZ세대가 지금 민주노총에 반감을 갖는 건 당연한 일 아닐까. 그렇다면 지금 MZ세대가 보여주는 의식과 행위는 결국 우리가 뿌린 씨앗의 발아다. 조직과 공동체보다 개인을 앞세우는 자유주의와 개인주의의 만연은 조직이 조합원의 보호를 포기한 시대의 산물이라고 보는 게 옳을 것이다. 당연한 결과가 아닌가!

최근 "민주노총이건 한국노총이건 다 싫다"고 거부하며 '새로고침', '올바른'이라는 요상한(?) 이름을 달고 서울교통공사·삼성·LG 등에서 생겨난 이른바 MZ 노동조합들. 이들은 대개 (의사단체들처럼) 자기 이익만을 챙기려는 이익집단처럼 굴기도 하지만, 나에게는 그렇게만 생각되지 않는 이유가 있다. 이들은 사실상 조직이 조합원 개인을 보호하기 포기한 시대의 산물이고, 우리 87세대가 뿌린 씨앗이자 이들에게

진 빚이기도 하기 때문이다.

처음 설립된 노조에 가서 교육할 때면 나는 언제나 "민주노총이든 한국노총이든, 어용 노조건 민주 노조건 노동조합의 조합원이 늘어나는 건 무조건 좋은 일입니다. 그 사회의 노조 조직률이 그 사회의 민주화 정도와 빈부 격차를 가늠하는 척도이기 때문입니다"라고 강조하곤 한다.

사실이 그렇다. 노동조합 조직률이 가장 높은 곳이 북유럽이다. 미국·일본이 20퍼센트 이쪽저쪽이며, 우리나라는 10퍼센트를 겨우 넘길 정도다. 이것만 봐도 북유럽을 왜 사회민주주의 복지국가라고 부르는지 알 수 있다. 1987년 노동자대투쟁 직후인 1989년의 노조 조직률은 대략 20퍼센트 정도였는데, 이때가 우리나라에서 노동자의 실질소득이 열 배까지 올라간 유일한 시기였다. 정리해고제가 도입되어 노동자가 정규직과 비정규직으로 갈린 뒤로 노조 조직률은 10퍼센트로 반토막 났고, 그 이후부터 지금까지의 상황이 어떤지는 굳이 말로 안 해도 다 아는 바다.

그래서 나는 정치투쟁을 지양하고 새로운 쟁의 방식을 만들어 노조 본연의 활동에 주력하겠다는 허무맹랑한 소리를 하는 MZ 노조도 필요하다고 생각한다. 더구나 한국노총을 비판하면서 탄생한 민주노총이 한국노총과 별반 다르지 않게 된 지금, 많은 비판적 노조가 생겨나는 건 꼭 필요하고 반가운 일이기도 하다. 앞으로 MZ세대가 만든 노동조합들이 우후죽순처럼 생겨나기를 기대한다.

내가 MZ세대에게 기대를 거는 데는 더 중요한 이유가 있다. 그건 이들이 과거의 좌절과 충격을 딛고 이제는 개인을 넘어 단결하고 있으며, 하나의 세력으로서 역사의 무대에 등장할 준비를 시작했기 때문이다. 택배노조·화물연대·건설노조 조합원의 상당수가 MZ세대 노동자들이고, 민주노총 조직에서도 젊은 조합원과 간부들이 늘어나고 있다. MZ들이 움직이고 있는 것이다!

부침이 심한 게 노동운동이지만, 나는 MZ세대 노동자들이 머지않아 개인주의와 실리주의라는 껍데기를 깨고 현재의 노동운동 세력을 대체할 새로운 세력으로 발전할 것이라고 믿는다. 그리하여 현재의 노동운동도 언젠가는 침체기를 지나 확장기를 맞을 것이라고 확신한다. 자본주의 탄생 이후 노동운동은 늘 그래 왔고, 그것이 바로 노동운동의 역사이기 때문이다.

직업적인 이해관계에서 시작되었더라도 일상적인 투쟁을 거치면 반드시 계급적인 현실에 눈을 뜰 수밖에 없다. 더구나 윤석열 정부와 같이 노동 탄압을 일삼는 정권과 부딪치다 보면, 자본주의 국가의 본질에 대해 생각해 보지 않을 수 없는 게 대한민국의 현실이다. 1970년 전태일 열사의 분신은 노동자의 '인간선언'이었고, 1987년 7·8·9월 대투쟁은 노동자의 '주체선언'이었다. 지금 떠오르고 있는 MZ세대들의 움직임은 과연 어떤 선언으로 역사에 남을지 기대가 된다.

민주노총에 대한 기대를 접고 난 뒤 나는 포스트 전국노동조합협의회(전노협)를 고민하던 끝에 일반노조운동을 시작했다. 그 후로 20년이 지났지만, 일반노조운동은 민주노총 산별조직들의 조직 확대 도구로만 사용될 뿐 운동은 정말 변하지 않았다. 그 덕에 억지춘향격으로 노동운동의 가장자리에서 비평가 노릇만 하고 산 게 벌써 10년이다. 그러다 보니 이런 기회를 얻기도 했지만.

어떤 이가 내게 "왜 아직도 노동운동을 하고 있습니까?"라고 물었을 때 "누군가 깃발이라도 쥐고 있어야 뒤에 시작한 사람들이 방향 찾는다고 우왕좌왕하는 시간을 줄여주지 않겠냐"고 대답했던 기억이 난다. 나는 이 책이 MZ세대에게 그런 깃발 중 하나가 되기를 바란다. 노동조합은 만들기보다 유지하는 게 훨씬 힘들지만, 그래도 MZ들이 포기하지 말고 앞으로 나가기를 바라는 마음으로 이 책을 쓴다. 그렇다고 이제 막 첫발을 내디딘 MZ세대가 처음부터 현재 노동운동의 한계를 극복하고 자기들의 새로운 '노동자선언'을 내놓기를 기대한다는 소리는 아니다.

다만 그들에게 노동조합이란 게 본래 직업적 이해에 바탕을 둔 조직이기 때문에, 교육과 학습을 통해 목적의식을 키워내지 않으면 그들의 부모 세대인 우리처럼 자연발생성에 굴종하게 된다는 것을 안내하고 싶다. 그리고 투쟁보다 교섭을 중시하는 현재의 산별 노조는 전문가 집단이 주도하는 관료화되기 쉬운 조직이라는 점도 알려주고 싶다. 어느 시대든 피지배계급은 해방을 꿈꿨다. 로마의 스파르타쿠스도, 고려의 만적도 그랬다. 하지만 자본주의의 노동자는 그와 다르다. 노동자는 학습하지 않으면 해방을 꿈꾸지 않는다. 왜 그런지를 고민하게 하고 싶다.

이 책은 노동조합 실무부터 노동조합운동론과 노동운동론까지, 노동운동의 단결과 강화를 위한 노동조합 안내서로 준비되었다. 노동조합 실무와 이론을 두 부분으로 나누어 Ⅰ부에서는 노동조합 설립 절차, 조직 체계 꾸리기, 임금(단체협약) 요구안 만들기, 단체교섭과 노동쟁의 전략과 전술 그리고 처음으로 노조를 만들 때 일어날 수 있는 회사의 탄압에 대처하는 방법, 노동조합의 회의 진행 방법 등 처음으로 노동조합 활동을 시작하는 사람들을 위한 실무를 다룬다.

1987년 7·8·9월 노동자대투쟁 직전에는 석탑출판사의 《노동법 해설》이 베스트셀러가 될 정도로 노동조합에 대한 열기가 뜨거웠다. 그 바람을 타고 노동조합 관련 실무 서식, 노동조합의 일상적 활동과 조직 활동 등 노동조합 활동가에게 필요한 정보를 제공하는 책들이 많이 출판되었지만, 지금은 모두 절판되어 찾아보기 어렵다. 노동조합을 처음 만드는 사람들에게 꼭 필요한 부분이지만, 교섭과 같은 실무가 노조 상근자나 전문가에게 맡겨진 지금은 보통의 노동자가 접하기 힘든 정보가 되어버렸다. 상급단체의 등장과 함께 어느샌가 굳어진 관료주의를 해결하기 위해서라도 주체적인 역량의 확대가 필요하다는 생각에 노동조합 설립과 운영 실무에 필요한 서식을 모아보았다.

'상급단체에 가입하기만 하면 되는데 회사 눈치 보아가며 굳이 새로 노동조합을 설립할 필요가 있느냐'는 생각이 들 수도 있다. 물론 민주노총이나 한국노총에 문의하면 친절하게 도움을 줄 테고, 민주노총 말마따나 굳이 힘들게 노조를 만들지 않고 지금처럼 산별 노조(초기업노조)에 가입할 수도 있다(실제로 민주노총은 "새롭게 노동조합을 설립하는 것보다 기존의 전국단위 산업별 노동조합에 가입하는 것이 훨씬 유용"하다고 소개하고 있다). 그렇지만 산별 노조가 간부 중심으로 운영되면서 관료화되고, 조합원이 수동적으로 됐다는 문제가 제기된 건 이미 오래전부터다. Ⅰ부에서 '노동조합을 스스로 만들어보자'는 문제의식을 던지고 있는 건 이 때문이다. 노동조합을 만들거나 가입하는 방법, 조합원을 교육하고 회의를 진행하는 방법, 회사를 상대로 교섭을 준비하는 방법, 교섭이 결렬되면 조정신청과 쟁위행위를 개시하는 절차와 방법, 집회신고와 진행 방법, 교섭이 타결되었을 경우 유의할 사항 등 신생 노동조합을 유지하고 강화하는 데 필요한 실무적 사항이 Ⅰ부의 내용이다.

Ⅱ부는 조합원 교육을 외부에서 초청한 강사나 전문가에게 의뢰하는 이벤트성 행사가 아니라, 지속성을 가지고 진행되는 사업으로 만들기 위한 교육안을 담았다. 산별 노조가 일반화된 이후 재정이 부족해진 단위 조합이 강사비도 아끼고, 자체에서 강사를 양성할 수 있는 체계를 갖추는 데 도움이 되었으면 한다. 노동자의 집중력이 30분을 넘지 못하는 사정을 고려해 60분을 넘지 않는 분량으로 노동조합 이해하기, 노동자의 철학, 한국 사회의 현실과 자본주의, 노동법의 원리와 체계, 노동조합 활동과 노동운동, 노동조합 조직활동론 그리고 우리가 바라는 세상 등 현재 일반노조에서 사용하고 있는 교안을 수정하고 보완해 아홉 개의 장으로 수록했다. 한국 노동운동사는 분량의 문제로 기회가 있을 때 따로 정리하기로 했다.

1장 '우리가 아는 노동조합, 우리가 모르는 노동조합'에서는 노동조합이 임금인상이나 단체협약 체결 같은 경제적 이익을 관철하기 위해 사용하다 버리는 일회용 도구가 아님을, 노동조합 조직률이 그 사회에 미치는 영향력을 통해 강조하려고 했다. 한국에서 노동조합 조직률이 가장 높았을 때는 1987년 노동자대투쟁 직후인 1989년도로 당시 조직률은 20퍼센트였고, 조직률이 10퍼센트대로 하락한 시기는 1997년 정리해고제가 도입된 IMF 외환위기 직전이었다. 노동자의 실질소득이 열 배가량 폭등했던 유일한 시기가 조직률이 20퍼센트로 정점을 찍었던 시기였고, 노동조합 조직률이 10퍼센트로 반토막 났을 때 정리해고제가 도입되어 정규직과 비정규직의 차별이 시작된 게 우연이 아님을 강조하고 있다.

2장 '노동자의 철학, 노동자의 관점'은 속칭 자유민주주의가 실은 근대에 등장했던 자유주의의 노골화된 표현에 불과하다는 것, 사실상 자본가의 사유재산을 무한정 증식할 자유에는 노동자의 희생이 따른다는 사실을 정리해고와 비정규직의 양산이라는 사회 현상을 통해 설명했다.

3장은 선진국으로 도약한 대한민국의 행복지수가 낮은 현실에 대해 기술했다. 하루 6명 이상의 노동자가 산업재해로 목숨을 잃고, 3시간에 한 명이 고독사하는 배경에는 자본주의의 냉혹한 작동 원리가 있음을 밝히고, 노동운동의 변혁성이 회복되어야 함을 강조했다.

4장과 5장은 소유권 절대의 원칙·계약자유의 원칙·과실책임의 원칙으로 구성된 근대 시민법이 변화되는 과정을 노동법의 원리와 체계를 통해 설명해 근대 시민사회의 허구성을 폭로했다. 특히 한국의 노동관계법이 아직도 일제 강점기의 치안유지법 수준으로 유지되는 이유를 노동법 개정과 개악의 역사를 통해 요약했다. 한국전쟁 당시 맥아더에 의해 제정된 노동법이 역사상 최선의 노동법이었고, 이후 노동법이 퇴보하는 과정과 〈중대재해처벌법〉이 무의미한 형태로 제정된 배경에 대해서도 기록했다.

6장 '최저임금을 통해 본 자본주의 사회의 임금', 7장 '노동조합 조직활동, 어떻게 할 것인가', 8장 '노동운동이란 무엇인가', 9장 '자본주의 이후를 상상한다'에서는 1987년 7·8·9월 노동자대투쟁 이후 전국노동조합협의회를 건설했지만, 신자유주의를 도입하기 위한 공안정국에서 전노협 탄압과 와해 공작에 눈감았던 속칭 개혁세력이 주도해, 전노협을 해산하고 민주노총을 만들었던 과정을 세계노동운동사를 거울삼아 비판하며 노동운동의 투쟁성과 변혁성 회복에 대해 고민한다. 제2인터내셔널이 제1차 세계대전 참전을 결정해 제국주의에 동조한 것과 노동법개정 총파업투쟁 이후 민주노총의 급격한 우경화 사이에는 아무런 차이도 없음을 역사적 사실을 통해 조명했다.

나는 30년 전 처음 만들었던 노동조합 교안을 계속해서 수정·보완해 지금까지 사용해왔다. 뒤로 갈수록 진부하고 재미없는 책이 될지도 모른다는 우려도 없지 않다. 지금처럼 노동운동이 우경화된 상황에서 이런 내용의 교육이 선호되지 않을 뿐 아니라, 시대에 뒤떨어진 편향적 이데올로기라고 폄하될 것임도 알고 있다.

그러나 교육은 지식의 단순한 전달이 아니라 훈련이다. 1980년대 유행했던 소설 《사이공의 흰옷》에는 학습에 익숙지 않은 노동자들에게 '베트남민족해방전선'의 강령을 교육하는 장면이 나온다. 치열한 게릴라전에서 전투 못지않게 중요한 게 사상이었기 때문이다. 체 게바라도 게릴라 활동 과정에서 책을 놓지 않았다. 식민지해방운동사에 등장하는 모든 조직도 정치학습을 정기적으로, 그리고 지속적으로 실시했다. "교육은 학습이 아니라 사상 훈련이다." 교육을 단순한 지식의 학습으로 취급하는 순간 교육은 어렵고 지루한 것이 되어 대중과 분리되고, 엘리트와 전문가의 전유물로 전락한다. 관료주의의 뿌리는 바로 이 전문가들의 특성인 엘리트주의에 있고, 엘리트주의가 조합원을 주체가 아닌 대상자로 전락시켜 노동조합 교육을 무기력하게 만든다. 현재 노동조합이 겪는 교육의 위기는 곧 노동운동의 위기인 것이다.

앞에서 Ⅱ부의 노동조합 교육안이 강사용 교안이라고 밝힌 것은 이 때문이다. 모든 조합원이 배우고 훈련해서 자기 주변에 전파하고, 그 결과로 운동의 목표와 방향을 올바르게 잡아가자는 의도다. 조합원이 주체가 되지 않으면 그 올바름은 오래가지 못한다는 게 역사적 교훈이고 진리이다.

이 교육안이 일관되게 주장하는 것은 '노동운동의 혁신'이다. 어떻게 민주노총을 혁신할 것인가? 그것은 전노협정신의 계승이다. 전노협 정신이란 무엇인가? 변혁에서 개혁으로 추락한 노동운동의 기치를 개혁에서 다시 변혁으로 끌어올리는 것이다. "당신이 지금 높은 연봉으로 호의호식하며 걱정 없이 살고 있는 것은 누구의 노동 때문이오?" 이 교육안은 이 물음을 민주노총의 대공장·정규직 중심의 노동운동에 끊임없이 던지고 있다.

사회과학 용어를 처음 접하는 독자들에게 이 책은 어렵다고 느껴질 수 있다. 그러나 무엇이건 처음은 어렵기 마련이다. 또 하다 보면 익숙해진다. 세상에 대해 알고 싶고, 자본주의를 비판하면서 치열하게 투쟁하는, 투쟁하고자 하는 노동자라면 교재에 익숙해질 때까지 조금만 참아주기를 부탁드린다.

어릴 적, 자고 나니 눈으로 하얗게 뒤덮인 세상을 본 적이 있다. 눈이 올 것 같지 않은 밤이었는데도 아침엔 세상이 온통 하얗게 변해 있었다. 소리 없이 내린 눈이 세상을 뒤덮듯 노동자·민중의 힘찬 진군도 조용히 다가오고 있다. 그때 우리는 어디에서 무엇을 어떻게 할 것인가? 자연발생적 투쟁에 굴종해 또다시 기회를 놓치고 자본주의의 노예로 남을 텐가, 아니면 자연발생성에 목적의식을 더하여 새 세상을 여는 문이 될 텐가.

이 책이 출판된 것은 오로지 신지은 동지의 열정과 추진력 덕분이다. 그것이 없었다면 나의 교안은 지역노동조합의 틀을 벗어나지 못하고 새로운 교육 주체를 발굴한다는 명분만 붙든 지루한 수공업적 노력에 갇혀 있었을 것이다.

"지금 노동운동은 역사와 이론에 담을 쌓은 지 오랜데 누가 이런 책을 본단 말이고?"라는 부산 사람의 이유 있는 거부를, 상냥한 서울 말

씨로 "그래도 후배들을 위해 그때의 기억들을 정리해두자고요"라며 은근히 끈질기게 설득했던 회화나무출판사 대표님에게도 감사한다. 노동조합 강의안을 만들 때부터 적지 않은 시간을 들여 첫 문장부터 내용까지 주위 사람들에게 돌려가며 반응을 살펴주고, 꼼꼼하게 모니터링해준 전국일반노동조합 부산본부 임미경 동지에게도 고마움을 전한다.

2025년 5월
민주노조운동의 혁신, 포스트 전노협을 기다리며
송영수

1부

노동조합 활동

1장

노동조합을 만들기로 했으면 만들어보자!

1. 노동조합 설립하기와 가입하기

노동조합을 만드는 데는 두 가지 방법이 있다. 첫 번째는 노동조합을 직접 설립하는 것이고, 두 번째는 이미 설립되어 있는 상급단체의 노동조합에 가입하는 것이다.

먼저 노동조합을 설립하는 방법부터 알아보자.

〈노동조합 및 노동관계조정법〉의 노동조합 설립 관련 조항은 아래와 같다.

제5조(노동조합의 조직·가입·활동) ① 근로자는 자유로이 노동조합을 조직하거나 이에 가입할 수 있다. 다만, 공무원과 교원에 대하여는 따로 법률로 정한다.〈개정 2021.

1. 5.〉

② 사업 또는 사업장에 종사하는 근로자(이하 "종사근로자"라 한다)가 아닌 노동조합의 조합원은 사용자의 효율적인 사업 운영에 지장을 주지 아니하는 범위에서 사업 또는 사업장 내에서 노동조합 활동을 할 수 있다.〈신설 2021. 1. 5.〉

③ 종사근로자인 조합원이 해고되어 노동위원회에 부당노동행위의 구제신청을 한 경우에는 중앙노동위원회의 재심판정이 있을 때까지는 종사근로자로 본다.〈신설 2021. 1. 5.〉 [제목개정 2021. 1. 5.]

제6조(법인격의 취득) ① 노동조합은 그 규약이 정하는 바에 의하여 법인으로 할 수 있다.

② 노동조합은 당해 노동조합을 법인으로 하고자 할 경우에는 대통령령이 정하는 바에 의하여 등기를 하여야 한다.

③ 법인인 노동조합에 대하여는 이 법에 규정된 것을 제외하고는 민법중 사단법인에 관한 규정을 적용한다.

제10조(설립의 신고) ① 노동조합을 설립하고자 하는 자는 다음 각호의 사항을 기재한 신고서에 제11조의 규정에 의한 규약을 첨부하여 연합단체인 노동조합과 2 이상의 특별시·광역시·특별자치시·도·특별자치도에 걸치는 단위노동조합은 고용노동부장관에게, 2 이상의 시·군·구(자치구를 말한다)에 걸치는 단위노동조합은 특별시장·광역시장·도지사에게, 그 외의 노동조합은 특별자치시장·특별자치도지사·시장·군수·구청장(자치구의 구청장을 말한다. 이하 제12조 제1항에서 같다)에게 제출하여야 한다.〈개정 1998. 2. 20., 2006. 12. 30., 2010. 6. 4., 2014. 5. 20.〉

1. 명칭

2. 주된 사무소의 소재지

3. 조합원수

4. 임원의 성명과 주소

5. 소속된 연합단체가 있는 경우에는 그 명칭

6. 연합단체인 노동조합에 있어서는 그 구성노동단체의 명칭, 조합원수, 주된 사무소의 소재지 및 임원의 성명·주소

② 제1항의 규정에 의한 연합단체인 노동조합은 동종산업의 단위노동조합을 구성원으로 하는 산업별 연합단체와 산업별 연합단체 또는 전국규모의 산업별 단위노동조합을 구성원으로 하는 총연합단체를 말한다.

노동조합을 설립하려면 '노동조합 설립(변경)신고서'를 관할 관청에 제출하면 된다. 신고만 하면 되고 따로 승인이나 허가를 받아야 할 필요는 없단 말이다.

유의해야 할 점은 설립하려는 노동조합의 단위(단위노동조합인지, 연합단체노동조합인지)나 주소지에 따라 설립 신고를 하는 관청이 달라진다는 것인데, 예를 들면 우리 회사가 1개 지역(시·군·구)에만 있는 사업장이고, 내가 설립할 노동조합이 우리 사업장에만 영향력을 발휘할 단위노동조합이라면 관할 관청(시청·군청·구청 등)에 노동조합 설립신고서를 제출하면 된다.

내 경우에는 조합의 등급은 단위노동조합이지만, 사업장이 전국적으로 12개 정도의 지역에 흩어져 있었기 때문에 〈노동조합 및 노동관계조정법〉 제10조에 따라 고용노동부 부산지방고용노동청에 설립신고서를 제출해야 했다.

노동조합 설립신고서를 제출해야 할 관청은 정부24 홈페이지 https://www.gov.kr에서 검색하면 되는데 요즘은 온라인 접수도 된다. 고용노동부 노동포털 https://labor.moel.go.kr에 접속하면 온라인으로 필요 정보를 입력하고 신고서를 제출할 수 있다.

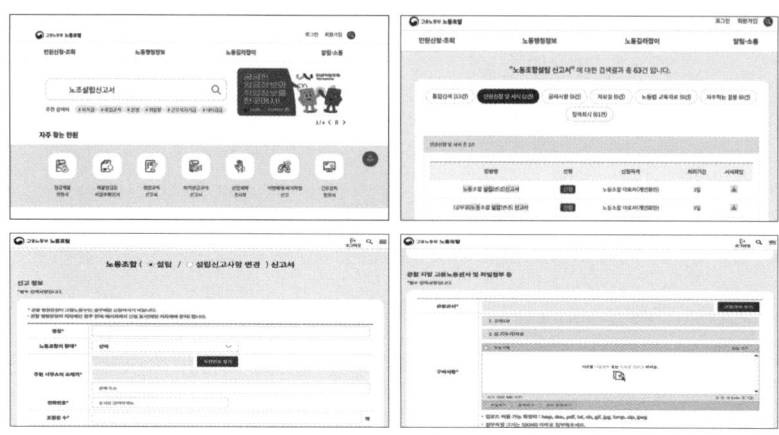

　　그림에서처럼 노동조합 설립신고서를 제출하려면 '노동조합 규약'이 있어야 하기 때문에 노동조합 규약을 미리 작성해야 한다. 노조위원장과 회계감사를 투표로 선출했다는 '창립총회 회의록'도 준비하는 것이 좋다. 창립총회 회의록은 노동조합 설립신고서를 낼 때 필수적으로 제출해야 할 서류는 아니지만, 나중에 노동조합을 법인으로 전환하거나 노동조합 통장을 개설할 때 필요하다. 나는 경험해 보진 않았지만, 예전의 삼성처럼 무노조경영 원칙이 있는 회사나 악질적인 경영진은 노동조합 설립 과정에 대해 이의를 제기하는 경우도 있다고 하니 그럴 때를 대비해 노동조합 설립총회 회의록을 갖추어 두는 편이 좋다.

　　정리하면 노동조합을 설립하기 위해서는 일단 2명 이상이 모여야 하고(위원장과 회계감사가 있어야 하니까), 그들이 모여 창립총회를 한 회의록과 채택한 규약이 있어야 한다.

　　우리 회사는 노동자들이 무조노경영에 찌들어 자신이 조합원이라는 걸 밝히기 꺼렸기 때문에 신분이 노출되어도 괜찮은지를 조심스럽게 물은 뒤 동의하는 사람 12명을 모아 창립총회를 열었다. 노조 설립신고서와 창립총회 회의록을 부산지방고용노동청에 제출하고 나서 '에이, 설마 그 명단이 회사로 들어가겠어'라고 반신반의했지만, 창립총회 참석자 명단이 곧장 회사로 전달되었다는 건 금세 알 수 있었다. 참석자들이 연이어 그들의 상사에게 불려 가 면담을 당했기 때문이다.

어쨌든 현재는 고용노동부 노동포털에서 요구하는 필수서류가 노동조합 규약밖에 없지만, 창립총회 회의록은 이후 노동조합을 법인으로 등록할 경우 등에도 꼭 필요한 서류이므로 빼먹지 말고 만들어 두는 것이 유리하다.

2001년 내가 해운대케이블TV 방송에서 노동조합을 처음 시작했을 때 우리 노조는 민주노총 부산지역 일반노동조합에 가입하는 방식을 택했다. 조그만 중소기업인 지역 케이블방송에서 경영진의 눈을 피해 노동조합을 만들기에는 여러 가지 어려움이 따랐고, 또 만든다 해도 적은 조합원 수를 가지고 회사를 상대로 교섭하고 투쟁하기가 버거웠기 때문이다. 그때 가입했던 부산일반노조는 2000년 4월에 창립되었는데, 우리나라에서는 처음으로 회사 안에서 2명 이상이 모여 노조를 창립하지 않고도 1명의 노동자가 회사 밖에 있는 지역노조에 가입해 노조를 만들 수 있는 노조 역사의 새 장을 열었다. 그 뒤 민주노총의 산업별 노동조합들도 부산일반노조의 방식을 따라 지역노동조합 지부를 만들기 시작하면서 지금은 이 방식이 일반화되었다.

내가 직접 단위기업 노동조합을 설립한 건 2016년 1월 15일이었다. 그때는 온라인 접수가 안 됐던 건지, 됐지만 잘 몰랐던 건지 아무튼 나는 오프라인으로 설립신고서를 제출했다. 우리 회사에서 노조를 설립하는 건 처음이었고, 내가 그 일을 직접 담당했기에 좀 애를 먹었던 기억이 있다. 사람들 만나고 그 사람들에게 노동조합의 필요성을 설명하는 일은 별로 어렵지 않았지만 노조 창립총회를 열고, 규약을 만들고, 설립신고서를 내는 일은 결국 혼자서 감당해야 했기 때문에 이 책을 함께 쓴 송영수 선배의 조언이 있었어도 역시 외롭고 어려웠다.

게다가 2016년 1월 15일은 인사고과를 통보받는 날이었는데, 나는 노조를 만들려고 한다는 이유로(물론 사측에서 대놓고 그렇게 말하지는 않았다. 그건 엄연히 부당노동행위로 범법행위이기 때문이다) 연봉을 삭감당해야 하는 고과점수 'D'를 통보받았다. 나는 엄청나게 반발하며 보란 듯이 반차를 내고 준비해둔 노조설립신고서를 꺼내 들고 부산시청으로 향했다. 물론 '인사고과 잘못 받았다고 노조 만들었냐'는 비난을 받을 수도 있었지만, 나는 저항하고 있고 저항하는 사람이라는 걸 보여주고 싶었다. 어떻게 해도 인사고과는 경영권이니까 당할 수밖에 없는 게 노동자의 처지라지만, 그냥 당하고만 있는 사람은 아니라는 걸 증명하고 싶었다.

당시 부산 지역을 책임진 상급자에게 문자를 보냈는데, 내용은 잘 기억나지 않지만 '화살이 시위를 떠났다' 어쩌고 하는 그런 비장한 말이었던 것 같다. 앞에서 이야기했듯이 전국에 걸쳐 있는 단위노조는 설립신고서를 지방노동청에 제출해야 했지만, 나는 그걸 몰라서 시청으로 갔다. 시청 민원실에서 노동청으로 가란 말을 듣고 다시 부산지방노동청으로 향했다. 예전에 노동조합 교육을 받을 때, 삼성에서 노조 설립신고서를 내지 못하게 하려고 사람을 납치·감금했다는 이야기를 들었던 적이 있던 터라 나는 사방을 경계하며 담당 부서를 찾았는데, 2층 그 복도가 몹시 어두워서 무서웠던 기억이 난다. 담당 부서에 가서 "노조설립신고서를 내러 왔다"고 하자, 담당자가 외근 나갔다며 전해주겠다고 내가 내민 서류를 무심하게 옆 책상에 올려놓는 걸 보고 나는 "서류를 받았다는 접수증을 달라"고 당당히 요구했다. 그랬더니 그 공무원이 난감해하며 "접수증 같은 건 없는데……"라며 말을 흐리기에 나는 일제에 맞서는 독립투사라도 된 양 "왜 그런 게 없느냐", "내가 낸 서류가 제대로 처리 안 되고 분실이라도 되면 어떻게 하냐"며 진상을 떨었고, 결국 핫핑크 포스트잇에 서류를 받았다는 공무원의 자필 확인서와 이름을 받고 나서야 물러났다. 납치나 의문의 교통사고 같은 걸 당하지 않고 무사히 임무를 완수했다는 안도감과 진짜 노조를 설립해버렸다는 두려움에 심장이 제멋대로 날뛰었다.

노조 설립신고서를 내면 대부분 3일 이내에 담당자로부터 연락이 오고, '노동조합 설립신고증'이라는 걸 교부받게 된다. 우리 노조는 2016년 1월 15일 설립 신고를 했고, 공문으로 설립신고증을 교부받은 날짜가 2016년 1월 20일이었다. 이 '증'을 받고 그렇게 좋을 수가 없었다.

한 번 더 정리해보자.

노동조합을 설립하려면 먼저 2명 이상의 사람이 모여야 하고, '노동조합 창립총회'를 개최하기 위한 준비를 해야 하는데, 우선 '노동조합 규약(가안)'을 준비하고 다음으로 창립총회에 참가할 사람들의 범위를 정해야 한다. 내가 겪었던 것처럼 창립총회 참석자는 대부분 회사에 알려진다. 창립총회 회의록은 작성해두었다가 필요할 때 제출하면 되지만, 일단 제출하고 나면 대개는 회사에 정보가 들어가기 때문에 회사의 탄압이나 회유를 견뎌낼 수 있는 사람들을 참가시키는 게 좋다.

창립총회를 개최하고 회의록을 작성하기 전에 먼저 조직형태(새로운 기업별 단위노조를 설립할 것인지, 기존 상급단체 노조에 가입할 것인지 등)를 결정하고, 위원장(혹은 지부장)과 회계감사를 (직접투표로) 선출한다. 노동조합 규약을 승인하면 창립총회에서 할 일은 끝이다.

다음으로 노동조합 설립신고서를 제출하고 설립신고증을 교부받으면 노동조합 설립은 일단 됐다. 축하한다!

우리 회사 장환 씨

2015년 11월 1일 회사가 매각을 발표하자 직원들이 극심한 고용불안을 느끼면서 노조 설립의 열기가 높아지기 시작했다. 많은 사람들이 "노조를 만들자, 만들어야 한다"고 목소리를 높였지만, 무노조경영 치하에서 15년 이상 길들여진 사람들은 우왕좌왕할 수밖에 없었다. 자연히 관심은 한때 노조로 명성을 날렸으나 기억에서 멀어졌던 나에게 쏠릴 수밖에 없었다.

아침에 출근하면 이상한 외부 메일들이 와 있었고, 그들은 하나같이 이름과 신분을 숨긴 채 내게 노조를 만들어달라고 요구했다. 마치 예전에 내게 노조를 맡겨논 사람들처럼. 어쨌거나 내게는 이름과 신분을 모르는 조합원들이 생겼고, 그들의 요구는 강렬했다.

회사는 이에 대항할 '사원비상대책위원회'(비대위)를 내세웠고, 범삼성그룹의 무노조경영을 앞세운 기업에서 노조 대신 산별 노조적으로 육성하는 사원협의회인 '한마음협의회'의 사원 위원들이 이 비대위로 전환되었다. 직원들은 "비대위를 믿을 수 없다"; "일단 비대위를 믿어보자"; "다른 대안이라도 있냐? 네가 노조 설립할 거냐?" 각자 정리하지 못한 생각들로 천 갈래 만 갈래로 흩어졌다.

비대위는 공식적으로 사원을 대표하고 있었고, 회사는 철저히 나를 경계하면서 비대위에 모든 지원을 다 했다. 가끔은 그들이 내게 도움을 청하기도 했는데, 나는 그럴 때마다 그들을 도우면서 비대위를 노조로 전환할 수 있지 않을까 '간'을 보았다. 회사 매각이 결정된 상황에서 비대위와 노조로 직원들이 갈라서서 서로 반목하는 예를 여러 번 봤던 터라, 내가 노동조합의 대표가 되지 못하더라도 직원들이 하나의 조직으로 뭉쳐야 하고, 그 조직은 노동조합이어야 한다는 걸 전제로 활동을 이어갔다.

회사에서 진행하는 간담회와 비대위 간담회에 참석해 질문과 비판을 했고, 내 발언은 2분 만에 각자가 가진 카톡방을 타고 전국에 돌았다. "비대위를 믿어 보자"는 사람들에게 나는 "나도 비대위에 적대적이지는 않다"고 말하면서 한편으로는 노조 설립을 계속 추진했다. 내가 만든 노조 가입원서의 서식은 각자의 핸드폰을 타고 전국으로 전달되었고, 자필로 작성한 노조 가입원서를 사진이나 우편으로 전송받았다. 어떤 날은 한 팀이 회의실에 모여 스피커폰으로 내게 전화를 했고, 나는 회사 건물의 계단으로 들어가 마치 청문회처럼 그들이 번갈아가며 묻는 질문에 답하기도 했다.

서울에 본사가 있었고, 본사의 움직임이 매우 중요했기 때문에 나는 연차를 내거나 혹은 주말에 서울과 부산을 오가며 사람들을 만났다. 어느 날 서울역 부근의 스터디카페에서 한 사람을 만났는데 그는 두 시간 가까이 내게 질문을 쏟아냈다. "노동조합이 뭔가?" "너는 어떤 노동조합을 꿈꾸는가?" "너는 왜 노동조합을 하려고 하나?" "너는 민주노총 빨갱이인가?" 등등. 수많은 질문에 나는 면접에 응하듯이 답했다. 질문이 떨어져갈 즈음 "이제 기차 시간 때문에 일어나야겠다"고 가방을 챙기는데, 그 사람이 자기 가방을 열더니 "이거 가져 가시라"며 100여 장의 노조 가입원서를 내놓았다. 그는 초대 부위원장이었던 임장환이었다.

두 번째 방법. 새로 노조를 설립하지 않는다면 기존에 설립된 상급단체에 지부 승인을 받는 방법이 있다.

상급단체로는 크게 민주노총과 한국노총이 있는데, 홈페이지 등에 안내되어 있는 대표번호로 전화해 '노조를 설립하고 싶다'고 하면 조직국장쯤 되는 담당자가 자세히 상담을 해줄 것이다. 사실 이편이 훨씬 수월하게 노조를 설립할 수 있고, 여러 문제에 대해 전문가들의 조언도 구할 수 있어서 좋지만, 상급단체를 애초에 정해놓고 설립을 추진한다는 점에서 조합원들을 모집하는 과정에 제약이 있을 수 있다. 예를 들면 '민주노총이라서', '한국노총이니까', 저마다의 판단과 이유로 설립이 추진 중인 노조를 믿을 수 없다며 사람들이 나뉘는 문제가 있을 수 있다는 것이다. 민주노총과 한국노총은 산업별 조직 체계와 지역 체계를 갖고 있어서 자신이 속한 사업장의 산업 분류에 따라 적합한 노동조합에 지부로 가입하면 된다. 참고로 민주노총은 금속노조·공공운수노조·보건의료노조 등등 업종을 중심으로 16개 산별 노조(연맹)로 구성되어 있다.

1996~1997년 노동법개악반대 총파업투쟁 이후 민주노총은 정리해고제를 수용했고, 그 뒤로 대공장·정규직 중심의 운동으로 집중되면서 산별 노조들이 가입을 받아주지 않아서 정규직 노조와는 다른 노동조합을 만들 수밖에 없는 노동자들이 생겨났다. 이 중소·영세·비정규

직 노동자들이 지역별로 노조를 설립했는데 그게 일반노조고, 그 시작이 부산지역 일반노조였다. 이후 우후죽순처럼 생겨난 전국의 일반노조들은 특정 산별 노조에 가입할 수 있는 조건이 되지 않아 민주노총 지역본부에 직접 가입하는 형식으로 민주노총에 적을 두고 있다가, 지금은 전국민주일반연맹이라는 산별 조직이 만들어져 모두 민주일반연맹을 통해 민주노총에 가입하게 되어 있는 것으로 알고 있다.

우리 노조의 경우 20년 가까이 무노조경영과 부당노동행위를 당연하게 받아들여온 조합원들의 특성상 상급단체에 굉장히 민감했기 때문에, 추후 조합원의 의견을 물어 상급단체에 가입하기로 약속하고 일단 단위노조를 설립했다. 나중에 조합원총회를 통해 민주노총에 가입했지만, 이 절차도 여간 어려운 게 아니었다.

노조가 일단 자리를 잡고 나면 사실 집행부나 대의원 조직에 대한 발언권이 큰 세력들이 생겨나기 마련이고, 그들의 의견을 한군데로 모아내기란 쉽지 않다. 임금이나 단체협약 같은 공동의 목표가 있는 경우에는 그나마 설득이 수월하지만, 상급단체 가입의 경우 '왜 해야 되나?'부터 어느 노총으로 갈지, 가는 시기는 언제일지를 정하는 건 정말 어렵다. 대부분이 '지금 단위노조로도 잘하고 있는데 왜 그러느냐'며 반감부터 갖기 시작한다. 솔직히 나도 함께 노조를 만든 너무나도 소중한 사람들과 쌍욕을 해가며 싸우고서야 상급단체를 결정할 수 있었다. 그나마도 우리 노조가 위원장의 영향력이 매우 큰 노조였기 때문에 가능한 일이었다.

2. 규약 만들기

노동조합이 결성되었고, 우리 노동조합의 정체성을 대내외에 분명히 알리는 것이 노동조합의 규약이다. 노동조합 규약은 노조를 법인으로 설립할 때와 노조 통장·법인카드를 만들 때 해당 기관에 제출해야 한다.

규약을 맨땅에서 만들기란 쉽지 않다. 조직의 범위(지역 조직인지 전국 조직인지), 조합원의 성격(정규직인지 비정규직인지, 또는 정규직과 비정규직이 어떤 비율로 사업장에서 근무를 하고 있는지) 등을 고려해 비슷한 노조의 규약을 참고하면 작업이 한결 쉬울 것이다. 나는 학교비정규직 노동조합의 규약을 참고했는데, 우리 노조와는 성격이 많이 달라 손보는 데 시간이 오래 걸렸다.

대개는 법을 몰라도 잘 살 수 있지만, 어떤 때는 법에 의존해서 판단해야만 하는 위기의 순간이 찾아올 때도 있다. 노동조합의 규약도 마찬가지다. 평소에는 만들어 놓고도 볼 일이 없는 게 규약이지만, 의외로 민감한 사안들이 발생하면 확인하게 되는 게 규약이다. 노조 규약을 직접 만든 나도 막상 문제가 일어나서 들여다보면 규약을 발로 만들었나 싶은 경우도 있고, 이런 규정을 이렇게 잘 만들어 놨나 싶은 경우도 있었다.

참고로 다른 노동조합의 규약은 가입하지 않았더라도 상급단체(민주노총 또는 한국노총)에 도움을 청해 얻을 수 있고, 그게 아니라면 비슷하다고 생각되는 노조에 바로 연락해 도움을 구해도 된다. 아직은 연대의 정신이 살아 있기 때문인지 노동조합에서는 생각보다 훨씬 친절한 도움을 받을 수 있다. 나 역시 우리처럼 회사가 매각되면서 노조를 설립한 '하이투자증권'(구 CJ투자증권)으로부터 많은 도움을 받왔다.

하이투자증권 노조와 연락한 방법은 생각보다 단순했다. 먼저 민주노총 대표번호로 전화를 걸어 내 신분을 밝힌 뒤, 이런저런 사정을 설명하고 "하이투자증권 노조의 연락처를 알고 싶다"고 했더니 곧 위원장 연락처를 알려주었다. 나는 지금도 그 전화를 받은 사람이 누군지 모른다. 다만 그분께 "도움을 주셔서 감사하다"고, "아직 민주노총에 가입한 것도 아닌데 이렇게 도와주셔서 어떻게 하냐"고 인사하자 그분이 "이런 거 하라고 민주노총이 있는 겁니다"라고 대답했던 기억만 선명하다. 그 후 연락됐던 하이투자증권의 박정현 지부장은 정말 헌신적으로 도움을 줬다.

위로금 협상부터 단체교섭 과정까지, 심지어 회사와 체결했던 협약서까지 아낌없이 조언해줬다. 그 협약서에는 노동조합의 실체를 몰라 우왕좌왕하던 조합원들이 가장 궁금해하던 위로금에 대한 합의 내용이 포함되어 있었기 때문에, 우리 노조를 설립하기 위해 필요한 사람을 모으는 데 큰 도움이 됐다.

나는 박정현 지부장을 실제로 만난 적은 없지만, 자기 노조 조합원의 전화도 귀찮을 수 있는 마당에 생판 모르는 남의 노조, 아직 상급단체도 없고 동지라 부를 건더기도 없는 우리 노조를 위해 보내준 도움에 대해 지면을 통해서나마 다시 한번 깊은 감사의 마음을 전하고 싶다.

3. 조직 체계 꾸리기

법률상 노동조합은 위원장과 회계감사만 있으면 설립할 수 있다. 최소 2명만 모이면 노동조합을 설립할 수 있다는 말이다. 하지만 실제 노동조합을 운영하려면 좀 더 세밀한 조직 체계가 필요하다. 정규 교육을 받은 사람들이니 대부분 대의기구와 집행기구 정도는 구분하고, 그에 따른 역할 배분이 당연하다고 생각했지만 실제로는 전혀 달랐다.

한국의 회사들이 상명하복을 당연하게 여기는 조직 체계를 가지고 있고, 거기에 적응하는 게 최선이라는 생각으로 살아온 노동자들이 회사와는 다른 독자적인 조직을 만든다는 건 생각보다 쉽지 않은 일이다. 하지만 학생회나 동아리 또는 정부와 국회 조직 등을 생각하면 또 그렇게까지 어려운 일만도 아니다.

무엇보다 중요한 건 대의기구인 '대의원'이다. 노조를 설립한 직후에는 노동조합의 힘을 보여줄 수도 없고, 사람들이 그 힘을 느낄 수도 없을 테니 대의원을 맡아줄 사람을 구하기가 어렵다. 설립 초기에 나는 사회정의나 헌신 등을 키워드로 삼아 사람들을 설득했다. 그리고 조직의 민주성과 투명성을 표방하기 위해 공개적으로 대의원을 모집했다. 연락이 닿는 사람이나 그 지역에 오래 근무한 사람들에게 연락해 대의원 추천을 받았고, 직접 출마를 권유하기도 했다. "두렵겠지만 용기를 내달라"고 정말 여러 번 설득해야 한 명의 대의원 후보가 나오곤 했다. 그런데 노조가 안정되고 나니 대의원도 경선을 통해 선출해야 할 만큼 후보들이 많이 나왔다. 다 그런 것이다.

다음으로 '집행부'를 구성해야 하는데, 설립 당시에는 집행부 구하기가 더 어려웠다. 근로시간 면제가 안 되기 때문이다. 근로시간 면제란 노동조합 활동 시간을 근무시간으로 인정해주는 제도라고 보면 된다. 다시 말해 작업장에서 일을 안 하고 노동조합 활동만 해도 임금이 지급되는 것이다. 언뜻 좋은 제도처럼 보이지만, 사실은 노동조합의 힘을 약하게 할 목적으로 박근혜 정부 때 개악된 제도다.

근로시간 면제제도 이전에는 노사가 자율적인 단체교섭을 통해 노동조합 전임자 수를 합의하고, 합의된 전임자가 노조와 관련된 어떤 활동을 해도 임금을 전액 지급하는 등 임금과 근로조건이 현업에 있을 때와 다르지 않았다. 하지만 노동조합 전임자 수가 많아지면서 전임자들을 중심으로 노동조합 활동이 강화되자, 노조의 힘을 빼기 위한 수단으로 근로시간 면제제도가 만들어졌다. 2013년 무렵 민주노총이 빠진 노사정위원회에서 만들어진 이 제도는 면제될 근로시간을 조합원의 수에 따라 결정한다. 이를테면 조합원 수 100명 이하인 사업장은 2,000시간, 100~200명까지는 3,000시간 등으로 구간을 정해 지침을 제시하고, 이를 노사 합의로 정하도록 했다. 하지만 이 제도가 시행된 이후 노동법에는 사용자가 노조 전임자를 자율로 정해 임금을 지급하면 부당노동행위로 판단해 사용자를 처벌하는 조항이 신설됐고, 면제된 근로시간도 노사가 합의로 정한 조합활동에 국한해서 인정하도록 규정되어 결국 노동조합을 옥죄는 제도로 정착하게 되었다. 그야말로 뼈아픈 역사가 담긴 제도가 아닐 수 없다. 아무튼 근로시간 면제에 관한 노사 합의가 있기 전까지는 법적으로 근무시간 중에 조합활동을 해서는 안 된다.

근로시간 면제제도란

2010년 <노동조합 및 노동관계조정법>이 개정되어 전임자 급여지급 금지규정이 시행되면서 대안으로 도입된 제도다. 노동조합 집행부 등 노조가 지정하는 사람에게 합법적으로 근무시간 중 노동조합 활동에 종사할 수 있도록 하되 그 한도를 규정하는 제도로 흔히 타임오프time-off제라고 부른다.

조합원 규모	근로시간 면제 한도(연간)	최대 사용 가능 인원
99명 이하	최대 2,000시간 이내	파트타임으로 사용할 경우 그 인원은 풀타임으로 사용할 수 있는 인원의 3배를 초과할 수 없다.
100~199명	최대 3,000시간 이내	
200~299명	최대 4,000시간 이내	
300~499명	최대 5,000시간 이내	파트타임으로 사용할 경우 그 인원은 풀타임으로 사용할 수 있는 인원의 2배를 초과할 수 없다.
500~999명	최대 6,000시간 이내	
1,000~2,999명	최대 10,000시간 이내	
3,000~4,999명	최대 14,000시간 이내	
5,000~9,999명	최대 22,000시간 이내	
10,000~14,999명	최대 28,000시간 이내	
15,000명 이상	최대 36,000시간 이내	

노동부 노동관계법 시행규칙

분산 사업장을 배려하는 특례조항이 있는데, 전체 조합원이 1,000명 이상이고 사업장이 여러 광역자치단체에 흩어져 있으면 시간 한도를 추가 부여한다. 단, 여기서 광역자치단체를 계산할 때는 전체 조합원의 5퍼센트 이상이 근무하고 있는 지역만 넣을 수 있다.

추가 부여되는 근로시간 면제 한도	
광역자치단체 개수	시간
2~5개	(사업 또는 사업장 연간 근로시간 면제 한도)×10%
6~9개	(사업 또는 사업장 연간 근로시간 면제 한도)×20%
10개 이상	(사업 또는 사업장 연간 근로시간 면제 한도)×30%

근로시간 면제의 구체적인 사용 방법은 단체협약이나 노사 간 별도의 합의에 의한다.

그래서 노조 집행부는 물론이고 심지어 위원장(지부장)조차 점심시간(휴게시간이므로 자유롭게 사용할 수 있다)이나 퇴근 후에 노동조합 활동을 할 수밖에 없다. 하지만 그런데 9to6에 익숙해져 있는 노동자가 퇴근 후에 다시 노동조합 활동을 시작한다는 건 매우 어려운 일이다. 지나고 보니 나 역시 무슨 정신으로 그 일들을 했나 싶다.

상황이 이렇다 보니 설립 초기에 집행부를 구성하는 일은 매우 어렵고, 담당자를 선임해도 사실상 이름뿐이지 실질적인 활동을 하기가 쉽지 않다. 그래도 꾸리는 게 좋다. 나는 전국에 흩어져 있는 사람들을 집행부로 선임하고 저녁 7시에 온라인 회의를 열곤 했었는데, 안건 하나하나를 설명하는 것만으로도 진이 빠졌다. 그러나 집행부는 위원장에게서 현 상황에 대한 설명을 직접 듣고 함께 논의하는 기관이고, 이렇게 논의된 내용을 가장 가까이서 조합원들에게 전달해줄 수 있는 사람들이기 때문에 매우 중요하다.

여기서 반드시 짚고 넘어가야 할 것은 대의기구인 대의원은 반드시 직접선거를 통해 선출해야 하지만, 집행기구인 집행부는 선출된 위원장(지부장)이 규약에 따라 임명하면 된다는 점이다. 다만 부위원장(부지부장) 또는 사무국장을 규약상 위원장(지부장)과 러닝메이트로 선출하도록 규정해놓았다면 부위원장(또는 사무국장)까지 선출직이 될 수도 있다. 단순하게 말해서 대의원은 선출직이고, 집행부는 임명직이다.

너무나도 당연한 소리를 하고 또 하는 이유는 노조 설립 초기에는 늘 상황이 어렵기 마련이고, 그래서 위원장과 뜻이 맞는 몇몇 사람이 먼저 모여 조직을 꾸리고 운영하기 십상이다 보니, 집행부 구성원들의 의욕이 지나칠 때가 있어 집행부의 의도가 종종 왜곡되거나 조합원들의 오해를 사 예상과 너무나 다른 결과를 낳기도 하기 때문이다.

4. 시작은 집행부 단결에서부터

노동조합에서 간부는 조합활동의 꽃이라고 할 수 있다. 간부가 앞장서서 조합원을 교육·선전·조직하지 않으면 그 노동조합은 죽은 조직이나 마찬가지다. 노동조합이 아무리 조합원의 이해와 요구를 실현하기 위한 조직이라고 해도, 조합원들이 이중적인 태도를 보이는 게 현실인 이상 간부들의 활동이 매우 중요하기 때문이다. 사실 노동조합에 가입할 때도 노동자들은 회사 쪽 힘이 센지, 노동조합의 힘이 센지를 따져 보고 가입하는 게 보통이다. 상황이 좋을 때는 대단히 역동적으로 움직이지만, 상황이 좋지 않으면 수동적으로 될 뿐 더러 심할 때는 기회주의적이라는 소리가 저절로 나올 만큼 변하기도 한다.

1987년 7·8·9월 노동자대투쟁 당시 마치 봇물이라도 터지듯 임금인상 요구가 터져 나오면서 무려 7,000여 개가 넘는 노동조합이 만들어졌지만, 한 달도 채 되지 않아 대부분의 노동조합이 없어지거나 아니면 어용 노조로 변했다. 노동조합의 중심이 무너진 결과다.

노동조합을 좋아하는 자본가가 있을 리 없다. 노동조합을 없애기 위해 최대한 노력하거나, 아니면 그저 여론과 힘에 떠밀려 어쩔 수 없이 인정하는 게 자본주의 사회의 일반적인 현상이다. 그러니 노동조합을 만들고 조직 체계를 갖추고 나면 보통은 가급적 빨리 회사에 공문을 보내고 단체교섭을 시작한다.

하지만 노동조합을 결성할 당시의 분위기만 믿고 준비 없이 교섭에 들어갔다가는 낭패를 보기 십상이다. 겉으로는 조합원이 잘 단결된 것처럼 보여도, 노동조합의 요구를 곧이곧대로 들어줄 생각이 없는 회사 측의 요구안이 나오기 시작하면 조합원들의 생각도 달라지기 마련이다. 강성의 조합원도 있고 온건파에 속하는 이도 있으며, 이도 저도 아닌 사람들로 나뉘는 게 세상사다. 이럴 때를 항상 대비해야 하는 게 노동조합 지도부고 간부다.

교섭이 시작되기 전에 노동조합 지도부는 간부수련회 등을 통해 서로의 의견이 일치할 수 있도록 조율해야 하고, 어느 정도의 이견이 남은 경우에도 조합원 앞에서는 일치된 의견을 중심으로 조합원을 한 방향으로 이끌어 가야 한다. 간부가 단결해야 열성적인 조합원이 뭉칠 수 있고, 그래야 아직 입장을 정하지 못했거나 지켜만 보던 조합원들도 노동조합을 믿고 의지할 수 있다. 그러면 회사 측의 입장에 가깝거나 동의했던 나머지 조합원들도 사측의 의견을 떠나 노동조합의 입장을 수용할 수 있다. 모든 일의 시작은 간부의 단결임을 잊지 말자!

우리 회사 광식 씨

내가 광식 씨를 처음 만난 건 아마도 2003년 말 아니면 2004년 초였을 것이다.

2000년 1월 케이블방송 1차 M&A가 시작될 즈음 노조를 결성했던 우리는 2001년 7월에 단체협약을 체결했지만, 그해 말 회사가 CJ로 매각되면서 경영진은 '단체협약 해지'를 통보했다. 우리가 파업에 돌입하자 2002년 초 회사는 '선택적 직장 폐쇄'를 단행했다. 우리 조합원들은 거리로 내몰렸다. 아마도 '무노조경영' 방침의 CJ는 당시 '한국케이블TV 해운대기장방송'을 매입할 때부터 20여 명쯤

되는 우리 노조원들을 잘라낼 생각이었던 것 같다. 회사를 사자마자 조합 간부들에게는 감시가 붙었고, 사사건건 시비를 걸어왔으며, '단협 해지 통보', '선택적 직장 폐쇄'까지 거침이 없었다. 정신을 차리고 보니 우리는 직장에서 쫓겨나 있었고, 노조 집기는 회사 주차장에 내버려진 채 천막으로 덮여 있었다.

그때부터 7개월여에 걸친 부산역 천막농성이 시작되었고, 2002년 우리는 붉은 악마들과 함께 부산역에서 빨간색 투쟁 조끼를 입고 월드컵 경기를 응원했다. 한글을 모르는 외신기자가 빨간 투쟁 조끼를 입은 우리 조합원들에게 인터뷰를 요청하기도 했다. 그때 우리는 파업하는 노동자가 할 수 있는 모든 걸 다해본 것 같다. 매일 아침 집회, 연대투쟁, 시민 선전전, 투쟁가요 배우기, 저녁 투쟁 총화, 대자보 쓰기, 기자회견······

투쟁의 대열에서 이탈해 회사로 복귀하는 노조원이 생겼고, 투쟁에 동참하지 않는다는 이유로 노동조합에 징계가 건의되는 노조원도 생겼다. 노조원들은 자주 아팠고, 가족이 아팠고, 투쟁 천막에 몇 사람 모이지 못하는 날이 자꾸 생겼다. 어떻게 그 시간을 견뎠는지는 잘 기억나지 않는다. 세세하게 기억나진 않지만, 그 시절 천막을 떠올리면 지금도 그냥 마음이 아프다. 그래선지 나는 장기투쟁 사업장을 잘 보지 못한다. 마음으로는 음료수라도 사다 드리고 싶지만, 그 천막 안의 신산한 살림살이를 마주할 자신이 없다.

그랬던 우리가 2003년 9월 18일 회사로 복귀하게 되었다. 당시 우리는 지난한 투쟁의 성과로 타결이 이루어졌다고 생각했다. 파업 기간의 임금과 체불임금(시간 외 수당 등)의 약 60퍼센트(정확하지는 않은 기억이다)를 인정받았고, 근속연수와 경력도 100퍼센트 인정받았으며, 노조 와해 공작을 했던 경영진이 이동하는 수준의 타결이었던 것 같다.

그러나 지금 다시 생각해보면 우리 노조 문제가 타결된 것은 광식 씨가 속해 있던 동부산방송 노조 때문이었던 것 같다. 당시 우리 노조는 민주노총 부산지역 일반노조 소속의 사업장이었는데, 3차 SO인 동부산케이블방송이 2003년 CJ로 매각되면서 같은 노조에, 즉 부산지역 일반노조에 가입했기 때문에 두 개의 사업장이 만들어낼 시너지를 염려한 회사가 우리 노조와 타결에 나서기로 결심한 게 아닐까 싶다.

아무튼 나는 2003년 9월에 복귀해 동부산방송이 투쟁하는 걸 지켜보게 되었다. 당시 우리 노조의 해산이 조건은 아니었던 걸로 기억하지만, 오랜 거리 투쟁으로 우리는 지쳐 있었다. 한때는 동지라고 불렀지만, 우리를 버리고 먼저 복귀한 비조합원을 만나는 건 힘들었다. 우리가 했을 일을 대신 차지하고 있는 신입 비조합원을 만나는 것도 편치 않았다. 끝까지 함께 투쟁해서 함께 복귀한 조합원들도 각자 다른 생채기를 안고 있는 건 마찬가지였다. 노조를 탈퇴하는 노조원들이 줄을 잇기 시작했다. 자의 반 타의 반, 노조를 해산했다. 그때 마지막까지 남은 조합원이 다섯 명이었고, 그 다섯 명이 노조를 해산하는 자리에서 송영수 당시 위원장님이 한 얘기가 '밀알론'이었다. "너희가 지금은 죽지만 노조의 밀알이 되어 들풀처럼 일어나라" 뭐 그런……

그래서 나는 동부산방송 투쟁에는 아무런 관여도 못 했고, 2005년 8월 그들이 타결하고 회사에 정식 입사한 후에야 그들의 면면을 볼 수 있었다. 하지만 그해 12월 나는 출산을 해서 육아휴직에 들어갔다.

내가 우리 회사 '광식 씨'를 제대로 다시 만난 건 2006년 7월 육아휴직을 마치고 복직한 다음이었다. 내가 아직 육아휴직 중이었을 때 옛 다섯 전사 중 한 사람에게서 전화가 왔다. "다시 노조를 시작할 거니까 육아휴직을 중단하고 복귀해줬으면 좋겠다"는 소식이었다. 회사에 복귀 의사를 알렸으나 인사 담당자는 우물쭈물하며 차일피일 날짜를 미뤘다. 복직원을 내러 가겠다고 하면 그날 바쁘다거나, 회사 자리 배치를 다시 하고 있으니 며칠만 기다려 달라고 핑계를 댔고, 어느 날은 팀장이 없으니 다시 연락을 주겠다며 또 미뤘다. 회사가 나의 복직을 막고 있다는 확신이 들었을 때 나는 오랜만에 화장을 하고 정장까지 챙겨 입고 회사로 향했다.

회사 출입증은 없었어도 회사 안으로 잘 잠입한 나는 곧바로 대표이사실로 향했고, "왜 내 복직을 막느냐? 육아휴직 후 복직을 막는 게 대기업인 CJ가 할 일이냐?"고 따져 물었다. 따라 들어온 경영지원팀장과 인사 담당자에게 복직원을 갖다 달라고 했다. 그렇게 복직했다.

나의 두 번째 노조는 동부산방송 출신의 직원들과 함께 시작됐다. 광식 씨 또한 2005년 12월 신장이 망가져 이식 말고는 방법이 없는 10살 어린 아내에게 자기 신장을 떼어준 뒤 복직하고 얼마 되지 않았을 때였다. 처음 그를 만난 기억은 없다. 그는 별로 말이 없었고, 수술 후여서인지 실제보다 더 나이가 들어 보였다. 재미있는 입담을 가진 성민 씨, 조용한 카리스마 웅열 씨, 술과 친구와 낚시를 좋아했던 순열 씨 등에 비해 별로 주목받는 위치도 캐릭터도 아니었다. 동부산방송 조합원들과 함께 다시 시작된 노동조합 활동에도 그는 아픈 아내를 이유로 자주 투쟁에서 빠졌고, 그에게는 성실하지 못하다는 낙인이 점점 짙어져갔다.

그때는 나도 그가 아내에게 신장을 떼어줬다는 사실을 몰랐었기에 그를 그냥 집에 일이 많은 나이 지긋한 조합원이라고만 생각했었다. 그런 그가 6개월 넘는 상경투쟁을 함께했다. 2009년 타결돼 회사로 복귀하면서 노조를 해산할 때까지도 그는 함께였다. 그래도 나는 그를 별로 주목하지 않았다. 내가 그를 주목하게 된 건 전혀 예상 밖의 경로를 통해서였다. 회사가 내게 그를 주목하라고 했기 때문이다.

몇 차례 노조를 만들고 해산하는 걸 반복하는 동안 나는 회사에 요주의 인물로 찍혀 있었다. 노조 대표가 항상 나였던 건 아니지만, 사무국장 등 집행부를 맡아 내가 항상 지도부에 속해 있었기 때문일 것이다. 요주의 인물이 된다는 것은 감시와 미행의 대상이 된다는 뜻이기도 하지만, 회유의 대상이 되기도 한다는 말이다. 파업 중엔 미행이 일상이었고, 그때의 경험 덕에 나는 근태를 병적으로 잘 지키는 사람이 되었다. 누군가에겐 늘 있는 지각도 나에게는 해고 사유가 될 수 있다는 걸 알았기에 절대 지각을 하지 않았다. 점심시간도 칼같이 지켰고, 외근 중에 개인적인 일 같은 것도 보지 않았다.

내게 꼬투리를 잡지 못한, 경영진의 이익을 대변하는 자들은 자주 나와 차를 마셨고 밥을 먹었고 술을 마셨다. 그들의 패턴은 비슷했다. 가족 얘기에서 출발해 자신의 삶에 대해 털어놓으며 '나도 너와 비슷한 사람이다'를 시전한 후 '어차피 마음대로 되지 않는 인생, 모나지 않게 둥글둥글 살아 보자'로 마무리되었다. 가끔 술을 꽤 먹고 나면 "진짜 속 시원하게 얘기해 봐라. 무슨 말이든 상관없다. 대체 왜 그렇게 노조를 하려는 거냐?" 이런 질문을 하곤 했다. 술 취하면 이성의 끈을 놓고 좀처럼 내보이지 않던 자신의 속내를 과감하게 드러내기도 하는 게 사람이다. 나도 그랬다. 평소엔 별로 고민도 안 하다가 술이 한참 취해서 그런 질문을 받으면 곰곰이 생각했다. 완전히 술에 취해 이성의 끈을 놓고 있던 나는 솔직하게 대답했다.

"무노조경영의 적장자라는 CJ의 심장에 노조의 깃발을 꽂고 싶다. 재벌이 뭐 별거냐? 이병철 회장은 초헌법적인 존재냐? 그 유훈 때문에 헌법에 명시된 노조를 할 수 있는 권리를 불법, 탈법적으로 가로막는 게 재벌이, 그 똑똑하다는 경영진이 할 일이냐? 나는 그 끝을 보고 싶은 거다."

그때 내가 술이 덜 취했더라면, 좀 계산적일 수 있었다면, 뭐 승진심사에서 계속 밀려 억울하다든지, 월급이 너무 적어 살기가 힘들다든지, 어디 해외지사로 발령 내주면 손 씻고 살 거라는 얘기를 할 수 있지 않았을까? 하여간 술이 문제다.

아무튼 그런 회유와 상생이 계속되던 어느 날 대표이사가 내게 광식 씨를 주의 깊게 보라고 말했다. 그는 회사에 출근하면 주식 관련 사이트만 보고, 외근을 나가면 집에 간다고 했다. 일을 안 한다, 몇 번이나 목격한 사람이 있다고도 했다. 나는 회사가 일하는 직원의 모니터를 모니터링할 수 있다고 알고 있었고, 이미 미행도 당해본 터라 대표이사의 말에 근거가 아주 없지는 않을 거라고 생각했다. 주변 조합원들에게 물었을 때도 그의 부인이 자주 아파 병원에 데리고 가느라 종종 시간을 쓴다는 말을 들었다. 그는 그렇게 회사

일에는 관심이 없고 자주 땡땡이를 치는 불성실한 사람으로 인식되어갔다.

당시 CJ에는(지금도 있는지는 모르겠다) 임금이 삭감되는 D 고과가 있었다. S·A·B·C·D 단계로 구성된 인사고과 제도에서 C는 임금 동결, D는 임금 삭감이었다. 임금 삭감이 가능한 이 고과제도 때문에 인사고과의 첫 권력자인 팀장은 팀 내에서 무소불위의 권력을 가진다. 내가 이 책에서 내 동료들을 '~ 님'이라고 부르지 않고 '~ 씨'라고 부르는 것도 CJ의 수평적 조직문화라고 하는 ~ 님 제도에 대한 반감 때문이다. 일면 매우 성공한 ~ 님 문화는 마치 CJ가 수평적인 조직 구조를 가지고 있고, 회사원 모두가 대등한 대접을 받는 듯한 착각을 일으키지만, 인사고과에 따라 큰 차별을 주는 임금인상 구조 때문에 팀원들은 팀장에게 절대적으로 복종해야 한다. 팀원 하나를 꼬붕처럼 부리는 건 예사다. 출퇴근, 상가집 문상, 출장 등에 운전을 시키는 팀장부터 회의 시간이면 막말에, 쌍욕에, 폭행까지 일삼는 팀장도 있었다.

노조를 만들던 해 나는 늘 C·D 평점을 받아서 임금이 많이 깎였는데, 나와 비슷한 정도로 D 고과를 받은 유일한 사람이 광식 씨였다. 오랫동안 회사는 그에게 무능력하고 불성실하다는 이미지를 착실히 덧씌웠다. 오랫동안 노조 지도부에 몸담았던 내 눈에도 그렇게 보였다. 하지만 광식 씨는 그런 대접을 받아야 할 사람이 아니었다. 그런 대접을 받아 마땅한 사람은 애초부터 없었다.

CJ에는 인간성을 말살하는 여러 가지 인사문화가 있었는데, 그중 하나가 CRP제도다. 아마 대부분 CDP Career Development Program는 알고 있을 것이다. 회사마다 가지고 있는 '인재양성 프로그램'이다. 그와 정확히 반대되는 개념 즉, '인력도태 프로그램'이 CRP_{Career Retire Program}다. 매년 회사는 각 단위(부문·팀)별로 도태시킬 인원을 정해 놓고 그 인원을 퇴사시키는 계획을 세우고 실행한다. 나는 인사고과를 결정하는 위치에 올라가본 적이 없어서 이 인원이 어떻게 정해지는지는 알 수 없지만, 다수의 사람이 팀장이 잘못 출력한 명단을 봤다고 했고, 누군가는 팀장이 면담을 하면서 "너를 안 자르면 내가 잘릴 판이다"라고 사정을 했다고 말하기도 했다.

CRP 대상자는 주로 나이가 많고 M&A로 인수된 사업장 출신 노동자들이었다. 근태까지 안 좋으면 금상첨화였겠지만, 근태가 좋아도 팀장에게 찍혀 성과를 내는 쉬운 업무를 배정받지 못했고, 작은 실수에도 큰 모욕을 당하기 일쑤였다. 한번은 외근을 나갔다 사무실로 돌아오는데, 동료 한 사람이 팀장 옆으로 불려가 혼이 나는 걸 본 적이 있다. 근데 그 정도가 기가 막혔다. 여자였던 팀장은 불에 데기라도 한 듯 발악에 가까운 소리를 지르며 "지금 그게 고객을 대하는 태도냐"고 호통을 쳤고, 그 동료는 고개를 숙인 채 얼어붙어 있었다. 나는 그 동료가 어떤 잘못을 했다 해도 저렇게 공개적으로 망신을 줄 필요가 있나 싶어 화가 났다. 심지어 그 동료는 발악하며 소리 지르고 있는 팀장보다 나이도 많았다. 그 동료가 그토록 심하게 혼이 난 이유를 들었는데 얼굴에 점을 빼고 회사에 왔기 때문이라고 했다. 나이 마흔이 넘은 사내가 얼굴에 점 좀 뺐다고 동료들이 보는 한가운데 서서 막말에 가까운 쇳소리를 들어야 하는 게 CJ의 수평적 조직문화다.

광식 씨는 오랫동안 그 CRP 대상자였다. 동부산방송 시절에 '센터장'까지 맡았던 그가 회사 편이 아닌 노조에 가입해 조직국장으로 활동하면서부터 그는 회사에 찍혀 있었다. 나조차도 경영진의 귓속말만 듣고 그가 그런 취급을 받는 걸 모르는 체했었다. 그러나 그렇게 오랫동안 배척을 받으면서도, 나중에는 징벌에 가까운 비연고지(아무 연고도 없고, 집을 오갈 수 있는 대중교통도 없으며, 거리도 300킬로미터나 떨어진 곳)로 발령받아 간 전라북도 정읍에서 그는 그 지역 직원을 100퍼센트 노조에 가입시켰다. 직장생활을 해본 사람은 알 것이다. 노동자는 무능해 보이는 사람의 말을 믿고 노조에 가입하지 않는다. 회사가 CJ에서 LG로 브랜드를 갈아탔을 뿐인데 CRP가 사라진 조직에서 그는 배척당할 일이 없었고, 오랫동안 묵묵히 해온 현장 일로 굵어진 잔뼈는 고스란히 귀한 경험이 되었다. 더구나 그는 주위 사람을 잘 돌아보고 돕기를 좋아하는 착한 심성을 가진 사람이었다.

회사로부터 줄곧 배척당해 똑같은 성과를 올리고도 혼자 D 고과를 받았고, 팀원들은 그가 D 고과를 대신(?) 받아주는 것에 기뻐하며 그를 외면했다. 우리의 양심상 그는 그런 대접을 받아도 마땅한 사람이어야 했다. 그래야 덜 미안해지기 때문이다. 월급이 자꾸 깎이니까 월급으로 생활할 수가 없어서, 젊을 때 모아둔 쌈짓돈으로 주식 투자도 하고 부동산 투자도 했다고 했다. 물론 손해를 보기도 했겠지만, 다행히 그는 운이 좋았던 모양이다. 운도 운이지만 그는 매우 비상한 수리적 능력을 갖고 있었다. 숫자에는 젬병인 나는 그의 수학적 능력에 매번 감탄하곤 했는데, 예를 들면 영업프로모션이 나오면 그는 순식간에 그걸 계산해서 월 매출의 120퍼센트 정도를 영업비로 쓰면 된다고 영업점에 알려주곤 했다. 알고 보니 그는 집안 형편이 어려워 대학에 진학하지는 못했지만, 예전에는 공부 잘하기로 유명했던 부산전자공고를 졸업했다고 한다.

그는 절절한 사랑꾼이기도 했다. 10살이 어린 아내를 맞아 가정을 꾸렸고, 어린 아내와 아이들을 책임지는 가장으로서 할 수 있는 모든 정성을 다했다. 신장 투석이 더 이상 불가능한 아내를 위해 주저하지 않고 갈비뼈를 절단하고 신장을 내어줬고, 자주 염증 수치가 급격히 치솟아 응급실 신세를 져야 하는 아내를 위해 일하다가도 집으로 달려가곤 했다. 그는 그때마다 사후 보고도 하고 휴가를 신청하기도 하는 등 적절한 조치를 했지만, 회사는 그런 그를 회사 일에 관심이 없는 사람으로 낙인찍는 데만 급급했다.

지금 내 옆자리에 앉아 있는 광식 씨는 술을 좋아하고 산을 좋아하는 엄청난 잔소리꾼이다. 오랜만에 현업에 복귀해 일이 서투른 나는 업무의 대부분을 그에게 물어보았고, 회사 규정이나 프로모션 등을 폭넓게 알고 있어서 다른 동료들도 애매한 사항을 자주 그에게 문의한다는 걸 알게 되었다. 그가 그처럼 술을 좋아하고 산을 좋아하게 된 데는 회사의 비인간적인 방침과 그에 부역했던 팀장들 그리고 불합리를 외면했던 우리가 있었다. 수많은 시간 동안 그는 산을 오르며 술잔을 기울이며 갈비뼈가 잘려나간 가슴을 달랬을 것이다. 차마 얼굴을 들고는 못할 말이지만 지면을 통해 그에게 전하고 싶다.

"광식이 형, 미안해요. 이제 술도 조금 줄이고, 산도 조금 덜 가고 천천히 함께 늙어갑시다."

2장

노동조합을 만들었으면 이제 움직여보자!

1. 노동조합의 일상활동

1) 노동조합의 성격

- 노동조합은 경제적 조직이며, 계급적 조직이다.

노동조합은 첫째, 노동자의 경제적 요구를 실현하는 것이 목표인 노동자의 조직이다. 기본적으로 노동조합은 자본가·경영자에 대항해 임금인상, 근로조건 개선, 고용안정, 공동결정권(경영 참여) 획득과 같은 노동자의 경제적 요구를 실현하기 위해 활동한다.

두 번째로 노동조합은 개별 사업장 노동자들의 경제적 이익을 실현하는 것을 넘어 노동자계급 전체의 사회적 요구를 실현하기 위해 활동하는 조직이다. 노동조합의 활동은 단순히 노동관계법뿐 아니라, 그 밖의 여러 법령과 제도까지도 노동자와 인간을 위한 제도로 바꾸기 위해 활동한다. 끊임없이 인간을 억압하는 자본주의에 맞서 경제적 영역은 물론, 정치와 사회의 민주화를 요구하고 실현하며 대안을 마련하는 활동은 노동조합의 근간이다.

투쟁은 이런 목표를 실현하기 위해 노동조합이 선택하는 불가결한 활동이다. 자본가의 법이 노동조합에 단결권과 단체행동권을 부여하지 않을 수 없었던 것은, 평화로운 협상과 대화만으로는 어떤 사회적 변화도 불가능했기 때문이다.

경제학은 새로운 기술과 경영 기법을 도입한 혁신적인 자본가 덕분에 자본주의가 발전할 수 있었다고 말하지만, 사실은 달랐다. 새로운 기술은 노동자들이 주장한 노동시간 단축과 임금인상의 토대 위에서만 도입될 수 있었다. 노동자들의 투쟁은 자본가들의 경쟁을 격화시켜 새로운 기술이 도입될 수 있는 조건을 창출했다. 반대로 노동조합이 대화와 타협을 강요당했던 시기에는 신기술이 도입되는 대신 임금이 줄었고, 노동시간은 연장되었으며, 노동강도가 강화되어 국민의 건강까지도 저하되었을 뿐이다. 역사적 경험이 보여준 건 이런 것이었다.

평화로운 노사관계, 그러니까 대화와 타협은 노동자들의 단체행동을 배제하지 않는다. 오히려 대화와 타협은 투쟁의 한 가지 형식일 뿐이다. 노동자의 요구가 투쟁 없이 관철될 수 있는 것은 노동조합의 힘이 강할 때뿐이다. 그리고 노동조합의 힘이 강하다는 건 지속적인 투쟁으로 실력을 입증받았을 때 비로소 증명된다. 역설적인 말이지만, 투쟁하고 싶지 않으면 치열한 투쟁으로 노동조합의 존재와 실력을 증명하는 수밖에 없다.

- **노동조합은 대중조직이다.**

노동조합은 노동자라면 누구나 조직하거나 가입·활동할 수 있는 대중조직이다. 대중조직은 대중조직에 합당한 원칙과 조직 체계를 갖춰야 한다. 노동조합의 원칙과 체계는 명문화된 규약에 의해 보증되어야 하고, 규약에 따른 활동과 결정 사항은 각급 부서 및 기구(집행부서·대의원대회·조합원총회)의 회의록과 결산문서 등에 공개해 그 뜻을 분명히 해야 한다. 그래야 이견도 좁힐 수 있다.

노동조합 활동의 근간은 조합원의 참여와 민주적 운영이다. "요즘 조합원들은 노동조합에 관심이 없다"거나 "참여를 하지 않는다"는 간부들의 고민과 하소연이 많은 게 사실이다. 하지만 조합원의 참여를 끌어내기 위한 집행부와 간부들의 노력이 과연 그만했는지 먼저 반성해야 하지 않을까? 예를 들어 '임금인상안 마련을 위한 설문조사'에 조합원의 응답률이 낮게 나왔다면, 조합원의 무관심을 비난하기 전에 설문조사의 내용이 조합원의 요구나 흥미에 맞는지를 먼저 반성하는 것이 옳지 않을까? 매년 똑같은 설문조사 문항, 이를테면 '올해 임금인상률은 어느 정도가 적합하다고 생각하십니까?' 따위의 질문이 지겨울지 모른다는 생각이 들지 않는다면 당신은 이미 노조 지도부의 자격이 없는 것일지도 모른다.

마지막으로 정당한 절차에 따라 결정된 사항은 전체가 단결해 실천해야 한다. 결정이 이루어지기 전까지 토론이 치열하고, 한 의견에 대한 반대가 아무리 격렬했어도, 사안이 결정되면 모두가 수긍하고 따르는 조직문화를 만드는 것은 매우 중요한 문제다.

2) 노동조합의 운영

흔히 노동조합을 자주적이고 민주적인 조직이라고 한다. '자주적'이라는 말은 자본과 정부에 대해 자주적이라는 뜻이고, '민주적'이라는 말은 조합원과 조직 운영이 민주적이라는 뜻이다. 자주적이고 민주적인 본성을 지키기 위해 노동조합은 조합원을 대상으로 한 조직사업을 지속적으로 수행해야 하고, 조합원들의 조직된 힘을 바탕으로 투쟁에 임해야 한다. 좀 풀어서 얘기해보자.

노동조합은 흔히 지도부라고 불리는 임원·집행부·대의원 등의 간부와 평조합원으로 구성된다. 원활한 조직 운영을 위해서는 구성원 각자가 맡은 역할을 잘 수행해야 하는데, 이를 위해서는 먼저 조직의 상태를 정확히 분석하고 그에 맞춰 사업계획을 수립해야 한다. 조직의 상태가 어떤지, 조합원의 생각이 어떤지를 잘 파악하고 분석해 계획을 세워야 집행과 평가가 올바르게 진행된다.

모든 조직에서 '조직 강화'는 떼려야 뗄 수 없는 과제다. 현장의 조합원과 노동조합 지도부가 하나가 되어 움직일 수 있는 체계적인 조직을 만들고, 핵심적인 활동가를 폭넓게 양성해야 한다. 조합원이 말뿐이 아닌 진짜 주인으로 활동할 수 있는 조건을 만들어야 하는 것이다. 여기서 가장 중요한 활동이 회의다. 노동조합의 모든 사업은 회의를 통해 논의되고 결정된다. 회의가 민주적이고 내실 있게 운영돼야 사업이 힘있게 집행될 수 있다. 노동조합 간부들은 집행부회의·대의원대회·조합원간담회 등에서 함께 다룰 내용과 운영에 대해 치열하게 고민하고 최선을 다해 준비해야 한다. 만약 회의를 얼렁뚱땅 만나서 술이나 한잔하는 자리로 여기는 사람이 있다면, 그가 곧 '어용'이고 그가 속한 노동조합은 어용 노조로 전락한다.

3) 노동조합의 대표

조직형태로만 보면 단위노조에서는 위원장이, 상급단체가 있는 경우에는 지부장이 노동조합을 대표한다. 또 노동조합이 하나의 현장을 대표한다면 지회장이나 현장대표도 대표로 불릴 수 있다. 여기서는 이들을 모두 노조대표라고 부르기로 하자. 노조대표는 조합원의 직접선거를 통해 선출된다. 당선된 노조대표는 당연히 조합을 이끄는 지도자로서 적합한 자질과 자세를 갖추기 위해 노력해야 한다.

민주적인 조직 운영이 조직의 책임자인 노조대표의 필수적 덕목임은 더 말할 나위가 없지만, 민주성과 어울리지 않아 보일 수 있는 '대표의 자존심' 또한 무시할 수 없다. 노동조합의 자립성과 자주성을 지키기 위해서다. 노동조합의 내실은 자본과 권력으로부터 자유롭고 독립적인 자세를 유지하는 데 달렸다. 회사가 운영비를 지원하는 노사협의회와 달리, 노동조합이 조합원이 내는 조합비로 운영비를 충당하는 건 우선 경제적인 면에서 자립성을 지키기 위해서이지만, 그래야 생각이나 의식도 회사에 대한 의존에서 벗어나 자유로울 수 있기 때문이다. 노조대표는 이 점을 강하게 인식해야 한다. 그래서 자존심을 강조하는 것이다.

내가 위원장으로 활동할 때도 몇 가지 협약을 체결하면서 회사가 불편하게 생각하는 조항을 명시하지 않는 조건으로 노조 상근자들의 활동 편의를 제안받은 적이 있다. '그 조항을 협약에 명시하지 않아도 회사는 관례적으로 지킬 거다. 그러니 명시만 하지 말자. 대신에 조합 전임자들의 일정한 편의를 제공하겠다.' 단칼에 거절했던 터라 기억이 정확지는 않지만, 대략 그런 맥락이었을 건데 당시 내가 했던 대답은 기억한다.

"전임자들을 위해 그 어떤 배려도 필요하지 않습니다. 조합원의 권리를 보장하기 위한 협약과 나의 편의를 바꿀 생각은 추호도 없습니다."

솔직히 '말 한마디로 내가 본 손해가 대체 얼마냐?'하는 생각이 잠시 들기도 했지만, 지도자가 그 정도 자존심은 있어야 하지 않겠나.

조직 운영에 대한 노조대표의 태도는 민주적이어야 한다. 당연한 말 아니냐고 생각하기 쉽지만, 운영이 민주적일 수 있으려면 내용은 물론이려니와 절차까지도 민주적이어야 하기 때문에 적지 않은 노력이 필요하다. '좋은 게 좋은 거다.' '좋은 의도로 진행한 일이다.' 이런 평계는 집어치우는 게 좋다. 결정이 내려지는 모든 과정은 내용뿐 아니라 절차적으로도 각별히 신경 써서 진행해야 한다. 조직의 민주주의가 절차적 정당성을 잘 발휘하려면 소속 조합원들, 무엇보다 간부들의 규율과 질서가 잡혀야 한다. 각급 단위에서 상시적인 회의체를 잘 운영해야 하고, 규율과 질서를 지키는 데는 단호함을 발휘해야 한다. 어떤 일이든 결과보다는 과정과 절차에 최선을 다하는 자세가 필요하다.

대표가 현장 조합원들과 소통하려는 태도를 가져야 조직이 강화될 수 있다. 그러니 '현장간담회'를 열심히 하자. SK브로드밴드 노동조합의 윤세홍 위원장은 민주노총 소속은 아니지만 여러 가지 면에서 배울 점이 많은 분이다. 노조를 설립할 당시 나에게 여러 가지 조언과 도움을 주었는데, 그중 가장 인상 깊은 얘기가 현장간담회의 중요성에 대한 것이었다. 우리 사업장의 경우에는 전국 순회간담회를 개최하면 지역별 간담회를 20여 번가량 진행해야 한다. 중간중간 서울로 복귀해 업무를 처리해가며 각 지역을 오가다 보면, 전국을 순회하는 데 두 달가량이 소요됐다. 전국 순회간담회를 상반기에 한 번, 하반기에 한 번씩 일 년에 두 차례만 진행해도 위원장이 전국을 순회하는 데만 4개월이 소요되는 것이다. 1년에 4개월을 간담회에 사용해도 정작 조합원이 노조 대표와 얼굴을 맞대고 얘기할 기회는 1년에 두 번뿐이다. 이처럼 품이 무척 많이 드는 일이긴 해도 지역 조합원들과의 간담회는 매우 중요한 일이다. 상반기의 간담회는 임금협상 요구안을 수립하는 과정으로 진행되고, 하반기의 간담회는 협상 타결안을 설명하는 과정으로 진행되기 때문에, 두 차례의 전국 순회를 마치면 1년 동안 해야 할 일이 대부분 끝나버리곤 한다. 임금협상은 노동조합의 업무 가운데 가장 중요한 사업으로 꼽히는 만큼 이런 과정은 당연해 보이지만, 실제로는 이런저런 핑계를 들어 하지 않는 대표들이 수두룩하다. 대표의 강한 의지 없이는 어려운 일이라는 말이다. 순회간담회는 조합원의 정서와 생활방식을 이해하고, 대표의 의견을 거기에 맞추는 과정으로도 유용했고, 그 과정에서 많은 정보를 수집할 수 있었기 때문에 나는 순회간담회를 매우 중요하게 생각했다.

노조대표는 작은 일에도 신경을 쓰려고 노력해야 한다. 임금협상 잘하고 단체협약 잘 체결하면 노동조합의 할 일을 다한 것처럼 보이기 십상이지만, 사실상 이 두 가지는 성과를 내기가 가장 어려운 사업이기도 하다. 어떻게 매년 임금협상에서 승리할 것이며, 매번 단협에서 성과를 낼 수 있겠는가? 이런 사업에서 성과를 얻기 위해서는 노동조합의 일상적 사업이나 조합원들의 요구와 같이 평소에 부딪히는 작은 일에서부터 성과를 쌓아가는 게 중요하다.

노조에서 전임으로 활동하다 보면 조합원들로부터 이런저런 요구를 받기 마련이다. 개중에는 팀장이 부당한 횡포를 부린다든지, 부서에서 차별을 받는다든지 하는 사안도 있지만, 단순히 이런저런 불만을 해결해달라는, 이를테면 팀장과의 관계가 불편하다는 식의 주관적인 요구도 있다. 이런 건 같은 조합원의 처지에서 봐도 과하다 싶을 때도 있다. 직접 해당 부서에 얘기해도 될 일을 눈치가 보인다든지 주눅이 든다는 이유로 노조의 손을 빌리려는 조합원이 적지 않은 게 사실이다 보니, "이런 것까지 노조가 해결해줘야 하느냐"는 집행부의 푸념이 이어지기도 한다. 그럴 때마다 나는 되도록 집행부를 다독여 "가능한 한 그 일을 해결해달라"고 주문하곤 했다. 조합원에게 불편한 팀장과의 관계를 해결하는 일은 때로 임단투 승리보다 중요할 수 있다.

끝으로 노조대표의 역할은 단위노조나 현장의 대표자에 그치지 않는다는 것도 염두에 두어야 한다. 자기 사업장을 넘어 사회적인 문제를 계급적·정치적 관점에서 이해하는 데까지 시야를 넓혀야 하는 것이다. 민주노총 같은 상급단체에 속한 조합이라면 대표는 상급단체의 대의원 같은 역할을 맡게 된다. 이런 활동이 넓은 시야를 갖게 해주는 건 물론이다. 그러니 상급단체에 속하지 않은 기업별 노조의 대표도 같은 업계에 속한 노동조합과의 연대활동 등을 통해 자기가 대표하는 노동조합이 사회적 맥락 속에서 방향을 잡을 수 있도록 이끌어 가야 한다. 이것 또한 노조대표의 중요한 역할이다.

4) 회의 운영 방법

초등학교 사회 수업 시간에 배울 법한 과정을 굳이 넣는 이유는 민주적인 조직 운영에 있어 절차가 갖는 중요성 때문이다. 내가 선의를 가지고 있다고 해도 절차를 무시한다면 그 의사 결정 과정은 민주적이라고 말할 수 없다.

토론 방법

① 서기를 반드시 지정한다. 대의원대회의 경우 집행부 중 1인이 하는 것이 좋다.

② 사전에 안건에 대해 충분히 설명하고 질문과 답변의 과정을 거친다.

③ 발언은 결론부터 말한다.

④ 발언 시간은 가급적 3분을 넘지 않도록 하며, 발언자들에게 동등한 시간을 부여한다.

⑤ 논쟁이 벌어질수록 논쟁의 중심에 서 있는 사람 이외의 의견을 듣도록 한다.

⑥ 될 수 있으면 전원이 발언할 수 있도록 한다. 그래야 전원이 실천할 수 있다.

⑦ 토론 주제를 구체적으로 해야 한다. 즉 목적을 분명히 해야 한다.

⑧ 회의는 공정하게 진행한다. 간부라고 발언할 기회를 더 준다거나 신참이라는 이유로 심부름을 시켜서는 안 된다. 말 잘하는 사람이 시간을 독점하지 못하도록 한다. 회의에 참석한 사람 모두를 동등하게 대접해야 한다.

⑨ 회의 시간을 정해두고 가능한 한 끝나는 시간을 지킨다.

⑩ 회의는 의장이 진행한다.

⑪ 서기가 잘 기록할 수 있도록 이야기를 정리하면서 토론을 이끌어간다.

⑫ 토론을 마무리할 때는 정리해 발표하고, 빠진 사항은 없는지 전체의 동의를 구한다.

회의 순서

① 개회

② 정족수 확인(성원 보고)

③ 개회 선언

④ 의장 인사

⑤ 의사록 통과(전기 회의록 보고. 문서로 대체 가능)

⑥ 의사 일정 통과(회순 통과)

⑦ 상정 안건 심의(안건 토의 및 심의 통과)-심의할 안건은 반드시 회의를 소집하기 전에 통지한 안건으로 제한한다. 다만 긴급동의에 따라 의결된 사항은 사전에 통지하지 않았더라도 안건으로 상정할 수 있다.

- 안건 선포와 제안 설명-상정한 안건을 선포하고 제안의 이유와 내용을 설명한다.
- 질의-안건에 대해 궁금한 점을 먼저 질문하고 답변을 듣는다
- 토론·수정안 제출-제안된 안건에 대해 찬반 토론을 하고, 필요한 경우 안건에 대한 수정안을 제출한다.
- 결론(표결)-안건에 대한 토론이 끝나면 표결을 시작한다. 표결에 들어갈 경우는 제일 마지막에 나온 안부터 표결하고, 다수결의 원칙을 따른다.

회의 용어

① 개회-회의의 시작

② 회기-개회부터 폐회까지의 기간

③ 폐회-회기의 종료

④ 산회-회기 중 개회부터 폐회 전까지 그날그날의 회의 종료

⑤ 유회-정족수가 모자라 회의가 성립되지 않음

⑥ 정회-회의 중 회의장 상태를 그대로 두고 잠시 휴식하는 것

⑦ 휴회-회의 중 회의장에서 철수하여 일정한 기간 회의를 멈추는 것

⑧ 속회-정회 또는 휴회했던 회의를 계속함

⑨ 동의-자신의 의견을 회의에 제기하는 것. 긍정형으로 해야 하고, 재청을 얻어야 안건으로 성립한다(예를 들면 나는 OO할 것에 동의합니다). 동의의 종류에는 원동의·보조동의·번안동의 등이 있다.

- 우선심의동의-의사 진행, 토론 종결, 의장 불신임, 회의 규칙에 관한 질문, 정회·휴회·폐회에 관한 사항은 제기되면 다른 안건에 우선해 심의한다.

2. 노사관계의 기본과 노조 실력 높이기

어떤 노사관계가 이상적인지에 대해서는 관점에 따라 다양한 입장이 있겠지만, 노동조합의 관점에서는 자기의 요구를 관철해낼 수 있는 강한 노동조합이 좋을 수밖에 없다. 그래야 노동자의 권리를 보호하고 더 발전시킬 수 있기 때문이다. 그렇다면 강한 노동조합이란 어떤 노동조합일까? 강한 노동조합은 언제든 해당 사업장의 사업을 중단시킬 만큼의 힘을 가지고 파업에 나설 수 있는 노조다.

파업은 법이 정한 단체행동권에 따라 노조가 결정한 행위지만, 그 이면에서는 사업주의 선택이 결정적이라고 해도 과언이 아니다. 파업이 사업에 막대한 지장을 줄 것이라고 예상되면 자본가는 어떤 형태로든 타협에 나설 수밖에 없기 때문이다. 만약 노동조합의 힘이 충분히 강하다면 파업의 대부분은 자본가의 오판에서 비롯된 것이라고 볼 수 있다.

파업만이 능사가 아니지 않느냐는 견해도 있다. 유연한 입장을 가지고 대화와 타협에 나서는 게 우선이라는 말이다. 하지만 강한 노동조합만이 유연한 입장을 가질 수 있다. 언제든 위력적인 파업을 조직할 수 있는 노조라면 굳이 파업에 나서지 않더라도 자본가와 어느 정도 수준에서 타협할 수 있기 때문에, 파업을 내세워 더 많은 것을 얻어낼 수 있을 것이라는 유혹에서 비켜설 수 있다. 그렇다고 강한 노동조합이 반드시 큰 규모의 노동조합을 가리키는 것은 아니다.

회사가 노동조합을 파업으로 내모는 일도 얼마든지 있다. 노조의 힘이 약할 때다. 나는 전국적 규모의 노조를 만들기 전 16년가량을 소수 노조에 속해 회사와 싸워야 했고, 매번 내몰리다시피 파업에 나서야 했다. 사측은 조합원의 수가 적다는(즉 노조의 힘이 약할 거라는) 사실만 믿고 어떤 정당한 요구도 받아들이지 않았다. 아무것도 할 수 없는 지경에 내몰렸으니 파업에 나선 것은 당연지사. 하지만 아무 위력도 없는 소수의 파업은 직장 폐쇄로 이어졌고, 다시는 회사로 복귀할 수 없을 거라는 위기감을 느낀 것도 여러 차례였다. 7개월에 걸친 천막농성, 6개월간의 상경투쟁이 이어졌고, 손배가압류·고소고발을 경험했다. 하지만 판단 착오는 회사가 저질렀다. 내가 번번이 회사로 복귀할 수 있었던 것은 회사가 우리처럼 작은 노동조합이 어디까지 갈 수 있을지를 잘못 판단했기 때문이었다. 어디까지 갔는지는 차차 얘기하도록 하겠다.

강한 노조는 구호만으로 만들어지지 않는다. 내실을 가진 수준의 파업을 유지할 수 있을 만큼 강한 노조가 되기 위해서는 꾸준한 일상 사업이 뒷받침되어야 한다. 생산 현장을 장악할 수 있으려면 조합원의 수가 절대다수가 될 수 있도록 노력해야 하고, 언제든 단체행동에 돌입할 수 있게 평상시에 준비가 되어 있어야 한다.

간부들은 헌신적이어야 하고, 현장 토론이 활발해야 하며, 근무시간 외에도 함께할 수 있는 조합원을 늘려야 한다. 소식지 발간·문화 소모임 활동·재정 확보·연대활동 경험 등을 통해 활동의 수준을 높여나가는 것도 중요하다. 열린 마음으로 다른 노동조합·사회운동과 연대에 나서는 것은 특히 중요하다. 아무리 큰 흑자를 내는 사업장이라고 해도 사회적 수준을 특별히 뛰어넘는 정도로 근로조건을 타결할 수 없고, 단일 사업장의 투쟁만으로는 노동자를 위한 제도를 개선하는 데 한계가 분명하기 때문이다.

1) 노사관계는 휴전상태

노사관계를 규정하는 이론이 여러 가지고, 한 기업의 노사관계가 어떤 상태에 있는지를 다양하게 표현할 수 있다고 해도, 결국 노사관계는 노동자와 자본가의 힘에 따라 결정된다. 노동자와 사용자 사이에는 본질적으로 갈등이 있을 수밖에 없다고 솔직하게 말하든, 아니면 노사의 상생이 가능하다든지, 노동자의 참여와 협력을 통해 새로운 노사관계를 만들어가야 한다고 포장하든 결국은 마찬가지다. 한 기업의 현재 노사관계가 화합으로 표현되든 대립으로 표현되든 달라지는 건 없다. 군사적 표현을 빌려 설명하자면, 힘의 관계는 전략적으로는 노사 양측이 가용할 수 있는 모든 자원에 따라, 전술적으로는 그 자원의 효율적인 배치에 따라 결정된다. 그리고 노사가 평화적인 상태에 있다는 것은 휴전상태에 있다는 말과 같다. 그것은 힘의 우위를 점한 어느 한쪽이 그에 상응하는 일방적 관계를 맺거나 양자의 힘이 균형을 이루기 때문에 얻어진 타협의 결과다. 휴전이 깨진 상태가 전쟁, 즉 쟁의행위다. 그것은 힘의 균형 상태를 어느 한쪽이 깨려고 하거나, 힘의 우위를 가진 쪽이 지금까지 유지해온 관계를 부정하고 상대를 굴복시키려고 할 때 발생한다.

2) 일상활동에 대한 재인식

임금인상투쟁·단체협약투쟁 외에 일상활동이 없는 노조는 죽은 노조다. 일상활동이 없는 노조에서는 임단투조차 사용자의 배려로 타결된다고 해도 과언이 아니다. 훈련도 하지 않는 군대가 전쟁에서 이길 수 없다는 건 자명하지 않은가.

노동조합의 일상활동은 회의, 조직, 교육, 선전, 연대, 문화·체육 활동, 조합원 고충 처리와 일반사무 등 매우 다양하다. 이 모든 활동을 다 잘하는 노동조합은 없을 테지만, 중요한 건 노사 간의 힘 관계에서 우위를 차지하기 위한 꾸준한 노력이다. 일상활동의 궁극적인 목적은 언제든 쟁의가 가능할 수 있는 상태를 준비하는 것이라고 말할 수 있다. 하지만 역설적이게도 일상활동의 강화는 쟁의를 예방하는 활동이기도 하다. 언제든 쟁의행위를 할 수 있을 만큼 일상활동이 지속된다면 자본가가 쟁의를 선택할 확률이 낮아지기 때문이다.

'대한민국은 민주공화국이고 모든 권력은 국민으로부터 나온다.' 이 말은 우리나라 헌법에 명시된 내용이다. 그리고 수십년을 받아온 교육이나 각종 매체를 통해 민주주의는 당연한 현실인 것으로 받아들여지고 있다. 그러나 실제 개인의 의견이, 생각이 어떻게 민주적으로 집중되어 공공의 과제로 채택되는지, 그리고 이를 실현하기 위해 예산을 어떻게 사용하고 또 함께 실천해야 하는지에 대한 구체적인 과정과 방법을 익히는 데는 훈련이 필요하다. 그럴 때 가장 좋은 게 조합원들과 함께하는 회의다.

노동조합을 처음하는 사람들은 자신의 요구가 뭔지 말하기 힘들어한다(사실 자신의 요구가 뭔지 고민조차 하지 않는 경우도 많다). 그런 조합원들이 자신의 요구를 말하고, 나의 요구가 우리의 요구로 받아들여져 이를 실현하기 위한 방법을 함께 고민하고 실천하며 마침내 쟁취하는 과정까지, 이를 훈련할 수 있는 자리가 바로 조합원들과의 '일상적' 회의다.

생각하고 말해보고 토론하며 결론에 도달하고, 실천하고 노력해서 마침내 쟁취하고 함께 기뻐하며 달라진 현실에서 다시 변화된 요구를 말해보는 것, 이것이 노동조합의 일상활동이 되어야 한다. 이것이 잘 훈련되어 있는 노동조합만이 가장 위력적인 파업을 할 수 있게 된다. 그리고 말했듯 가장 위력적인 파업이 가능한 노조만이 파업을 피할수 있는 힘을 갖게 된다.

3) 제일 중요한 것은 지도부의 의식

적당히 하려고 들면 대한민국에서 더 편한 직업을 찾기도 어려운 게 위원장과 같은 노동조합 전임자지만, 찾으려고 들면 끝이 없는 게 전임자나 간부의 업무이기도 하다. 위원장의 일은 스스로 노동조합 활동에 대해 자각하는 데서부터 출발해야 한다. 많이 아는 사람이 노동조합 활동을 잘하는 게 아니라 노동자의 관점과 열정을 가진 사람이 잘한다. 신생 노조든 역사와 전통을 자랑하는 노조든 간부들이 조합원과 함께하고, 그들 앞에 서서 헌신하려는 각오와 결의를 갖는 게 중요하다. 개인이 모든 걸 할 수는 없는 게 사실인 만큼 그걸 뒷받침할 수 있는 집단적인 조직문화를 만들어나가는 것도 필요하다.

기업별 노조든 산별 노조의 지부든 그 사업장 노동조합 대표의 '마음가짐'이 정말 중요하다. 집행부조차 선임하기 어려운 사업장이 많다고 하지만, 그 책임의 대부분은 대표자에게 있다는 게 내 생각이고, 어느 정도는 객관적 사실이기도 하다고 자신할 수 있다.

노동조합 대표자나 전임자가 자기가 속한 사업장의 눈앞에 닥친 문제 외에, 여러 노동 현안에 대한 교육은 고사하고 유인물조차 만들지 못하는데 일상활동이 가당키나 하겠는가. 적어도 대표자나 전임자라면 일상활동의 다양한 영역에 대한 기본적인 소양이나 인식을 가져야만 노동조합을 체계적으로 운영할 수 있다. 끊임없는 학습과 토론 그리고 실천이 필요한 이유다. 이게 없으면 일상활동도 없고, 일상활동이 없으면 임단투 시기에도 움직이는 사람은 위원장과 일부 간부뿐이게 된다. 임단투 시기조차 위원장과 일부 간부만 움직이는 노조는 전망이 없다.

이런 점에서 이번에 타결된 임금협상이 회사의 배려에 따른 '주워 먹기'는 아니었는지 냉정히 돌아볼 필요가 있다. 한 번이나 두 번은 주워 먹을 수 있을지 몰라도 노조가 힘이 있는지 없는지는 회사가 제일 먼저 알아본다. 언제든 공격받아 부스러질 수 있는 모래성이 아닌지 잘 돌아보고 일상활동부터 차근차근 준비해야 한다.

3. 임금인상 요구안 작성법

임금인상 요구안 작성은 개인의 불만이나 요구를 모아 노동조합의 요구로 확정하는 과정이다. 이것이 노조에 대한 조합원들의 열의를 일으키고, 투쟁 의지를 모으는 과정과 분리되지 않는다는 사실을 이해하는 것도 중요하다. 집행부와 몇몇 간부들이 모여서 요구안을 만들고, 그것을 조합원 투표에 부쳐서 확정하는 게 보통이지만, 이 방식은 조합원을 수동적으로 만들고, 노동조합을 무슨 해결사처럼 인식하도록 만들기 때문에 좋은 방법이라고 할 수 없다. '자판기 노조'(조합비를 넣으면 타결안이 나온다는 의미) 같은 말도 이래서 나왔다.

제일 좋은 방식은 조합원이 직접 노동조합 요구안 작성에 참여하게 하는 것이다. 예컨대 조합원 각자가 '1인 1요구안'을 만들어 부서별로 토론하고 부서의 요구안을 만든 다음, 부서별 요구안들을 모아 전체 토론을 통해 조합의 요구로 확정하는 방식을 들 수 있을 것이다. 아무리 좋은 안이어도 자기가 참가하지 않으면 관심을 덜 두거나 두지 않는 게 사람의 심리인 이상, 처음부터 함께 만드는 과정이 있어야 어려운 순간이 닥쳤을 때 조합원들 스스로 문제를 풀어나갈 수 있다.

그렇다고 1인 1요구안이 만병통치약인 건 아니다. 아무 밑그림도 없이 1인 1요구안을 강요하면 배가 산으로 가기 마련이기 때문이다. 요구안 작성 원칙을 미리 교육하고, 요구안을 둘러싼 객관적 조건을 보여주고 나서 조합원들 자신이 스스로 결정하도록 만들어야 한다.

그럼 어떤 기준을 가지고 임금인상 요구안을 만들 것인가? 단체협약 요구안의 경우는 또 어떤가?

노동조합의 요구는 대개 '회사가 자기들 멋대로 하네', '시키면 시키는 대로, 주면 주는 대로 받으라고 하네' 하는 불만에서 비롯되는 만큼 단체협약 요구안의 기준은 회사와 맺은 근로계약, 회사가 일방적으로 만든 취업규칙일 것이다. 여기서 비교 대상은 〈근로기준법〉이다. 회사가 제시한 근로계약 또는 취업규칙이 〈근로기준법〉을 따르고 있는가 그렇지 않은가가 우선 문제고, 한 걸음 더 나가면 단체협약의 내용이 〈근로기준법〉보다는 높아야 한다는 것이 단체협약의 기준이 되는 것이다. 왜? 〈근로기준법〉은 최저 기준이기 때문이다.

예를 들어 주 40시간으로 규정된 근로시간을 지키지 않으면 위법이다. 그렇다면 근로시간은 주 40시간보다는 짧아야 하지 않을까? 회사가 '법대로 하자'고 나서는 건 당연할 테고, 그러면 우리는 어떻게 대응해야 할까?

"사장님, 법이란 건 최저 기준이니 그보다는 근로조건이 좋아야 하지 않겠습니까? 우리 회사가 최저 기준의 상품과 물건을 만들어내는 회사도 아닌데, 그걸 생산하는 노동자들에게도 최저 기준보다는 좀 높은 대우를 해줘야 하지 않겠습니까?" 이것이 단체협약에 임하는 노동자들의 기준이다.

이걸 임금에 적용하면 어떻게 될까? 임금이란 노동력을 판매한 대가다. 다시 말해서 임금협상은 노동력이라는 상품의 가격을 제대로 받기 위한 과정인 것이다. 노동력이라는 상품은 노동자의 정상적 생활에서 나온다. 그래서 등장하는 첫 번째 기준이 바로 '최저생계비'다. 노동법에 따르면 임금을 최저생계비 이하로 지급하는 계약은 무효이고, 무조건 그 이상으로 지급해야 한다. 하지만 최저생계비는 그야말로 최저 생계비일 뿐이다. 이걸로는 정상적인 생활이 불가능하다. 이런 이유에서 '표준생계비'라는 개념이 나왔다. 표준생계비는 우리 사회 평균(표준)

계층의 노동자가 우리 사회에서 평균적인 생활을 유지하는 데 필요한 상품과 서비스의 가격을 산술적으로 계산해 산출한다. 민주노총과 한국노총은 매년 많은 돈을 들여 그해의 표준생계비를 산출해 발표하고, 이를 정부와 기업에 임금인상 가이드라인으로 제시하며 산하 노조의 임금인상 요구에도 기준으로 삼으라는 지침을 내리고 있다.

양대 노총이 발표한 (사회 전체의) 표준생계비를 기준으로 삼고, 직원들의 평균연령·부양가족 수·근속 연수 등의 자료를 참고하면 우리 회사의 표준생계비가 얼마인지 대략 알 수 있다. 다만 양대 노총이 발표한 표준생계비는 생각보다 높기 때문에 우리 회사의 표준생계비와 차이가 날 수밖에 없고, 이 부족분의 100퍼센트를 당장의 요구안으로 확정하기 힘든 게 보통이다. 그래서 물가인상율·경제성장율·가구당 국민소득·우리 회사의 경영 성과·영업 이익·업계 동향·앞으로의 발전 추이 등과 같은 객관적 자료를 조합원들에게 제공할 필요가 있다. 여기에는 동종업계나 규모가 비슷한 회사의 임금 현황 등을 비교한 자료도 포함된다. 조합원들은 이런 자료들을 참고해 표준생계비 부족분의 100퍼센트를 요구하는 건 과하니 '50퍼센트를 요구하자', '30퍼센트를 요구하자', '70퍼센트를 요구하자'와 같은 각자의 요구안을 제출할 수 있게 된다.

남은 문제도 있다. 기본급(통상임금)을 기준으로 삼을 것인지, 인상안이 정률인지 정액인지, 하후상박下厚上薄과 같은 원칙을 적용할 것인지 등도 개인의 요구안을 작성하기 전에 토론 과제로 제출해 이견을 해소해야 한다. 이런 과정을 거쳐 노동조합의 요구안이 만들어지면 회사에 대해 명분도 서고 위협도 될 수 있다.

임금인상 요구안을 마련했다면 조합원총회를 열어 요구안을 확정하고, 그 자리에서 회사 측에 전달하는 자리를 만드는 게 좋다.

임금요구안 작성 사례

- ○○회사 전 직원(조합원) 평균연령-남 ○○세, 여 ○○세, 전체 평균연령 ○○세

    따라서 가구 규모별 표준생계비 모형 중 ○○의 모형을 기준으로 삼음(민주노총이나 한국노총에서 개발한 표준생계비 모형 참조)

- ○○회사 평균부양가족 규모 3.64명에 대한 생계비(단위: 원)

    -3인 가구 생계비+{(4인 가구 생계비-3인 가구 생계비)×0.64}

- 2024년 경제성장률과 물가상승률 전망치를 반영한 생계비

    -생계비+(생계비×경제성장률 %)

    -생계비+(생계비×물가상승률 %)

- 2023년 3/4분기 도시노동자 가구소득 중 근로소득 비중을 반영한 생계비

    -가구소득×근로소득 비율 %

- 생계비 충족을 위한 필요임금

    -생계비 충족을 위한 가구의 필요소득-○○회사 노동자 평균총액임금(초과급여 제외)

- 생계비 충족을 위한 필요임금 인상률

    -(필요임금/현재 임금총액)×100%

민주노총 및 한국노총의 표준생계비를 근거로 최소한의 생활임금을 확보하고, 경제성장률·물가상승률을 감안해 2024년도 임금인상 요구를 ○○%로 해야 하나 한꺼번에 인상할 수 없는 현실 여건을 감안하고, 2025년도 ○○그룹 내 임금인상률과

동종업종의 임금인상 요구율 가이드라인과 OO회사 전 조합원(직원)의 예상 요구 수준 등을 종합적으로 판단해 가구 규모별 표준생계비 00% 수준 확보를 목표로 기본급여 대비 00원의 임금인상을 요구함.

회사 평균 가구원 수 생계비		원
2025년 물가상승률 전망치를 반영한 생계비		원
2025년 경제성장률을 감안한 생계비		원
생계비 중 근로소득 비중을 반영한 생계비		원
충족 생계비와 O그룹 내 동종업종 또는 비슷한 직군과의 임금 차이 해소		
2025년 OO노조 임금인상 요구	요구율	%
	요구액(기본급 기준)	원
	생계비 충족율	%

4. 단체교섭 – 처음부터 마무리까지

1) 단체교섭이란

설립 후 처음 단체교섭을 시작하는 노동조합이나 노동자들에게는 이 활동이 합법적인지가 중요한 관심사다. 아직도 노동조합 활동을 무슨 독립운동이나 되는 양 쳐다보는 분위기가 남아 있어서 가족들, 특히 배우자나 부모가 알게 되면 큰일이라도 난 것처럼 뜯어말리는 게 보통이고, 한국 사회는 언론에서조차 노동자의 단체행동을 시민사회에 불편을 초래하는 불법행동인 것처럼 부정적으로 보도하기 때문이다. 노동조합 활동이 합법적인지 묻는 건 어찌 보면 당연한 일일 수 있다.

"위원장님 우리가 하는 행동이 정당하고 합법적인 것이 맞지요? 법에는 나와 있습니까?" 노동조합을 시작하면 조합원들에게서 가장 많이 듣게 되는 소리 중 하나다. 답이야 정해져 있다. "네. 단체교섭권은 〈대한민국헌법〉에도 명시되어 있고, 우리나라 노동법에도 명시되어 있으니 걱정하지 마십시오. 노동조합을 믿고 조합원들이 단결해 흔들림 없이 따라온다면 우리는 반드시 승리할 것입니다." 이 정도의 대답은 노조대표로 선출된 사람이라면 쉽게 할 수 있겠지만, 좀 더 구체적인 답을 해줄 수 있다면 좋을 것이다.

단체교섭이란? 노동법에는 이렇게 명시되어 있다.

〈노동조합 및 노동관계조정법〉 제29조(교섭 및 체결권한) ① 노동조합의 대표자는 그 노동조합 또는 조합원을 위하여 사용자나 사용자단체와 교섭하고 단체협약을 체결할 권한을 가진다.

② 제29조의2에 따라 결정된 교섭대표노동조합(이하 "교섭대표노동조합"이라 한다)의 대표자는 교섭을 요구한 모든 노동조합 또는 조합원을 위하여 사용자와 교섭하고 단체협약을 체결할 권한을 가진다.〈신설 2010. 1. 1.〉

③ 노동조합과 사용자 또는 사용자단체로부터 교섭 또는 단체협약의 체결에 관한 권한을 위임받은 자는 그 노동조합과 사용자 또는 사용자단체를 위하여 위임받은 범위 안에서 그 권한을 행사할 수 있다.〈개정 2010. 1. 1.〉

④ 노동조합과 사용자 또는 사용자단체는 제3항에 따라 교섭 또는 단체협약의 체결에 관한 권한을 위임한 때에는 그 사실을 상대방에게 통보하여야 한다.〈개정 2010. 1. 1.〉

또한 〈노동조합 및 노동관계조정법〉 제81조(부당노동행위) 제3항 제4호는 사용자가 "노동조합의 대표자 또는 노동조합으로부터 위임을 받은 자와의 단체협약체결 기타의 단체교섭을 정당한 이유없이 거부하거나 해태하는 행위"를 부당노동행위로 규정하고 있고, 제90조 벌칙에서는 이 규정을 위반할 경우 "2년 이하의 징역 또는 2,000만 원 이하의 벌금에 처한다"고 명시하고 있다.

즉 노동조합의 단체교섭권이란 노동조합이 사용자와 단체교섭을 통해 노동자의 사회적·정치적·문화적·경제적 권리를 향상시킬 수 있도록 법이 정한 권리다. 주의해야 하는 것은 법률이 전제한 건 노동조합이며, 노동조합이 없는 사업장에서는 단체교섭도 할 수 없다는 사실이다. 특히 한국의 경우에는 회사 안에 노동조합이 없으면 일하다가 다쳐도 산재 신청조차 제대로 할 수 없고, 산전·산후휴가, 육아휴직 등 〈근로기준법〉이 정한 최저 권리조차 찾아 먹을 수 없다.

입사하면서 근로계약서에 서명할 때는 회사의 눈 밖에 날 게 두려워 이의를 제기하지 못하고, 회사가 만든 취업규칙상의 불이익도 울며 겨자 먹기로 감수하면서 근무하는 게 현실이다. 단체교섭이란 이런 근로계약서상의 문제점이나 취업규칙상의 불이익을 노동조합의 결성(가입)을 통해 해결하는 '합법적인' 제도다.

물론 노동조합이 없는 사업장에서는 분기마다 노사협의회를 개최해 노동자의 고충을 처리하도록 〈근로자참여 및 협력증진에 관한 법률〉에 명시되어 있는 게 사실이다. 또 이 법은 노동조합이 없는 사업장의 사용자가 1년에 네 번씩 노사협의회를 개최하지 않으면 100만 원 이하의 벌금에 처하도록 명시하고 있다. 그러나 노동부가 어쩌다 한 번씩 실시하는 특별근로감독에서 많은 회사들이 노사협의회를 개최하지 않고 있는 것이 드러나고 있으며, 허위로 노사협의회 회의록만 만들어 놓았다가 들통나는 경우도 많다. 결국 노동조합을 통한 단체교섭만이 노동자가 자신의 권리를 찾기 위한 유일한 방책인 셈이다.

2) 단체행동권과 노사협의회

그렇다면 노동조합과 노사협의회는 어떤 차이가 있을까? '노동조합 같은 불순한 거 하지 말고 우리는 노사협의회를 통해 잘해봅시다'라는 사측의 말을 듣고 우리는 어떻게 해야 할까?

노동조합을 포기하고 노사협의회를 창구로 삼은 것은 사장의 말을 믿었기 때문인데, 협의회에서 합의한 내용을 회사 사정이 어려우니 들어줄 수 없다고 핑계를 대거나, 아니면 대놓고 약속을 어기면 어떻게 될까? 사장 욕하면서 술이나 퍼마실 수도 있겠지만, 홧김에라도 동료들과 함께 약속 이행을 요구하며 투쟁에 나설 수도 있지 않을까? 틀렸다. 노사협의회를 통해서는 파업과 같은 투쟁에 나설 수 없다. 만약 분하다고 출근을 거부하거나 파업에 나선다면 당연히 불법파업이 되고, 해고와 구속이 뒤따르기도 한다.

노동조합의 단체교섭권에는 단체행동권이 붙어 다닌다. 즉 인간답게 살 권리에는 속칭 '데모할 권리'가 포함되어 있다. 하지만 노사협의회에는 단체행동권이 주어지지 않는다. 회사가 노조 말고 노사협의회를 하라고 하는 이유가 여기에 있다. 노동자가 인간답게 살기 위해서는 단결하고, 교섭하고, 파업투쟁을 할 수 있다고 헌법이 명시한 권리가 단체행동권이다. 참고로 노사협의회와 노동조합의 차이는 다음과 같다.

구분	노사협의회	노동조합
설립 목적	노사 공동의 이익 증진	근로자의 근로조건 유지 및 개선
당사자	사용자위원, 근로자위원	2인 이상의 근로자
적용 법률	근로자참여법	노동조합법
대표성	전체 근로자	조합원
역할	사용자의 기업 경영 상황 보고 안건에 대한 노사 간 협의 및 의결 쟁의행위 불가능	단체교섭에 대한 협약 체결 교섭 결렬 시 쟁의행위 가능
운영 과정	회의 주기, 안건, 회의록 작성 등 관련 법에서 규정하는 내용 준수	위법하지 않은 범위 내에서 자율적 운영

3) 단체협약이란

단체교섭의 결과가 단체협약이다. 말 그대로 노동자가 개인이 아닌 단체로 모여 맺은 협약이 단체협약이다. 다시 말해 노동자의 결사체인 노동조합과 사용자 또는 사용자단체가 단체교섭을 통해 합의·결정한 근로조건(임금 및 근로시간 등)과 기타 노사관계상의 제반 권리 및 의무와 관련해 문서로 합의한 사항이 바로 단체협약이다. 중요한 것은 단체협약이 성립되기 위한 전제조건, 즉 노동조합의 존재다. 단체협약이 만들어지기 위해서는 사용자나 사용자단체가 반드시 노동조합과 교섭해야 하고, 그 결과를 문서로 확인해야 하는 것이다.

이제 단체협약의 체결권자와 단체협약안 작성 그리고 단체협약의 유효기간에 대해 알아보자. 먼저 단체협약의 체결권자는 노동조합의 대표자다. 여기서 중요한 것은 노동조합의 대표자가 조합원의 동의를 구하지 않고 자의적으로 협약을 체결했더라도, 그 단체협약은 효력을 가진다는 점이다. 위원장을 잘 뽑아야 하는 이유가 이것이다. 노동조합 규약에 협약이 체결되기 전에 반드시 조합원총회를 거쳐야 한다고 명시해 두었더라도, 대표자가 조인한 단체협약은 되돌릴 수 없다는 점을 명심해야 한다.

단체협약은 반드시 서면으로 작성해야만 효력이 있다. 구두로 합의한 협약도 녹취록이 있다면 효력을 가질 수 있지만, 여러 가지 복잡한 문제가 발생할 수 있기 때문에 단체협약은 합의 즉시 서면으로 남겨놓아야 한다.

단체협약의 유효기간은 2년을 초과할 수 없다. 예전에는 관행적으로 임금협약 1년·단체협약은 2년을 유효기간 삼아왔지만, 2014년 복수노조가 허용되어 '교섭대표노동조합' 제도가 생기면서 유효기간이 2년으로 굳어져 있다. 그러나 단체협약은 정치적·사회적·경제적 여건의 변화에 대비해 노동자의 생존권을 지킨다는 의미를 포함하고 있기 때문에 1년에 한 번씩 갱신하는 것이 좋고, 중요한 문제가 생길 것을 대비해 유효기간 중에라도 '보충협약'을 체결할 수 있게 해놓아야 한다. 보충협약이란 단체협약이 체결되고 난 뒤 회사 사정이 변해 이미 맺은 단체협약의 유효기간 중에 추가로 맺는 협약을 말한다. 당연히 노사 양측의 합의가 필요하다. 보충교섭 조항을 포함시켜놓지 않으면 나중에 사측이 거부할 게 뻔한 만큼, 노동조합을 결성하고 힘이 있을 때 이루어지는 첫 교섭에서 어느 일방이 보충교섭을 요구할 수 있도록 단체협약에 관련 조항을 넣어둘 필요가 있다.

단체협약의 효력은 당연히 회사가 정한 취업규칙보다 우선하며, 무엇보다도 근로조건의 최저 기준인 〈근로기준법〉에도 우선한다. 교섭을 시작할 때 사측은 물론이고 노동조합 측 교섭위원들까지도 "단체협약에 담으려는 조항의 법적 기준이 무엇이냐"고 묻는 경우가 제법 있는데,

이는 〈근로기준법〉의 취지를 모르고 하는 소리다. 〈근로기준법〉은 최저 기준이므로 단체협약이 최저 기준보다 높아야 하는 건 당연한 일이다.

예를 들어 보통 빨간날이라고 부르는 날이 모두 유급휴일이라고 알고 있는 사람이 적지 않다. 아니다. 노동자에게 유급휴일은 일요일과 노동절(5월 1일)밖에 없다. 따라서 달력에 표시된 국가공휴일을 유급휴일로 만들기 위해서는 회사 측과의 합의를 통해 반드시 유급휴일 관련 조항을 단체협약에 포함해야 한다.

또한 회사가 정한 취업규칙에 '상여금을 줄 수도 있다'라고 규정되어 있다면, 회사는 조금만 상황이 나빠져도 상여금을 지급하지 않을 수 있다. 이럴 땐 단체협약에 '상여금을 지급해야 한다'라고 명시해 취업규칙이 가진 독소 조항들을 제거해야 한다.

과거에는 사측이 단체협약을 위반했을 때 처벌의 범위가 넓었으나, 노동조합의 조직률이 하락하고 노동자의 정치적 힘이 약해지면서 몇 개 조항에 한해 예외적으로만 법적으로 처벌할 수 있게 되었다. 그 결과 법적 처벌 조항이 없는 단체협약 사항을 사측이 위반할 경우 민사소송으로 해결하려는 경향이 늘고 있는데, 민사소송은 그 기간이 오래 걸리므로 주의해야 한다. 힘들게 쟁취한 단체협약을 사측이 위반한다면 법적인 대응은 물론, 조직적 대응을 통해 단체협약이 지켜질 수 있도록 해야 할 것이다.

4) 단체교섭을 거부하는 경우

앞에서 설명했듯이 자본가가 정당한 사유 없이 단체교섭을 거부하거나 해태(회피)할 경우 2년 이하의 징역 또는 2,000만 원 이하의 벌금에 처하도록 법률에 규정되어 있다. 노동자의 단체교섭권이 그만큼 중요하고 침해되면 안 되는 권리라는 얘긴데, 현실에서는 전혀 그렇지 않다는 것도 염두에 두어야 한다. 자본가의 탈법·불법적인 단체교섭 거부에 대해 이렇다 할 처분을 내리지 않는 게 한국의 노동 현실이기 때문이다.

따라서 단체교섭 초기부터 자본가의 단체교섭 지연·해태·거부행위에 대해 단호하게 대응해야 한다. 특히 조합원 수 및 조합원 명단의 공개 여부, 조합원 자격 등을 이유로 교섭을 회피하거나 교섭 시간과 장소 그리고 교섭위원의 수를 놓고 다투다 본교섭이 지연되는 경우가 많으므로 그때그때의 상황에 적절하게 대응해야 한다. 이런 부분은 신생 노조가 감당하기 어렵기 때문에 상급단체의 경험 많은 활동가로부터 지원을 받는 게 좋다.

특히 교섭 초기에는 교섭을 준비하는 데 많은 시간이 필요하기 때문에 처음부터 타임오프 시간을 먼저 확보해야 교섭 준비에 전념할 수 있다. 긴 준비 과정을 거쳐 본교섭에 들어가도 회사 측은 노조의 힘을 빼거나, 아예 노조를 없애기 위해 이런저런 핑계를 대고 교섭 자리에 나오지 않는 게 일반적이다. 특히 노동조합이 인사권이나 경영권 등을 요구한다거나 사무직은 조합원이 될 수 없는 데도 조합에 가입했다며 교섭을 거부하는 사례는 부지기수다. 이런 상황에 대응하기 위해서라도 단체협약 요구안을 작성할 때 노동조합은 단체교섭 대상과 관련된 노동부의 입장을 잘 파악해서 정리해둘 필요가 있다.

의무적 교섭 사항	임의적 교섭 사항	교섭 금지 사항
사용자가 근로자 측의 단체교섭 요청에 응할 의무가 있는 사항으로, 정당한 이유 없는 교섭 거부 시 부당노동행위가 되며, 그 대상 사항에 대하여 단체교섭이 결렬되는 경우 노동쟁의 조정신청 및 쟁의행위의 대상이 되는 사항임 예) 임금, 근로시간, 휴일, 휴가, 재해보상, 안전보건 등 근로조건의 결정에 관한 사항이 이에 해당됨(규범적 부분)	사용자에게 교섭 의무가 없으나 임의로 교섭에 응하여 단체협약의 내용으로 할 수 있는 사항이지만, 교섭을 거부하거나 해태하더라도 부당노동행위가 되지 아니하며, 그 대상 사항에 대하여 단체교섭이 결렬되더라도 노동쟁의 조정신청 및 쟁의행위를 할 수 없는 교섭 대상이 되는 사항임 예) 노동조합 활동에 관한 사항, 조합비 공제 및 노조 전임자에 관한 사항 등이 이에 해당됨(채무적 부분)	사용자가 처리할 수 없는 사항, 강행법규나 공서양속에 위반하는 사항 등은 단체협약을 체결하였다 하더라도 그 부분이 무효가 되는 사항임 예) 일반적 구속력의 적용배제, 갑근세의 감면, 구속자의 석방, 퇴직금 제도의 폐지, 특정 종교의 강제 등

노동부, 《단체교섭 및 단체협약 체결 관련 지도 지침》, 2008. 11.

위 표에서도 볼 수 있듯이 단체협약 대상에는 의무적 교섭 대상과 임의적 교섭 대상이 있다. 물론 이것은 노동부의 지침일 뿐이지만, 실제 교섭에서는 불법과 합법을 가늠하는 중요한 잣대로 적용되고 있으므로 반드시 숙지해두어야 한다. 의무적 교섭 대상은 말 그대로 자본가가 반드시 교섭에 응해야 하는 사항으로, 이를 거부하거나 지연·해태할 경우 부당노동행위가 되고, 교섭이 결렬되면 노동위원회의 조정 대상이 되며, 조정이 종료되면 쟁의행위 찬반투표를 거쳐 쟁의에 돌입할 수 있다. 의무적 교섭 대상인 단체협약의 조항들은 규범적 효력을 가진다고 표현하는데, 주로 조합원의 직접적인 임금과 근로조건 및 근로조건과 밀접한 관련을 가진 인사권 등의 조항들이다.

임의적 교섭 대상인 단체협약의 조항들은 말 그대로 임의적 조항들로, 자본가가 교섭에 응하지 않더라도 부당노동행위가 아니며, 이를 주된 요구로 쟁의에 돌입할 경우 불법쟁의에 해당된다. 임의적 교섭 대상인 단체협약의 조항들은 채무적 효력을 가진다고 표현하는데, 노동조합 전임자, 노동조합 가입 형태, 조합비 공제, 노동쟁의에 관한 사항 등 주로 노동조합과 관련된 사항들로 이루어져 있다.

5) 단체교섭 관련 절차

〈노동조합 및 노동관계조정법〉 제29조의2(교섭창구 단일화 절차) 제1항은 "하나의 사업 또는 사업장에서 조직형태에 관계없이 근로자가 설립하거나 가입한 노동조합이 2개 이상인 경우 노동조합은 교섭대표노동조합(2개 이상의 노동조합 조합원을 구성원으로 하는 교섭대표기구를 포함한다)을 정하여 교섭을 요구하여야 한다. 다만, 제3항에 따라 교섭대표노동조합을 자율적으로 결정하는 기한 내에 사용자가 이 조에서 정하는 교섭창구 단일화 절차를 거치지 아니하기로 동의한 경우에는 그러하지 아니하다"〈개정 2021. 1. 5.〉라고 복수노조 시대의 단체교섭 관련 절차를 규정하고 있다.

이전에는 하나의 기업 안에서 단 1명의 노동자가 초기업노조에 가입하든, 아니면 2명 이상이 모여 기업노조를 만들든 회사 측에 노조 설립을 알리고 교섭을 요구하면 단체교섭이 시작됐다. 또한 단체교섭이 결렬되어 노동쟁의를 시작하면, 1년이 걸리든 10년이 걸리든 타결할 때까지 노동쟁의권을 가지고 있을 수 있었다.

하지만 복수노조가 설립되면서 단체교섭 및 노동쟁의 관련 절차도 많이 달라졌다. 특히 우리나라에서는 하나의 사업장에서 하나의 노조가 설립되어 단체교섭을 진행하다 교섭이 결렬되어 노동조합이 파업에 돌입했다고 하더라도, 쟁의 기간에 새로운 노조가 결성되면 상황이 달라진다. 그 노동조합의 교섭 및 노동쟁의를 중단하고 처음부터 다시 교섭 창구를 단일화하는 절차를 거쳐야 하기 때문이다.

특히 새로 설립된 노조가 두 노조 조합원을 합친 전체 조합원 수의 과반을 차지하면 기존 노조가 가지고 있던 단체교섭권은 새로 결성된 다수 노조에 넘어가고, 노동쟁의권 역시 효력을 잃게 된다. 노동조합 결성 시 가입 대상의 과반수가 확보되었냐 아니냐가 대단히 중요한 시대가 된 것이다. 우리는 소수의 인원이 노조를 만들고 단체교섭에 참여할 노조를 확정하는 절차를 거쳤다 하더라도, 사측이 나머지 노동자를 부추겨 다수 노조를 만들면 합법적인 절차를 거쳐 얻은 노동쟁의권이 무효가 되는 이상한 노동법을 가진 나라에 살고 있다.

〈노동조합 및 노동관계조정법〉 제29조의2(교섭창구 단일화 절차) ③ 교섭대표노동조합 결정 절차(이하 "교섭창구 단일화 절차"라 한다)에 참여한 모든 노동조합은 대통령령으로 정하는 기한 내에 자율적으로 교섭대표노동조합을 정한다.〈개정 2021. 1. 5.〉

④ 제3항에 따른 기한까지 교섭대표노동조합을 정하지 못하고 제1항 단서에 따른 사용자의 동의를 얻지 못한 경우에는 교섭창구 단일화 절차에 참여한 노동조합의 전체 조합원 과반수로 조직된 노동조합(2개 이상의 노동조합이 위임 또는 연합 등의 방법으로 교섭창구 단일화 절차에 참여한 노동조합 전체 조합원의 과반수가 되는 경우를 포함한다)이 교섭대표노동조합이 된다.〈개정 2021. 1. 5.〉

한국의 노동법, 특히 〈노동조합 및 노동관계조정법〉은 아직도 일본의 치안유지법 수준에 머물러 있는데, 이것은 노동자로 하여금 노동쟁의를 할 수 없도록 한 것이나 마찬가지다. 어쨌든 복수노조 시대의 단체교섭과 관련된 절차는 비록 실무적인 부분이라고 해도 반드시 알아둘 필요가 있다.

첫째, 노동조합을 설립했으면 회사에 통지하고, 노동조합의 명칭·대표자 성명·사무소 소재지·교섭 요구일·현재 노동조합원 수를 기재해 회사에 교섭을 요구한다.

둘째, 회사는 교섭을 요구한 노동조합 명칭과 대표자 성명·조합원수·교섭 요구일·다른 노조가 교섭 요구를 할 수 있는 기한을 명시해 7일간 교섭 요구 사실을 공고해야 한다. 이때 회사의 교섭 요구 사실 공고에 이의가 있다면 노동위원회에 시정을 요청할 수 있다.

셋째, 이 절차에 문제가 없으면 회사는 교섭 요구 노동조합의 명칭과 대표자 성명·교섭 일자·조합원 수를 기재해 교섭 대표노조 확정 공고를 5일간 내야 한다. 교섭은 그 이후부터 시작하면 된다.

만약 교섭 요구 사실이 공고되는 7일의 기간 중 다른 노조도 교섭을 요구하면 교섭창구 단일화 절차를 거쳐야 한다. 이때 회사가 동의하면 두 노조가 모두 개별 교섭에 나설 수 있고, 회사가 반대하면 두 노조가 자유롭게 창구를 단일화할 수 있다. 단일화가 안 될 경우 두 노조의 조합원을 합쳐 과반수를 차지하는 노조가 단체교섭권을 가진다. 과반수 노조가 없는(과반수 노조가 없고 노조가 셋 이상인) 경우, 총조합원의 10퍼센트를 넘는 노조들이 모여 공동교섭 대표단을 구성한다. 이 절차에 이의가 있다면 이의를 제기한 노동조합은 5일 이내에 노동위원회에 이의 신청을 할 수 있고, 노동위원회는 10일 이내에 이를 처리해야 한다.

교섭창구 단일화에도 예외는 있다. 근로조건의 차이가 현격하거나 고용형태에 차이가 있는 경우 그리고 기존 교섭 관행에 따라서도 교섭단위를 분리할 수 있는 것이다. 분리 신청은 노사 어느 쪽도 할 수 있고, 교섭단위 분리가 신청되면 노동위원회가 30일 이내에 심의해 결정한다.

주의할 점은 교섭단위 분리 신청기간은 사용자가 교섭 요구 사실을 공고하기 전이거나 교섭대표노조가 결정된 날 이후여야 하고, 교섭단위 분리 결정은 반드시 노동위원회를 통해서 이루어져야 하며, 노사 합의에 의한 교섭단위 분리는 허용되지 않는다는 사실이다.

교섭창구 단일화제도의 특징은 조정이 결렬될 경우, 창구 단일화에 참여한 모든 노조의 조합원 전체 찬반투표를 거쳐야만 합법적인 쟁의행위에 들어갈 수 있다는 점이다. 즉 특정 노조의 자체적인 쟁의행위 찬반투표만으로는 해당 사업 또는 사업장 내에서 쟁의행위를 할 수 없는 문제점이 존재한다는 것도 알고 있어야 한다.

6) 쟁의행위 관련 절차

노동쟁의에 돌입하려면 반드시 노동위원회의 쟁의조정 절차를 거쳐야 한다. 이 절차를 거치지 않은 쟁의행위는 모두 불법이 된다. 언론에서 많이 들어본 불법파업이다. 이런 제도를 '조정전치주의'라고 하는데, 이 제도는 노동자가 아니라 자본가를 위해 만들어졌다. 실제로 〈노동쟁의조정법〉은 이 법의 목적이 산업 평화를 위한 것이지 노동자의 요구를 관철하기 위해서가 아니라고 명시하고 있다.

〈노동쟁의 조정법〉 제1조(목적) 이 법은 노동관계의 공정한 조정을 도모하고 노동쟁의를 예방 또는 해결함으로써 산업평화의 유지와 국민경제발전에 기여함을 목적으로 한다.

프랑스를 비롯해 노동권이 잘 보장된 나라에서는 쟁의 절차를 거칠 필요가 없다. 교섭하다가 결렬되면 바로 파업을 선언하고 일을 중단하면 그만이다. 비조합원도 파업 사유에 동의하면 일손을 놓고 같이 동참하면 된다. 그러나 우리나라의 경우 교섭이 결렬되면 우선 노동위원회에 조정신청을 하고, 일반사업장은 10일, 공익사업장(철도·병원·은행 등)은 15일의 냉각기간을 거쳐야만 한다. 냉각기간 동안 조정위원회가 노사 양측의 쟁점 사항을 검토해 조정안을 제시하는데, 노사 중 어느 한쪽이라도 조정안을 받아들이지 않으면 교섭이 결렬되어 노동쟁의가 시작될 수 있다. 그런데 냉각기간이라고? 회사 측의 태도에 열 받은 노동자들이 당장 들고일어나자고 결의한 게 쟁의행위(즉 파업)인데, 냉각기간을 거쳐야 한다? 대체 누구를 위한 노동법인지!!!

더구나 조정전치주의에 따르면 공익사업장의 경우, 조정이 결렬되더라도 직권중재라는 제도가 또 있어서 중재에 넘겨지면 단체행동을 할 수 없게 될 뿐만 아니라, 중재안을 무조건 받아들이도록 규정되어 있다. 만약 중재에 넘겨졌는데도 파업을 계속하거나 중재안을 거부하면서 쟁의행위를 계속한다면, 그 잘난 법에 따라 불법파업으로 규정되어 간부들이 구속되고 손해배상 가압류가 이루어진다. 언론이 요란을 떠는 불법파업의 주홍글씨가 새겨지는 것이다. 일반 시민들은 물론이고, 노동자들까지도 노조가 큰 잘못이라도 저지르기라도 한 것처럼 착각하기 일쑤다. 북한과 내통을 했다, 회사 업무를 마비시켰다, 사장에게 폭력을 행사하고 감금했다는 식의 언어도단이 판을 치는 건 너무나 당연한 수순이다. 노동쟁의 조정절차라는 장치를 통해 법이 정한 노동3권

노동쟁의 조정절차

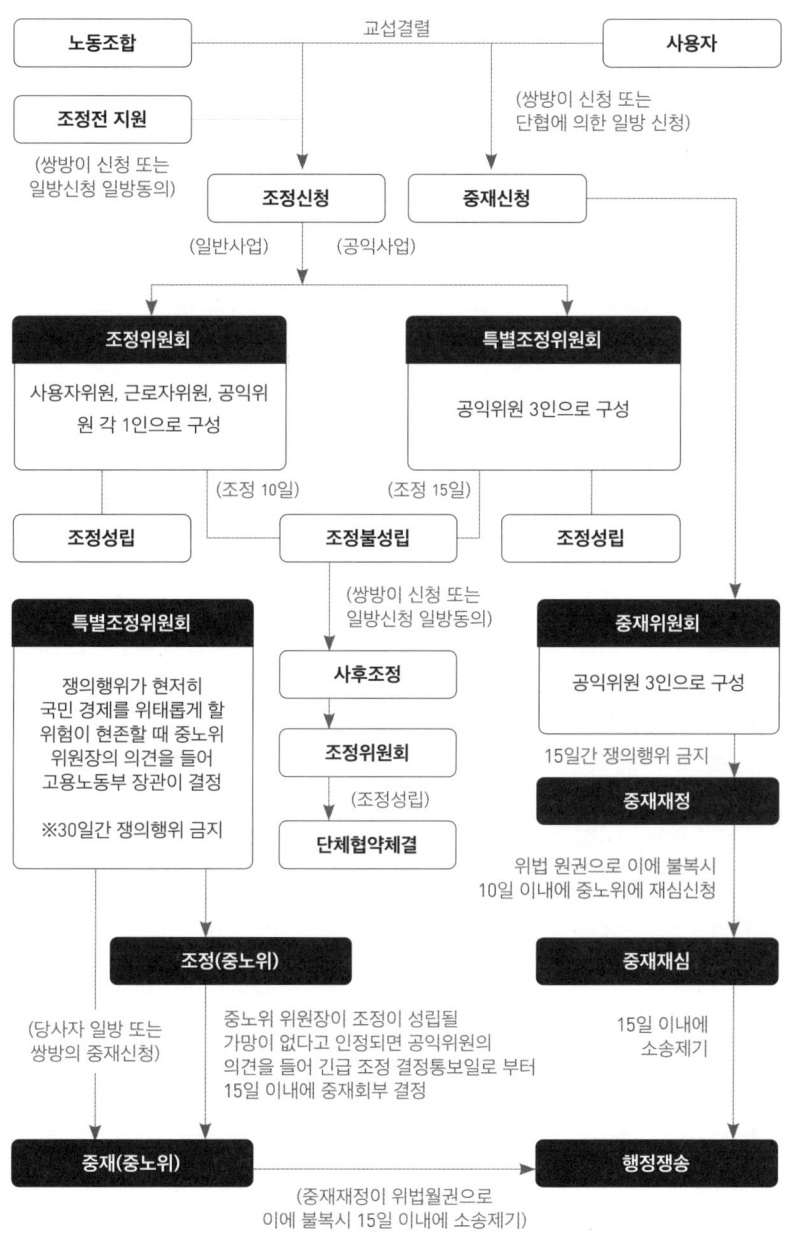

중앙노동위원회 홈페이지 https://nlrc.go.kr/nlrc/commIntro/workGuide01.do

도 보장하지 않는 이 나라의 서글픈 노동 현실을 알고 나면 절망감에 이민 갈 생각이 드는 경우도 더러 있을 것이다.

7) 교섭 시기별 중점 사항

노동조합의 단체교섭 기간은 크게 준비기·교섭기·투쟁기·마무리기로 구분된다. 요즘이야 노동조합의 조직력이 워낙 떨어져 대부분의 사업장에서 교섭과 투쟁이 장기화하는 추세지만, 노동조합을 설립하고 처음 나서는 교섭에서는 노동조합의 전통과 기풍을 세우기 위해서라도 원칙을 잘 지키는 게 중요하다.

준비기는 요구안을 마련해 제출하는 기간이고, 교섭기는 사측과 교섭이 이루어지는 기간이며, 투쟁기는 교섭이 결렬되어 쟁의에 들어간 기간이고, 마무리기는 단체협약을 맺고 쟁의를 정리하는 기간이다. 각각의 기간에 무엇을 할 것인지 살펴보자.

단체교섭 준비기는 요구안을 마련해 제출하기까지의 기간으로, 이때 중요한 건 전체 조합원의 이해와 요구를 반영한 요구안을 만드는 것이다. 앞에서도 말했지만 아무리 좋은 요구안이라도 본인이 참여하지 않은 요구안에는 책임질 필요를 못 느끼는 게 사람의 마음인지라 그렇다. 따라서 전체 조합원을 참여시켜 조합원 개개인으로 하여금 자신의 요구안(1인 1요구안)을 만들도록 이끌고, 그것을 종합해 요구안을 만드는 것이 중요하다. 왜냐하면 요구안은 개인의 불만을 모아 전체의 요구로 만드는 과정이기 때문이다.

준비기에 반드시 해두어야 할 일은 교섭이 시작되기 전에 집행부가 모여 이번 단체교섭의 목표를 분명히 설정해두는 것이다. 그래야 마무리 시점을 판단할 수 있다. 다시 말해 교섭과 투쟁을 준비하는 과정에서 간부들이 교섭의 목표를 분명히 설정해두어야 달성의 정도를 판단할 수 있고, 언제 협상을 마무리할지를 정할 수 있다.

요구안이 사측에 전달되면서 교섭이 시작되는데, 요구안을 사측에 전달하고 협상하는 사람은 교섭위원이므로, 가급적 조합원총회를 통해 교섭위원을 선출함으로써 요구안의 전달과 협상이 전체 조합원의 동의에 따라 이루어진다는 형식을 갖추는 게 좋다. 교섭위원은 위원 개인이 아니라 전체 조합원을 대표해 교섭에 나서는 사람이기 때문이다.

교섭위원을 부서별로 선출하고, 특히 주요 교섭위원들이 돌아가면서 협상에 참가하는 것도 염두에 두어야 한다. 필요하다면 '교섭참관제도'를 활용할 필요도 있다. 즉 교섭위원은 조합원을 대표해 교섭을 진행하는 것이므로 조합원들이 교섭을 참관할 수 있도록 참관석을 두는 것이다. 교섭위원들은 사측과의 회의가 끝나는 대로 반드시 결과를 보고하고 공유해 만일의 사태에 대비해야 한다.

전임자가 아니면서 교섭위원으로 선출된 사람은 타임오프 대상이 아니기 때문에 직무를 수행하면서 동시에 교섭을 준비하기에는 시간이 부족하다. 따라서 교섭이 시작될 때 미리 교섭위원들을 임시 전임자로 규정해, 타임오프를 인정해줄 것을 회사 측에 제안해야 교섭 준비에 필요한 시간을 충분히 확보할 수 있다는 것도 기억해두자. 이 경우 회사 측은 당연히 반대할 것이지만, 교섭을 빨리 끝내야 회사가 정상적으로 돌아가는 걸 앞당길 수 있다는 점을 강조할 필요가 있다.

노동조합의 교섭력은 교섭위원들의 능력이 아니라 '전체 조합원의 단결'에서 나온다는 점은 아무리 강조해도 지나치지 않다. 단체교섭은 단체행동을 염두에 두어야 하는 것이다. 회사의 업무가 정상적으로 진행되어서는 요구를 관철할 수 없다는 건 상식이다. 빠른 타결이 목표가 되어서는 안 된다는 말이다. 물론 단체행동권을 확보하지 못한 상황에서 쟁의행위에 돌입하는 것은 여러 면에서 법적인 제약이 따른다. 하지만 조합원의 결의 수준을 끌어올리기 위해서는 조심스럽더라도 낮은 차원의 쟁의에서 시작해 높은 수준의 쟁의로 조직해야만 한다. 한 마디로 교섭이 최종 결렬될 때를 대비해 조합의 일상적 기구를 쟁의대책위원회로 전환할 준비를 미리 갖추어야 한다.

협상이 결렬되면 조정신청 시기나 쟁의행위 찬반투표 시기는 쟁의대책위원회 회의를 통해 조절한다. 이때 모든 판단의 근거는 조합원의 결의다. 즉 조합원의 투쟁 결의를 최대한 높여 쟁의를 준비해야 사측을 압박할 수 있는 것이다.

단체교섭은 과정, 즉 투쟁도 중요하지만 마무리를 어떻게 하느냐가 더 중요할 수 있다. 지금까지 있었던 교섭을 다 들여다보아도 모든 조합원이 만족하는 마무리는 단 한 번도 없었기 때문이다. 즉 100퍼센트가 찬성하는 타결은 있을 수 없다. 따라서 단체교섭을 마무리할 때는 전체 조합원의 투쟁 결의가 어느 정도인지를 가늠해 타결 시기를 결정하는 것이 대단히 중요하다. 이때는 준비기에 설정해둔 올해 목표의 달성 정도와 조합원의 조직력 정도가 판단 기준이 된다.

투쟁의 목표는 임금이나 단체협약의 내용적인 면에만 있는 것이 아니다. 더 중요한 건 노동조합 조직의 양적·질적 성장이다. 이번 투쟁에서 조직이 얼마나 성장했는지를 평가하고 판단해 투쟁을 마무리하고, 이후의 성장을 다짐하는 조합원들의 결의를 다지는 것도 중요하다.

투쟁에는 피로와 후유증이 따른다. 열성적인 조합원과 그렇지 못했던 조합원 사이에 갈등도 깊어지기 마련이다. 따라서 단체협약이 체결되면 곧바로 단체교섭의 전 과정을 정리해 평가서 초안을 제출한 후, 전 조합원이 참여하는 평가를 통해 투쟁 기간에 발생한 후유증을 씻어내고, 내부 통합을 이루어 이후의 탄압에 대비해야 할 것이다. 투쟁에 돌입하기는 쉽지만, 합의하고 마무리하는 건 어려울 수 있다. 자본가의 반작용이 따르기 때문이다. 하지만 투쟁 목표를 정하고 달성 여부를 판단하는 것은 우리의 몫이지 자본가가 만들어 주는 게 아님을 명심해야 한다.

5. 파업투쟁, 어떻게 할 것인가

1) 파업권이란

생산수단의 소유자인 자본가가 생산수단을 갖지 못한 노동자를 고용해 이윤을 창출하는 사회가 자본주의다. 사회 구성원 가운데 극히 소수의 사람만이 생산수단을 가지고 있고, 절대다수의 사람들에게는 취업만이 생계를 꾸릴 수 있는 유일한 수단이다. 고용과 취업의 의미는 전혀 다르다. 자본가에게 고용은 이윤을 획득하기 위한 수단이지만, 노동자에게 취업은 생존을 위한 수단이다. 불리한 조건을 감수하고라도 취업을 희망하는 이유가 여기에 있다. 한마디로 자본가에게 고용이 선택의 문제라면 노동자에게 취업은 필수적인 문제다. 노사관계라는 말 자체가 구조적인 불평등을 전제한다. 자본가는 힘이 세고 노동자는 약하다. 절이 싫으면 중이 떠나랬다고, 회사가 맘에 들지 않으면 나가면 될 테지만, 목숨 걸고 절을 떠날 중이 어디 있겠나. 그래서 노동자의 권리를 명시한 법이 생긴 것이다.

하지만 권리도 힘이 있어야 챙길 수 있다. 그러면 자본가들이 가진 힘과 권력에 대응할 수 있는 노동자의 힘은 어디서 나오나? 그것은 노동력을 판매하는 노동자의 특성에서 나온다. 바로 노동력을 제공하지 않을 권리다. 단체교섭과 임금협상은 노동력의 매매 조건을 둘러싼 거래 행위다. 만약 자본가가 노동력에 대해 정당한 대가를 지급하지 않으면, 그때부터는 노동자도 노동력을 제공하지 않을 수 있는 권리가 생긴다. 그것이 '파업권'이다. 파업권이란 노동자들이 노동을 중단해서 생산을 멈추게 하는 권리인 셈이다. 이윤의 원천인 노동력의 제공을 중단하면 생산이 멈추고, 생산이 멈추면 이윤도 없다. 타격을 받는 것은 자본가다. 자본가의 소유인 기업도 타격을 받고, 그 결과 국가 경제도 타격을 입는다. 파업 때문에 국가와 국민이 애꿎은 피해를 보지 않냐고? 생산에 타격을 줄 수 없다면 파업이 아니다. 그리고 파업은 자본가가 노동자에게 불리한 조건을 강요한 결과다.

2) 파업권의 위력

파업이 힘을 발휘하려면 생산이 확실하게 중단되어야 한다. 자본가와 권력은 파업의 효과를 무력화하기 위한 악법과 이데올로기 공세를 퍼붓는다(파업 장소 제한·대체근로 등). 특히 공공부문의 경우 '노동권에 앞서는 공익'과 같은 허구적인 이데올로기를 내세워 노동자들의 파업을 무력화하려 한다. 철도·지하철·통신 등에 종사하는 노동자들이 파업에 돌입하면 '시민을 볼모로 잡은 파업'이라는 비난이 쏟아지고, 탄압이 뒤따른다. 그게 한국의 현실이다. 노동자들에게 파업권은 없지도 않지만 있지도 않다. 추상적 권리일 뿐이다. 별 수 있겠나. 한국에서 노동자들이 진정한 파업권을 쟁취하려면 이러한 공세에 저항해 한번은 전쟁을 치러야 한다. 파업 자체가 불법이었던 자본주의 초기에 선배 노동자들이 불법적인 투쟁을 통해 합법적인 파업권을 쟁취했듯이, 진정한 파업권을 쟁취하기 위해서는 불법을 무릅써야 할 수도 있다.

파업의 힘은 조직력에서 나온다. 파업에 들어가기 전에 무엇보다도 조직력을 최대치로 끌어올려두어야 하는 것이다. 조직력이 정비되려면 조합에 대한 조합원의 신뢰, 조합원에 대한 간부들의 신뢰가 바탕이 되어야 한다.

투쟁의 과정에서 노동자의 조직이 비약적인 발전을 이뤄냈다는 실천적인 결론은 역사적 경험이 항상 확인해주는 바다. 조직력을 끌어올려두었다면 조합원을 믿고 파업을 결의할 수 있다.

'연대'는 파업에 힘을 불어넣는 또 하나의 요소다. 자본과 정치권력이 공동으로 대응하면 개별 사업장에서 벌어진 파업은 곧 한계에 부딪히고 만다. 단위노조의 요구라도 자본가 전체의 이익, 정치권력의 정책과 충돌을 일으키는 경우가 대부분이므로 자본과 권력의 공동대응은 어찌 보면 당연한 일이다. 마찬가지다. 연대파업은 개별 사업장에서의 승리를 끌어낼 강력한 무기다. 조합의 집행부는 상급단체나 동종업계 노동조합과의 연대투쟁을 조직하는 데도 각별히 신경을 기울여야 한다.

3) 쟁의 전술의 수립

쟁의 전술을 수립하려면 투쟁의 성격을 분명히 이해해야 한다. 공세적인 상황에서 벌이는 투쟁인지, 수세적인 조건에서 떠밀려 벌이는 투쟁인지를 구별해야 하고, 투쟁에 적극적으로 참여할 의지를 가진 주체적인 역량이 얼마나 되는지, 투쟁에 반대하는 사람들의 상태나 상황은 어떤지도 알아두어야 한다. 적극적인 참가자들이 단결하면 파업 반대자들의 목소리를 낮추거나 침묵하게 만들 수 있고, 심지어 투쟁으로 이끌 수도 있다. 파업 반대자들의 배후에는 보통 사측의 중간관리자들이 있기 마련이고, 비조합원의 경우 사측에 동조하는 경우가 많은 만큼 이들의 동향에도 세심한 주의를 기울여야 할 것이다.

적극적인 참여 의사를 밝힌 조합원들이 투쟁의 토대라 해도 다양한 전술과 치밀한 준비가 없으면 승리는 힘들다. 비조합원 중에도 소극적이나마 투쟁을 지지하는 사람이 있을 수 있고, 조합원 가운데도 투쟁에 적극적이지 않은 사람이 있다. 조합에 찬성하지도 않지만 사측에 동조하지 않는 사람도 있다. 이런 사람들을 투쟁에 합류시키려면 마땅한 대의명분이 있어야 할 것이다. 도덕적 우위를 갖는 것도 중요하다.

투쟁의 과정에서 조합원들이 가진 분노나 요구에 상응하는 전술을 배치해야 한다. 파리 잡을 때 도끼 쓰는 게 아니고, 호랑이 잡는 데 파리채를 써도 안 된다. 대자보나 성명서 정도로 경고할 사안에 단식투쟁을 배치한다거나, 전면파업이 필요한 상황에서 항의 공문만으로 대응하는 것은 어리석은 일이다. 단식이나 삭발은 성급하게 쓸 전술이 아니다. 이런 전술은 조합원의 동력이 부족할 때나 투쟁의 전환점이 필요할 때, 새로운 결의가 요구될 때 투쟁의 상징이 되는 만큼 신중하게 배치해야 한다. 특히 단식의 경우 지도부의 공백이 생기기 마련이라 조급한 마음에 타결을 요구하는 흐름에 빠질 위험이 있다.

노동조합의 파업을 집단이기주의라고 매도하는 것은 늘 있는 일이다. 노동조합이 사회적 요구, 민중의 요구를 함께 내세우면서 투쟁에 나서는 것은 이기적이라는 비난을 회피하는 방법이기도 하지만, 사회적 연대의 표현이기도 하다. 파업의 정당성을 알리고 여론의 지지를 얻기 위한 노력은 꾸준해야 한다.

단결과 통일성을 유지하기 위한 방책 또한 모색해야 한다. 투쟁 지도부 내의 분열은 특히 경계해야 할 일이다. 지도부에 대한 음해, 거짓 선동에도 경계를 게을리하면 안 된다. 이것은 지도부와 조합원을 분열시키려는 술책이다. 끊임없는 분열 음모는 사측이 항상 쓰는 무기다. 지도부와 조합원 사이의 신뢰와 유대가 강해야 이 모략을 이겨낼 수 있다.

장기 파업을 원하는 노조는 없다. 즉 속전속결은 기본이다. 과하다 싶을 만큼 몰아붙여야 한다. 위력적인 파업이 짧은 기간 동안 성공적으로 실행되려면 그만큼 철저한 준비가 필수다. 역설적인 소리지만 단기간에 걸친 위력적인 파업은 장기전을 준비해두어야만 가능하다. 장기전에 대비한 파업 프로그램은 물론이고 투쟁기금도 미리 확보해두어야 한다.

II부

노동조합 교육

1. 알게 되면 생각하는 그릇이 달라진다.

노동조합은 앞에서도 이야기했듯이 2명 이상의 노동자가 모이면 만들 수 있다. 여기서 중요한 건 2명이 아니라 '모이면'이다. 노동조합은 사람이 모여야 한다. 그런데 일단 사람을 모으는 데 성공하고 나면 모인 사람들과 무엇을 할 것인가라는 문제에 부딪히게 된다. 노동조합 집행부를 한 번이라도 해본 사람은, 아니 어떤 조직이라도 이끌어본 경험이 있는 사람이라면 알 것이다. 모인 사람들과 함께 무엇을 할 것인가 하는 고민을 지속적으로 해야 한다는 것을.

대의원대회나 조합원총회 같이 노동조합에서 하는 정기적인 행사도 있고, 조합원 소모임이나 지회 모임 같은 것들도 있지만, 가장 좋은 건 장기적인 커리큘럼을 짜서 지속적으로 교육을 하는 것이다.

요즘은 노동조합 교육을 하는 강사들도 제법 있고, 재미있는 교육도 많아 잘 활용하면 두세 마리의 토끼를 한꺼번에 잡는 효과를 누릴 수 있다. 나는 위원장 임기가 코로나 시기와 겹치는 바람에 소규모 간담회 외에 대면 집회를 한 번도 하지 못했다. 노동조합 총회나 대의원대회 등도 온라인으로 할 때가 많았는데, 대면 교육은 엄두도 못 낼 일이었다. 그래서 강사들에게 몇 분짜리 이런저런 교육을 해달라고 요청해 동영상 파일로 교육을 대신했다. 요구하는 내용에 잘 맞춰 보내준 동영상은 무척 유용했다. 온라인 교육에 상품 등을 내걸어 활용률이 높아진 탓도 있지만, 의외로 젊은 친구들일수록 인터넷강의에 익숙해서인지 교육 동영상을 끝까지 봤다는 조합원들이 많았다(그러니 '요즘 조합원들은 교육에 관심 없다'고 말하는 건 그야말로 핑계 아닐까). 그 덕에 함께할 수 있는 이야기가 늘어나면서 서로에 대해, 노동조합에 대해 조금 더 깊이 이해할 수 있는 시간을 가질 수 있었다. 교육은 모인 사람들과 함께 할 수 있는 최고의 콘텐츠였다.

그리고 우리에게 교육이 정말 필요한 이유.

노동조합은 자기 조합원들의 이익을 추구하는 조직임이 분명하지만, 자기 조직의 이익만을 추구하다 보면 이익에 대한 관점이 점점 더 좁아져 결국엔 집단이기주의라는 비난을 듣는 상황을 면치 못하게 되기도 한다. 예전에는 임금 격차를 줄이고 지나치게 불이익을 받아온 사람들을 구제하자는 뜻에서 대부분의 조합원이 암묵적으로나마 '하후상박' 원칙에 동의했지만, 지금은 그 취지를 설명하기조차 쉽지 않다. "내가 그동안 열심히 일해서 평가 잘 받아 임금 많이 받는 건데 내가 왜 희생해야 하나"라는 볼멘소리를 하는 조합원들에게 그건 개인주의적인 발상이라고, 하후상박에는 이런 좋은 뜻이 있으니 동의해달라고 한들 동의가 될까. 이런 건 단순한 설명만으로는 설득이 안 된다.

원래 하후상박은 소위 성과에 따라 연봉이나 성과급을 지급하는 성과주의 보상 체계에 대한 반대 논리로 노동계에서 제시한 원칙이었다. 그 평가라는 게 자본가들이 잘 짜놓은 프레임에 불과하다는 것, 그래서 자기네 말 잘 듣고 이익 많이 올려주는 사람들만이 그 프레임 안에서 혜택을 누릴 수 있다는 것, 그리고 무엇보다 그 바탕에는 말도 안 되는 저임금을 받으며 노동력을 갈아 넣을 것을 강요받는 수만 명의 노동자가 있다는 걸 알아야 하는데, 그럴 때 필요한 게 바로 교육이다. 이런 건 공부하지 않으면, 다시 말해 노동자와 자본가의 계급적 대립 속에서 노동자의 관점으로 문제를 바라보지 않으면 알 수 없기 때문이다.

한때는 노동조합이 개인의 이기심을 넘어 조합원 상호 간의 연대의식을 고취시키고, 이를 통해 개인을 공동체적 인간형으로 변화시켜 왔다고, '노동조합운동은 그렇게 사회를 발전시켜왔다'고 당당히 말할 수 있었던 시절이 있었다. 그리고 그때 교육은 노동조합의 중요한 활동 중 하나였다.

교육을 통해 노동자의 심장에 웅장한 울림을 주게 되면 생각하는 그릇이 달라진다. 나 역시 그랬고, 내가 봐온 많은 사람이 그랬다. 시간적·공간적 사정 때문에 모든 교육을 생각대로 다 진행하진 못했지만, 우리 노조에서도 송영수 선배를 초빙해 많은 교육을 했다. 특히 노동조합 결성 초기 들었던 '노동조합 이해하기'는 노동조합을 당면한 이해와 요구를 관철하기 위한 수단 정도로 생각해온 노조 간부들에게 많은 생각과 고민을 하게 해주었다.

생각이 변하면 노동자들이 단결하게 되고, 노동조합이 바른길로 나아가게 된다. 그래서 지금 우리에게 더욱 절실한 것이 바로 교육이라고, 지금과 같은 현실에서는 교육의 중요성을 천 번 만 번 강조해도 모자람이 없다고 특히 노동조합 지도부에게 말하고 싶다. 교육은 선택이 아닌 필수다!

2. 교육, 실무가 아닌 역사와 이론을

노동조합 교육은 실무보다 역사와 이론이 중심이 되어야 한다.

노동조합 실무는 교섭과 투쟁 과정에서 필요에 의해 자연스럽게 찾아 배우게 되지만, 노동운동의 역사와 이론은 의식적으로 찾지 않으면 배울 기회조차 얻기 어렵다. 그리고 무엇보다 노동조합에서 하는 교육은 단순히 지식을 전달하고 배우는 게 아니라, 조합원에게 단결과 투쟁을 훈련시키는 과정이기도 하다. 그러니 모든 훈련이 그렇듯 노동조합 교육도 정기적이고 일상적으로 해야 한다.

그런데 여기서 잠깐. 역사와 이론을 깔보면 어떻게 될까? 그 답은 최근의 노동조합운동만 봐도 잘 알 수 있다. 실무에만 집중하다 결국에는 조합원을 자신들의 이해에만 집착하는 사적·이기적 인간으로 만들어버린…… 당황스럽다. 우리 지금 뭘 하고 있는 거지?

"위원장님 언제 시간 있으면 우리 노조 교육 좀 부탁드립니다."
"네. 무슨 내용으로 했으면 좋겠습니까? 어떤 교육이 필요한데요?"
"뭐…… 노동조합이란 무엇인가, 아니면 이런 정세에서 조합원의 자세와 조합원이 어떻게 단결해야 하는지 이런 내용으로 부탁드립니다."

노동조합에서 교육을 요청받으면 거의 늘 이런 대화를 나누게 된다.

나는 작년에도 노동조합이란 무엇인가, 올해도 노동조합이란 무엇인가, 매년 같은 교육 요청을 받고 있다. 교육을 조합원의 단결이 요구되는 임금교섭 시기에나 필요한 것으로, 혹은 1년에 한 번 하는 조합원 정기총회의 이벤트 정도로 생각하기 때문이다. 게다가 노조전임자제도가 불법화되고, 산별 노조로 전환된 이후에는 하루 내지 이틀을 지정해 이런 방식으로 교육을 진행하는 게 보통인 시대가 되어버렸다.

노동조합은 노동자의 권리를 지키기 위한 유용한 도구이지만, 도구는 필요할 때 쓰다가 필요 없어지면 내다 버리기 일쑤다. 필요 없을 땐 어디에 처박아두었는지 모르고 있다, 필요할 때면 허겁지겁 찾아 다시 사용하고 또 처박아두기를 반복하다 보면 쉽게 고장 나고 망가진다. 그러면 도구를 새로 사야 한다. 노동조합도 다르지 않다.

민주노총 시대에 이미 노동조합은 간부들에게도, 조합원들에게도 도구로 정착된 지 오래다. 대부분의 노동자에게 노동조합은 그렇게 인식되고 있다. 내가 필요할 때 찾는 곳. 물론 이것도 노동조합의 한 기능이고 출발점이기도 하다. 문제는 거기에 머물러 있다는 데 있다. 노동조합운동의 조직률 하락, 투쟁력 약화, 총파업 남발과 총파업투쟁의 희화화 등, 이 모든 것들의 뒤에는 노동조합 교육의 실종과 위기가 있다.

박정희·전두환 군부독재 시절 대학이 민주화투쟁의 선도부대 역할을 했던 당시, 이를 주도했던 게 이른바 이념서클이었다. 총학생회가 학도호국단으로 바뀌면서 제 구실을 못했기 때문이다. 그런데 지금은 예전의 이념서클과 비슷한 각종 정파 조직이 교육을 거의 도맡다시피 하면서 노동조합운동을 갈라놓고 있는 측면이 있다. 진짜 문제다.

하지만 역사는 노동운동이 언제까지나 이런 상태로 있게 내버려두지 않는다. 혼란과 격동의 시기, 대중의 불만이 폭발하는 시기가 닥쳐와 반드시 정신 차리지 않으면 안 되게 만든다. 그런데 그때가 돼서 정신 차리면 너무 늦지 않을까. 그러니 그 전에, 지금부터 조합원들의 인식을 바꾸는 훈련을 해야 하고, 훈련 수단을 가져야 한다. 노동조합 교육을 다시 대중조직 속으로 끌어들이고, 정파의 차이를 교육으로 담아내야 한다.

노동조합 기본 교육 교안은 그런 훈련 수단 중 하나다. 나는 문서로 만든 교안과 PPT를 같이 사용하고 있는데, 화면을 같이 보면서 설명하는 게 이해시키기도 쉽고 조합원들의 관심을 집중시키는 데도 좋기 때문이다. 교안을 만든다는 게 좀처럼 쉬운 일은 아니지만, 그래도 노조에서 교육을 맡은 사람이라면 직접 만들어보기를 권한다. 얼마 전에는 부산일반노조 소속 노조의 교육위원들을 모아 교육하면서 한 강의씩 맡아 교안을 만들어보게 했는데, 의외로 잘 만들어서 놀라기도(?) 했다. 못 할 일은 아니라는 거다. 어떻게 하면 교육을 좀 더 효과적으로 할 수 있을까, 그 방법을 고민하는 것도 중요한 일이다.

그리고 반드시 짚고 넘어가야 할 한 가지. 우리는 인생의 절반 이상을 남을 위해 살아간다. 자본가에게 이윤을 벌어다주는 데 내 인생의 절반을 보낸다는 말이다. 하지만 교육은 나를 위한 시간이다. 그러니 이 시간을 늘리는 게 노동자가 인간답게 사는 길이다. 그런데 자본주의는 먹고사는 문제 말고는 사람을 게을러지게 만든다. 그래서 교육을 교육부장 한 사람이 도맡아 하게 되면 실패하기 십상이다. 따라서 지속적이고 일상적인 교육·훈련을 위해서는 반드시 교육위원회를 구성해 교육을 진행해야 한다.

노동조합 교육 시간은 21세기 사회주의를 주장한 어느 활동가의 말대로 '역사적 시간'이며, 우리에게는 그런 역사적 '책무'가 있다. 교육위원회를 구성하고, 이 책을 참고로 자기 현실에 맞는 교안을 직접 만들어 나를 위한 시간을 늘려가 보자!

1장

우리가 아는 노동조합, 우리가 모르는 노동조합

1. 노동조합은 당연한 권리다.

한국 사회에서 노동조합에 대한 인식은 대단히 부정적이다. 민주노총 하면 으레 종북세력이나 빨갱이 집단이라는 매도가 뒤를 따르고, 아직도 노동조합은 비밀리에 설립된다. 그러나 노동자가 자신의 이익을 보호하기 위해 노동조합을 조직하는 것은 지극히 정당한 일일 뿐 아니라 합법적인 행동이다.

노사관계는 "가족관계를 제외하고 인간이 자기를 실현하며 살아가는 가장 중요한 관계"이며, "민주주의와 공동결정"의 장이다.

독일 초등학교 교과서에 나오는 말이다. 자본주의 사회에서 노동자가 생계를 유지하려면 돈이 있어야 하고, 돈을 벌려면 근로계약을 맺고 일자리를 구해야 한다. 이렇게 맺어진 관계가 노사관계다. 그리고 노동자가 맺는 다양한 사회적·인간적 관계들은 대개 노사관계에서 파생된다. 결혼까지도 사랑이 아니라 먹고사는 문제, 그러니까 직장이 어디고, 수입이 얼마인지가 문제이기 일쑤다. 이처럼 현대 사회에서 노사관계는 인간의 자기실현을 위한 기초를 이루고 있다.

독일 초등학교 노동교육의 주된 내용은 연간 6회에 걸쳐 진행되는 모의 교섭이다. 전체 분임조들이 모인 가운데 교섭이 시작되면 분임조들이 협상해 동맹을 형성한다. 그런 다음 요구서를 작성하고, 서명운동을 전개하고, 항의 문건을 작성하고, 플래카드나 벽보를 만들고, 협약을 체결한다. 그러고는 대중매체와 인터뷰하고, 연설문을 작성한다. 이게 초등학생이 배우는 내용이다. 만약 우리나라 초등학교에서 이런 걸 가르치면 '전교조가 빨갱이 교육을 한다'고 언론을 앞세워 난리가 났을 것이다.

그런데 영국·독일·프랑스를 비롯한 대부분의 유럽 국가들은 왜 이런 걸 일찍부터 가르치는 걸까? 그들은 "90퍼센트 이상의 학생이 졸업 후 노동자가 되기 때문에 당연히 가르쳐야 한다"고 말한다. 고등학교에서는 단체교섭의 전략과 전술을 2학기 내내 배운다고 한다. 자기들의 권리가 무엇이고, 자신들의 권리를 어떻게 지켜야 하는지, 한마디로 자본주의라는 약육강식의 세계에서 노동자가 인간답게 사는 방법을 가르치고 훈련하는 것이다.

이것은 인간이 자기를 실현하는 데 있어 가장 근본적인 관계가 노사관계이기 때문에 이 관계를 풀어가는 방법을 가르친다는 말이다. 사회로 나가기 전에 학교가 노동자의 권리를 가르치는 나라와 노동자의 권리를 얘기하면 의식화 교육을 한다고 난리를 치는 나라 중 어떤 쪽이 비정상적인 사회일까?

2. 헌법 제33조, '노동자는 노동3권을 가진다.'

〈세계인권선언문〉 제23조 4항은 "모든 사람은 자신의 이익을 보호하기 위하여 노동조합을 결성하고 가입할 권리를 가진다"라고 명시하고 있다. 이는 노동자가 노동조합에 가입할 권리는 자본주의 사회에서 노동자가 가지는 천부인권天賦人權이라는 의미이다.

인권이란 '인간답게 살 권리'다. 〈대한민국헌법〉 제34조도 "모든 국민은 인간다운 생활을 할 권리를 가진다"라고 명시하고 있다. 그러나 대한민국에 살고 있는 모든 국민은 인간답게 살고 있는가? 당연히 그렇지 못하다. 국민이라고 다 똑같지는 않은 것이다.

헌법 제34조의 대상인 모든 국민 중에는 자본가인 국민도 있고, 노동자인 국민도 있다. 이 중 한 줌도 안 되는 자본가인 국민은 어떤 권리를 가지고 인간다운 생활을 할까? 생산수단의 소유자인 자본가들은 사유재산을 증식할 권리를 적극적으로 활용해 인간답게 살아간다. 즉 노동자를 고용해 임금을 적게 주고, 때로 회사가 어려우면 정리해고를 하거나 정규직을 비정규직으로 대체하는 등의 방법으로 인간다운 삶을 누리고 사는 것이다.

그렇다면 절대다수를 차지하는 노동자인 국민은 어떻게 인간답게 살 수 있을까? 노동력 말고는 가진 게 없는 노동자들이 인간답게 살 수 있는 방법은 가능하면 높은 임금을 받고, 자본가에게 안정적으로 고용되는 노사관계를 맺는 것뿐이지만, '최소한의 임금과 최대의 이윤'이 좌우명인 자본가에게 더 높은 임금과 고용안정을 보장받기란 절대로 쉽지 않다.

그래서 헌법 제33조는 '노동자는 노동3권을 가진다'고 명시한다. 다시 말해 노동자는 자기들만 인간답게 살려는 자본가에 맞서 단결하고, 단체교섭하고, 단체행동을 함으로써 저임금·정리해고·비정규직화의 위협에서 벗어나 인간답게 살아가야 한다는 게 헌법이 지시하는 바인 것이다.

〈대한민국헌법〉 제33조 ① 근로자는 근로조건의 향상을 위하여 자주적인 단결권·단체교섭권 및 단체행동권을 가진다.

〈세계인권선언문〉 제23조 4항이 가진 천부인권의 의미가 바로 그것이고, 합법적인 투쟁을 통해 인간답게 살아가라는 것이 〈대한민국헌법〉에 명시된 노동3권의 의미지만, 노동조합에 대한 우리 사회의 인식은 대단히 부정적이며, 역대 어느 정권도 ILO의 국제노동협약을 지키지 않고 있다. 21세기에 들어서도 노동조합 조직률이 겨우 10퍼센트를 넘는 걸 보면 헌법이 보장한 노동3권은 거추장스러운 장식일 뿐이다.

3. 노동조합을 빨갱이라고 가르치는
한국 사회의 현실

한국노동교육원이 2003년 발행한《선진 5개국 학교노동교육 실태》를 보면 독일의 중·고등학교에서는 사회 시간에 아이들에게 노동권을 가르치고, 모의 단체교섭·협상을 실습한다. 프랑스 고등학교 사회 시간에는 '일터에서의 투쟁과 협상'을 몇 달 동안 가르치는데, 아이들은 이를 통해 단체교섭의 전략과 전술을 익힌다. 자본주의의 최선봉인 미국까지도 역사 교과서에 '노동운동사'라는 단원이 포함되어 있다. 이런 교육을 받은 아이들이 사회에 나오면 어떻게 될까?

2023년 프랑스에서는 정년을 62세에서 64세로 연장하는 연금개혁안에 주요 노동조합들이 반대하면서 대규모 파업이 일어나 지하철·버스 등이 멈췄고, 학교도 문을 닫았다. 여기에 청소노동자들이 참여하면서 거리에는 쓰레기가 산처럼 쌓였다. 시민들의 반응은 어땠을까? "시청에선 외부업체와 계약을 맺어 쓰레기를 치우지 않고 대체 뭘 하는 거죠?" "청소일은 2년 더 하기엔 너무 힘든 직업입니다. 불편하긴 하지만 파업은 이해합니다."(SBS《나이트라인》, 2023. 03. 15.)

영화《뉴욕에서 온 남자, 파리에서 온 여자》의 한 장면에선 노동자들의 파업 때문에 길이 막혀 늦어졌다는 딸의 불평에 어머니가 이렇게 대꾸한다. "불쌍한 간호사들이 파업도 못 하니? 여긴 미국이 아니야."

세계 최고의 교육 선진국으로 꼽히는 핀란드의 교장협의회 회장 피터 존슨(토르킨마키 학교 교장)이 2007년 우리나라 '교육복지실현 국민운동본부'가 주최한 국제심포지엄에 참석하기 위해 한국을 방문했을 당시, 한 인터뷰에서 '한국은 교원노조와 교장협의회가 앙숙관계'라는 말을 들은 그는 이렇게 답했다. "핀란드는 교원노조와 교장단체 사이가 아주 좋다. 교장들은 대부분 교원노조에 가입돼 있다. 물론 나도 그렇다."

2008년 미국에서는 골든글로브 시상식이 취소되었다. 미국 작가노조의 파업에 동참한 할리우드 스타 배우들이 시상식 불참을 결정했기 때문이다. 한국에선 석호필이라는 애칭으로도 잘 알려진 배우 웬트워스 밀러는 당시 "나는 작가들을 지지한다. 그들은 창작 작업을 함께 하는 형제자매이고, 그들이 만든 대사와 각본이 없다면 배우는 아무것도 아니다"라며 공식적으로 지지를 표명했다.

초등학교 때부터 노동교육을 받아온 이들에게 이런 일은 당연해 보이겠지만, 우리에게는 십 오륙 년 전의 이 장면들이 여전히 낯설다.

2016년 서울 구의역 스크린도어를 혼자 수리하다가 들어오는 열차를 피하지 못하고 열차와 스크린도어 사이에 끼어 숨진 19살 노동자. 2018년 태안화력발전소에서 홀로 일하다 석탄 운반용 컨베이어벨트에 끼여 사망한 24살의 청년 김용균. 이 두 청년은 비정규직이었고, 2인 1조 근무가 원칙이지만, 동료가 휴가를 간 사이 혼자 근무하다 안타까운 변을 당했다. 이 두 청년의 가방 안에는 바쁘고 고된 작업 때문에 뜯지도 못한 컵라면이 들어 있었다.

2010년 환영철강에서 일하다 1600도가 넘는 쇳물이 담긴 용광로에 떨어져 숨진 20대 청년. 2022년 현대제철 당진제철소에서 혼자 작업하다 용광로 아래로 추락해 사망한 50대 노동자. 한 노동자는 제대로 된 난간 하나가 없어서, 또 한 노동자는 발판 역할을 하던 노후화된 기계가 파손되면서 끔찍한 죽음을 맞았다. 진짜 참을 수 없는 건, '이 기계가 노후화되어 위험하니 교체해달라'는 노동자들의 요구를 회사가 몇 번이나 무시했다는 사실이다.

이 청년들, 이 노동자들이 독일이나 프랑스처럼 학교에서 노동권에 대한 교육을 받았더라면, 정당하지 못한 작업 지시에 항의하고 대처하는 법을 배웠더라면, 자신을 지키는 방법이 있다는 걸 가르쳐주었다면, 어쩌면 그날 이들은 무사히 퇴근할 수도 있지 않았을까.

처음 이 끔찍한 용광로 추락 사고가 알려졌을 때 많은 이들이 충격을 받았고, 여기저기서 수많은 말들이 오갔지만, 2010년부터 2020년 사이 금속제련업종에서 일하다 사망한 노동자는 모두 69명이었고, 그중 추락사로 숨진 사람은 9명이나 됐다. 사회 전체를 분노로 들썩이게 만든 이 끔찍한 사고 이후에도 세상은 조금도 달라지지 않았다. 다른 분야라고 다를까?

2만 4,799원 vs 1만 7,586원. 2024년 고용노동부가 발표한 정규직과 비정규직의 시간당 임금이다. 300인 이상 기업에서는 이 격차가 3만 8,214원 vs 1만 6,843원으로 더 크게 벌어진다. 비정규직은 하루 8시간, 한 달 22일을 꼬박 일해야 395만 원가량의 돈을 손에 넣을 수 있는데, 2024년 개인회생절차에서 인정한 4인 가족 최저생계비는 343만 7,947원이다.

더구나 최저임금인 시급 9,620원조차 받지 못하는 노동자가 300만 명을 넘었고, 경제협력개발기구OECD가 최근에 발표한 최저임금 이하 노동자 비율은 우리나라가 19.8퍼센트로 멕시코(25.0퍼센트)에 이어 2위였다.

웃기는 건 이 자료를 배포한 게 한국경영자총협회(경총)라는 사실이다. 경총은 2024년 5월, 2025년 최저임금심의 전원회의가 열리기 며칠 전에 이 자료를 배포하면서 이는 "그간 높은 수준의 최저임금 인상률 누적으로 노동시장의 최저임금 수용성이 저하됐기 때문"이라는 평가를 함께 내놓았다. 말하자면 '그동안 최저임금이 많이 올라서 기업은 줄 돈이 없는데, 최저임금조차 받지 못하는 노동자가 이렇게 많으니, 최저임금을 더 올릴 수는 없다'는 게다. 그래 놓고선 7월 9차 전원회의에서 사용자위원들은 '10원!' 인상을 제시했다. '조롱하냐'는 말이 나올만 하지 않은가!

2023년 대통령은 국무회의 자리에서 건설노조를 '건폭'이라고 불렀는데, 오죽했으면 같은 정당 소속인 홍준표 대구광역시장마저 '노조를 노골적으로 비하하는 각종 표현으로 노동조합에 대한 혐오와 차별을 조장했다'는 취지의 진정서를 인권위원회에 제출했을까.

더 가관인 것은 민주노총 산하 전국금속노동조합이 2024년 7월 이른바 '노란봉투법' 입법화 등 노동법 개정을 요구하며 총파업을 결의하자, 경영계와 경찰은 파업이 시작되기도 전에 "법 개정과 정권 퇴진 등 정치적 요구를 목적으로 내세운" 정치파업이라며 이를 불법으로 규정했다. '법률 개정과 입법은 국회에서 하는데 그럼 노동법 개정 요구는 아예 하지 말란 말이냐'고 묻고 싶다.

이런 현실을 보고 있자면 이런 사회, 이런 세상으로 혼자 나가 알아서 잘 버텨보라고 아이들을 떠미는 느낌이 들어 어른으로서 정말로 미안하고 부끄러워진다.

4. 노동조합 조직률이 높으면?

2015년 국제통화기금IMF과 경제협력개발기구는 보고서에서 그 나라의 노조 조직률이 높았을 때 빈부 격차가 줄었다고 평가했다. 정말 그럴까?

우리나라에서 노동조합 조직률이 제일 높았던 때는 언제일까? 1989년이다. 1987년 7·8·9월 노동자대투쟁 이후 수많은 노동조합이 결성되어 조직률이 19.8퍼센트까지 올라갔다. 그럼 2024년 현재 노동조합 조직률은 얼마나 될까? 2024년 통계청이 발표한 〈경제활동인구조사 부가조사〉에 따르면 조합원 수(조직률)는 2023년 269만 명(12.2%)에서 2024년 277만 명(12.5%)으로 8만 명(0.3%p) 증가했다. 정규직은 243만 명(18.9%)에서 251만 명(19.4%)으로 8만 명(0.5%p) 증가했지만, 비정규직은 2023년과 똑같이 26만 명(2.8%)으로 변함이 없다. 노동조합 조직률 수준을 놓고 보면 비정규직은 정규직의 7분의 1 수준에 불과하다.

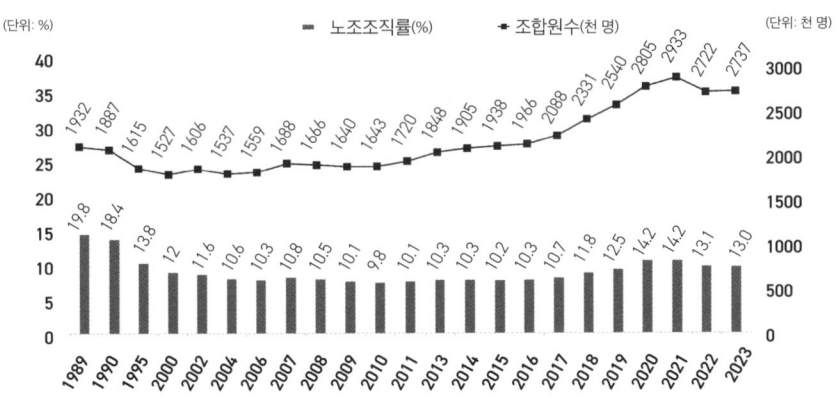

한국의 노동조합 조직률 및 조합원 수 추이, 1989~2023

고용노동부 노사관계법제과. <2023년 전국 노동조합 조직현황>. 2024. 12. 18.

그렇다면 노동조합 조직률이 높을 때와 낮을 때 우리 사회에는 어떤 변화가 생길까? 노동조합 조직률이 사회에 미치는 영향에 대해 생각해보자.

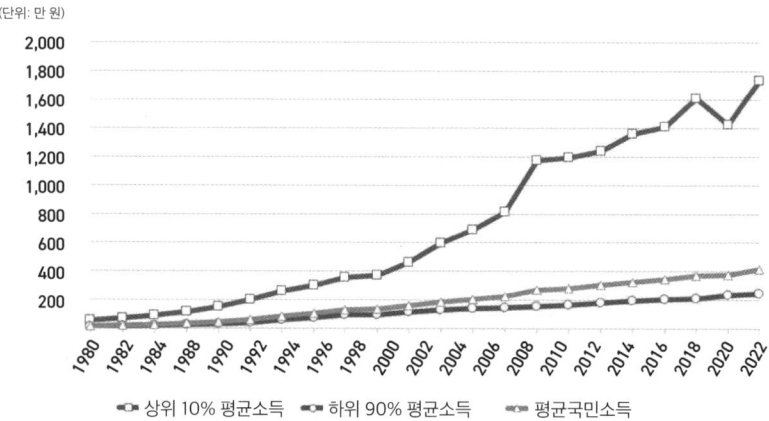

한국의 평균소득, 1980~2022

World Inequality Database 자료를 이용해 작성. https://wid.world/

    이 그래프는 1980년부터 2022년까지 지난 40년간 우리나라 국민 상위 10퍼센트와 하위 90퍼센트의 실질소득 추이를 보여준다. □ 표식이 있는 맨 위의 선은 상위 10퍼센트의 소득을 나타내며, ○ 표식이 있는 맨 아래 선은 하위 90퍼센트의 소득을, △ 표식이 있는 중간 선은 전체 국민의 평균실질소득을 나타낸다. 그래프에서 알 수 있듯이 노동조합 조직률이 높았던 1987년부터 1995년까지의 기간에는 노동소득을 비롯한 하위 90퍼센트 국민의 실질소득이 올라갔다. 반대로 노동조합 조직률이 하락하기 시작한 1993년을 지나, 특히 1997년부터는 하위 90퍼센트 국민의 실질소득이 감소했을 뿐만 아니라 전체 국민의 실질소득도 감소했음을 볼 수 있다. 중요한 것은 1997년을 기점으로 대한민국 국민의 실질소득은 계속 하락할 뿐, 더 이상 올라가지 않고 있다는 슬픈 사실이다. 여기서 실질소득의 감소란 명목상의 임금은 인상되었지만, 물가상승률로 인해 구매력이 하락했다는 것을 의미한다.

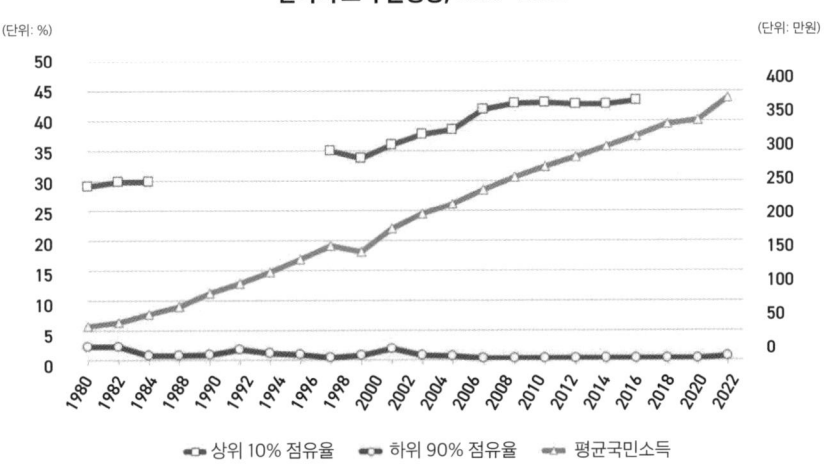

World Inequality Database 자료를 이용해 작성. https://wid.world/

1997년은 어떤 해였던가? 바로 외환위기가 발생해 IMF에 구제금융을 신청한 해다. 이듬해인 1998년에는 정리해고제가 시행되었다. 이후 한국 사회는 정규직과 비정규직이라는 분류가 당연시되었고, 상위 10퍼센트와 하위 90퍼센트의 빈부 격차가 급격하게 벌어졌으며, 구조조정이 일상화되어 노동자와 서민의 삶은 벼랑 끝으로 몰리게 된다.

노동조합 조직률이 상승하기 시작한 1987~1995년까지의 기간은 우리나라에서 노동자의 임금이 상승한 유일한 기간이었고, 10만 원대에 머물던 임금이 100만 원대로 오른 기적의 기간이기도 했다.

여기에는 역사적 배경이 있다. 1972년 10월유신과 함께 박정희는 이른바 '새마을운동'을 선포하고 1980년대가 되면 한국도 100억 달러 수출과 1,000달러 소득이 달성돼 집집마다 자가용을 가진, 그야말로 '젖과 꿀이 흐르는' 나라가 될 것이라는 장밋빛 희망을 전 국민에게 심었다. 모든 국민이 산업전사가 되어 허리띠를 졸라매고 박정희의 선성장·후분배 정책에 호응했다. 특히 여성 노동자들은 잠을 쫓기 위해 타이밍 따위의 약을 먹으면서까지 잔업과 철야를 마다하지 않았다. 1978년 100억 달러 수출과 1,000달러 소득을 달성했지만, 분배는 이루어지지 않았다. 불만은 누적되었고 1979년 부마항쟁과 1980년 서울의 봄으로 터져 나왔다. 전두환 군사독재정권 역시 고도성장의 과실을 나눠달라는 노동자·농민의 요구를 무시했다. 1985년 삼저호황으로 인해 연 20퍼센트 이상의 고도성장이 이루어진 뒤에도 그 약속은 지켜지지 않았다. 공안정국과 탄압이 계속되었다. 1987년 6월항쟁과 뒤이은 7·8·9월 노동자대투쟁은 그에 대한 항의였다. 수많은 노동조합이 결성되었고, 노동자대투쟁의 물결이 전국을 휩쓸면서 한꺼번에, 그것도 30~50퍼센트나 되는 임금인상을 쟁취할 수 있었다. 국민의 실질소득이 증가한 것은 말할 나위 없다.

이처럼 노동조합 조직률이 상승하는 시기에는 사회의 민주화가 확장되고, 전체 국민의 실질소득이 폭발적으로 증가했다. 반대로 노동조합 조직률이 하락하는 시기에는 민주화가 후퇴하고, 전체 국민의 실질소득도 감소하고 있음을 알 수 있다.

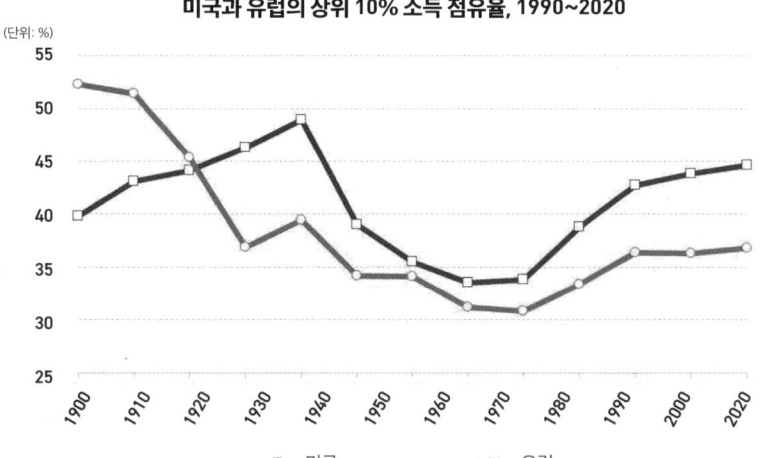

World Inequality Database 자료를 이용해 작성. https://wid.world/

    우리나라만 그런 게 아닙니다. 위 그래프는 1900년부터 2020년 사이 미국과 유럽의 소득 불평등 추이를 보여준다. 이 그래프에서 상위 10퍼센트의 소득이 감소하는 1910년부터 1920년대는 유럽 전역에서 노동조합의 조직률이 상승하고, 뒤이어 인간다운 삶을 위한 노동자들의 투쟁이 사회주의 혁명으로 들불처럼 번졌던 시기다. 1917년 10월 러시아혁명, 1918년 독일혁명 등 노동자들의 투쟁에 겁먹은 자본가들의 양보로 노사 간의 대타협이 이루어지면서 등장한 사회민주주의 복지국가 모델은 1945년 제2차 세계대전 이후 완성되었다. 이 시기 유럽 노동자들의 실질소득은 급격하게 상승했고, 오늘날 우리가 부러워하는 노동자들의 선진국으로 도약했다.

    하지만 노동조합 조직률이 하락하는 시기에는 다시 상위 10퍼센트 부자들의 소득이 증가하고 소득불평등도 심화된다. 그래프에서 볼 수 있듯이 1970년대에는 상위 10퍼센트의 소득이 급격하게 상승하기 시작한다. 무슨 일이 있었던 것일까? 1970년대는 한동안 여기저기서 들려왔던 신자유주의가 시작된 시기다. 신자유주의는 언뜻 자유주의가 부활했다는 의미처럼 보이지만, 인권과 진보를 요구했던 고전적인 자유주의와 구별하기 위해 '신'NEO이라는 접두사를 붙여 만든 용어로 자본에 대한 국가의 개입을 폐지하고 모든 것을 시장에 맡기자는, 한마디로 자본의 자유만을 요구하는 보수주의 경제이론의 표어다. 이들은 노동법조차 자본가들의 자유로운 이윤 획득을 막는 부당한 규제라고 주장한다. 유럽과 미국에서 이윤율이 저하했던 이 시기에 산업의 구조조정과 외주(아웃소싱)가 시작되었고, 영국의 대처와 미국의 레이건으로 대표되는 보수주의 정권이 노동자에 대한 해고와 노동조합에 대한 잔인한 공격을 개시했다. 노조에 대한 손해배상 청구도 이 시기에 부활되었다.

노동조합 조직률이 올라갈 때 그 사회의 민주화가 진전되고 노동자를 비롯한 전체 국민의 실질소득이 증대되었으며, 그에 따라 상위 10퍼센트와 하위 90퍼센트 간의 소득 격차가 줄어든 것은 모든 나라에 공통된 현상이다.

5. 노동조합 조직률이 하락하면?

자본의 공격에 맞선 1996~1997년 노동법개정을 위한 총파업투쟁에서 결과적으로 패배하면서 정리해고제가 법제화된 뒤 우리 사회는 엄청난 변화를 겪어야 했고, 지금까지도 그 영향에서 벗어나지 못하고 있다. 1989년 20퍼센트에 가까웠던 노동조합 조직률이 거의 절반으로 뚝 떨어진 것만 봐도 알 수 있듯, 그 이후로 노조 조직률은 질적·양적으로 나아진 적이 없다.

이런 사회현상이 우리 사회에 어떤 영향을 미쳤고, 노동자·민중의 삶에는 어떠한 변화가 일어났는지 살펴보기로 하자.

첫째는 노동소득분배율의 하락이다. 1997년 IMF 경제위기 이후 60퍼센트를 넘던 노동소득분배율은 57퍼센트까지 떨어진다. 60퍼센트 선이 무너진 것이다. 이것이 얼마나 심각하고 충격적인 사건인지를 조선시대 그리고 해방 이후 이승만 정권 시기와 비교해보자. 조선시대에 양반이 농민에게 땅을 빌려주고 받은 소작료는 40퍼센트였다. 10가마를 생산했다면 4가마를 지대로 받았다는 말이다. 이승만 정권의 토지개혁 당시 소작료는 3·1제였다. 3가마 중 1가마를 소작료로 낸 것이다. 약 33퍼센트 정도다. 되돌려 말하면 조선시대의 노동소득분배율은 60퍼센트, 이승만 정권 때는 약 67퍼센트였다. 그러니 노동소득분배율이 60퍼센트 이하로 떨어진 건 정말 무시무시한 사건이라고 할 수 있다. 조선시대보다 생산력이 100만 배는 발전했을 21세기 자본주의 사회에서 노동소득분배율이 60퍼센트 이하로 떨어졌다는 것은 21세기가 봉건시대만도 못하다는 소리나 마찬가지다.

사정이 이렇게 된 이유는 정리해고제의 도입으로 IMF 이전에는 정규직이던 일자리들이 비정규직으로 바뀌고, 비정규직이 전체 노동자의 60퍼센트를 차지하게 되었기 때문이다. 우리가 알고 있는 화물연대·건설노동자·학습지노동자·보험설계사 그리고 시·군·구청의 환경미화원 같은 별정직 공무원이 정규직에서 비정규직으로 전환되었다. IMF 이전에는 오늘날 말하는 비정규직이 없었다. 있더라도 지금과 달리 정규직과의 임금 격차가 없거나 정규직 임금의 90퍼센트 이상을 임금으로 받았다. 중산층이 무너지고, 사회 양극화가 심화되고, 민주주의가 후퇴하는 게 당연하지 않겠나.

지난 40년 동안 상위 10퍼센트의 명목소득은 5배 이상 증가했고, 그 결과 상위 1퍼센트의 소득점유율이 12.23퍼센트로 세계 3위, 상위 10퍼센트의 소득점유율은 44.87퍼센트로 OECD 국가 중 2위를 차지하게 되었다. 하지만 하위 90퍼센트의 명목소득은 30퍼센트가량 증가하는 데 그치고 만다. 더 암울한 건 IMF 경제위기 이후 우리 사회 하위 90퍼센트의 '실질소득이 하락'하고 있다는 사실이다.

둘째는 중산층의 붕괴다. 이 또한 비정규직 노동자가 전체 노동자의 60퍼센트를 넘게 되고, 정규직과 비정규직의 임금 격차가 심해진 결과다. 비정규직 노동자의 국민연금·고용보험 가입률은 정규직의 반밖에 되지 않는다.

셋째로 더 참담한 건 노동자의 빈곤이 중소·영세 자영업자의 빈곤으로 이어진다는 사실이다. 자영업자 60퍼센트의 수입은 한 달에 100만 원도 되지 않는다. 노동자의 빈곤은 직장 주변과 동네의 골목상권 붕괴로 이어진다. 대기업의 프랜차이즈와 온라인 시장 확대는 이 경향을 더욱 확대했다. 치킨집이 돼지국밥집으로, 반찬가게로 바뀌더니 이제는 한 집 건너 커피집이다. 한 줌도 안 되는 부자들 빼고는 전부 다 망하고 있는 게 대한민국의 현실이다.

이게 전부 노동조합의 조직률 하락이 우리 사회에 끼친 심각한 영향이다. 노동조합 조직률이 상승하거나 높을 때, 반대로 하락하거나 낮아졌을 때, 사회 구성원들의 빈부 격차가 완화되거나 심화되고, 노동자·민중의 실질소득이 늘거나 줄어들며, 사회의 정치적·경제적 민주화에도 엄청난 차이가 있게 된다는 걸 알 수 있다. 국민의 절대다수는 노동자이고, 비정규직은 증가하고 있다. 차별과 임금 격차에 시달리면서도 달리 호소할 곳이 없는 국민이 증가하고 있다는 말이다.

노동조합은 국민 모두에게 중요하다. 나는 한국노총이든 민주노총이든 그밖에 어떤 노조든, 한 사회의 노동조합 조직률이 올라간 만큼 그 사회가 한 발 더 나아질 것이라고 확신한다. 사람에게 노동조합 가입은 결혼만큼이나 중요하다.

6. 노동조합 조직률이 하락하는 원인은 어디에 있을까?

그렇다면 노동조합 조직률이 하락하는 원인은 어디에 있을까? 노동조합이 없어지거나 노동조합이 있더라도 가입하는 조합원보다 탈퇴하는 조합원이 많아서일 것이다. 그럼 노동조합이 없어지거나 탈퇴하는 조합원이 많아지는 이유는 또 어디에 있을까?

정부의 반노동자적인 정책 때문에, 또는 자본가들의 탄압 때문에 조합원이 견디다 못해 노동조합이 와해돼서, 노동자들이 노동조합의 필요성을 느끼지 못해서 등등 여러 가지 원인이 있을 수 있다.

지금부터는 우리 사회에 지대한 영향을 미치고 있는 노동조합 조직률 하락의 원인이 무엇인지에 대해 알아보기로 하자.

앞에서 우리는 조합원만이 아니라 비조합원과 국민 모두에게도 노동조합 가입률이 중요한 것임을 확인했다. 노동자의 투쟁이 의사협회나 약사회 같은 이익집단들의 투쟁과 다른 것은 자신의 이익만을 옹호하기 위해 투쟁하는 것이 아니기 때문이다. 노동자의 투쟁은 자신의 이익만이 아니라 억압받고 소외된 전체 민중의 이익을 대변한다. 그리고 그래야 노동조합이 전체 국민의 지지를 받고 노동조합 조직률 또한 양적으로나 질적으로 올라갈 수 있다.

예를 한번 보자.

1931년 어느 날 대동강 을밀대 위에서 한 여성이 우리나라 최초의 고공농성을 벌인다. 평원고무공장 여성 노동자 강주룡이었다. 당시 여성 노동자들은 똑같은 일을 하고도 일본인은 물론이고 조선인 남성 노동자의 절반도 채 되지 않는 임금을 받았는데, 공장 측이 이마저도 깎겠다고 한 것이다. 평원고무공장 노동자들은 '아사동맹'을 결의하고 굶어 죽을 각오로 단식투쟁에 들어갔지만, 회사가 한밤중에 일본인 경찰을 불러 노동자들을 공장 밖으로 끌어내면서 실패로 끝났다. 그러나 강주룡은 다음 날 을밀대 위로 올라가 외쳤다.

"우리는 49명 파업단의 임금 삭감을 중요하게 생각하는 것이 아닙니다. 이것이 결국은 평양 지역 2,300명 고무공장 노동자의 임금을 삭감하는 원인이 될 것이므로 죽기로써 반대하는 것입니다."

평안남도 강계가 고향인 강주룡은 24살에 남편과 함께 만주에서 항일무장투쟁을 전개하다 남편이 일본군 총에 사망하자 평양으로 돌아왔다. 평원고무공장에 취직해 파업을 이끌던 그녀는 파업이 실패하자 을밀대에 올라가 일제의 조선인 차별에 맞서 고공농성을 벌였다. 그러다 몸이 쇠약해진 그녀는 1년도 채 못 된 1932년 평양의 빈민굴에서 31살의 짧은 생을 마감했다.

1970년 청계천 평화시장에서 "근로기준법을 준수하라"고 외치며

〈근로기준법〉 화형식과 함께 산화한 전태일 열사 역시 박정희 정권의 독재에 맞서 자신의 삶을 희생함으로써 노동운동에 대한 대학생·지식인의 참여와 관심을 일깨웠고, 청계피복·동일방직·원풍모방·반도상사 등 1970년대를 풍미한 민주노조운동의 불꽃이 되어 천만 노동자의 가슴 속에 영원히 살아 있다.

1987년 노동자대투쟁의 결과로 탄생한 전국노동조합협의회(전노협)는 1990년 민주정의당·통일민주당·신민주공화당의 3당 야합으로 탄생한 김영삼 정권의 신경제정책과 한국노총·경제인총연합회의 한 자릿수 임금인상 가이드라인을 철폐하기 위한 전국적 공동투쟁을 조직해 20~30퍼센트에 이르는 임금인상을 쟁취했다. 물론 전노협 소속 노동조합의 간부들이 수없이 구속·해고되었지만, 이들은 조합원들의 힘으로 복직되었고, 이후 전체 노동운동의 지도자로 우뚝 설 수 있었다.

같은 해 KBS의 파업으로 시작되어 우리나라 역사상 최초로 언론노동자들이 연대파업에 돌입해 방송이 중단되도록 만든 언론민주화투쟁도 좋은 예다. 당시 전노협 소속 노동자들과 KBS·MBC·SBS 등 방송 3사 노조는 전국적인 총파업을 단행해 이른바 '신경영전략'을 내세워 신자유주적 구조조정을 감행하려던 김영삼 정권의 노조 탄압 및 언론 장악 음모를 분쇄하고, 정리해고제·소사장제·유연근로제 등의 도입을 1995년 이후로 연기시켰다. 이 과정에서 단병호 전노협 위원장 등 많은 노조 간부가 구속되었고, 수많은 언론노동자가 해고되었다. 당시 KBS《아침마당》의 이금희 아나운서가 생방송 도중에 끌려 나가는 일도 있었고, JTBC 사장을 역임했던 당시 MBC 기자 손석희도 구속되었다. 이 투쟁은 이후 노동운동의 불씨를 지폈다.

앞의 사례들은 일제의 조선인 탄압 그리고 박정희·전두환·노태우·김영삼 정권의 노동자·민중 탄압에 맞서 전체 노동자의 이해는 물론 전체 국민의 이해를 대변한 투쟁이었다. 노동자가 전체 국민의 이해를 대변하면서 투쟁할 때 노동조합의 투쟁력과 조직률은 올라간다. 이 당시 노동조합 조직률은 우리나라 역사상 최고인 20퍼센트에 가까웠다.

특히 1990년 전노협 창립 이후의 임금인상투쟁은 지금과는 달리 전국적인 공동투쟁 형식으로 전개되었다. 전노협은 매년 '전국임금인상 투쟁본부'를 구성해 공동파업 등 전국적인 투쟁을 전개함으로써 정부와 자본의 한 자릿수 임금인상 정책을 분쇄했고, 그 영향으로 노조가 없는 작은 사업장까지 높은 임금인상이 이루어질 수 있게 했으며, 그 결과 전체 국민의 실질소득을 높이는 데 크게 기여했다. 매년 20~30퍼센트 임금인상을 이루어냄으로써 월급 100만 원 시대를 연 전노협 시기의 집중 공동투쟁은 그 자체가 경제투쟁을 넘어서는 정치투쟁이었고, 20만 명에 불과했던 조합원의 투쟁은 100만 명 이상의 조합원을 가진 한국노총의 영향력을 넘어 전체 노동자는 물론 전 국민의 지지를 받았다.

임금인상 등 노동자들의 생존권 투쟁은 지금처럼 흩어져서 싸우면 개별 사업장 노동자의 이익만을 대변하는 경제투쟁에 불과해지지만, 노동자들이 단결해서 벌이는 전국적인 공동투쟁은 단순한 경제투쟁을 세상을 움직이는 정치투쟁으로 바꾸고 평등한 세상을 꿈꾸게 하는 학교가 된다.

그러면 현재의 노동조합과 노동운동은 어떤가? 민주노총에 속한 대공장 정규직 노동자들, 대표적으로 현대자동차 노조의 임금인상 투쟁에 대한 국민의 시선은 어떨까?

현대자동차의 순이익은 8조 원 가까이 되고, 노동자가 투쟁하지 않으면 이 돈은 고스란히 주주들의 이익으로, 특히 외국인 투자자(현재 현대자동차에 투자한 외국자본의 비율은 대략 60퍼센트를 넘는다)에게 돌아가게 된다. 이런 상황에서 노동자의 임금인상투쟁은 소득분배율을 높이는 지극히 정당한 투쟁이다. 그런데도 비정규직 노동자를 포함해 이를 바라보는 국민의 시선은 매우 부정적이다.

먼저 현대차 노동자들의 높은 임금에는 휴일 특근과 잔업·철야 근무 등 시간외수당과 연말 성과급이 포함되어 있다는 걸 알아야 한다(그런데 이걸 아는 국민이 많지 않다). 하지만 잊지 말아야 할 것은 현대자동차의 높은 순이익에는 이런 정규직 노동자들의 땀도 있지만, 현대자동차에 부품을 납품하는 비정규직 노동자들의 피와 땀도 포함되어 있다는 사실이다. 그러니 현대차 노조가 '현대자동차 순이익의 15퍼센트를 자동차를 만드는 데 기여한 모든 노동자에게 분배하라!'고 요구하지 못한다는 데는 아쉬움이 크다.

더 큰 문제는 자동차가 잘 팔리지 않을 때 노동조합이 정규직 노동자들의 취업을 유지하기 위해 비정규직을 방패로 삼는다는 점이다. 이제는 정규직 노동자들이 비정규직 노동자의 정규직 전환마저 반대하는 지경에 이르고 말았다. 그 시작이 《밥·꽃·양》에 기록된 1998년 현대자동차 정리해고 저지투쟁 당시 식당 아주머니 230여 명이 희생된 사건이다. "농성투쟁 현장에 밥을 지어주며 투쟁의 꽃이었던 식당 아주머니들이 노동조합에 의해 정리해고의 희생양이 되었다."

현대자동차 정리해고 저지투쟁은 정리해고법이 어떻게 노동현장에 폭풍을 몰고 왔는지, 그리고 노동자들이 저만 살자고 다른 노동자들의 해고를 어떻게 묵인하고 방조했는지를 보여준다.

현재 민주노총 정규직 대공장 노동자들의 노동조합 조직률은 27퍼센트를 넘고 있고, 중소·영세 비정규직 노동자의 조직률은 대략 2퍼센트 정도다. 전체 노동자의 평균임금은 276만 원 정도인데 민주노총 대공장 정규직 노동자의 평균은 500만 원이 넘는다. 과연 민주노총의 투쟁이 전체 노동자의 이해를 대변하고 있다고 말할 수 있을까? 또 전체 국민의 이해를 대변하고 있다고 할 수 있을까? 혹시 자신의 임금과 자신의 이익만을 위한 노동조합 활동에 갇혀버린 측면은 없을까?

세계 각국의 노동조합 조직률 및 단체협약 적용률, 2018

OECD, OECD and J.Visser, ICTWSS database를 이용해 작성.
https://www.oecd.org/en/data/datasets/oecdaias-ictwss-database.html

이 그래프는 세계 각국의 노동조합 조직률과 단체협약 적용률을 나타낸 것이다. 연한 회색이 노동조합 조직률이고, 진한 회색은 단체협약 적용률이다. 스웨덴·벨기에·호주·독일·오스트리아·이탈리아의 경우 노동조합 조직률에 비해 단체협약 적용률이 몇 배나 높다. 투쟁하는 노동조합의 성과가 투쟁에 참가하지 않은 노동자들에게도 돌아가기 때문이다. 우리나라의 경우는 노동조합 조직률과 단체협약 적용률이 거의 비슷하거나 오히려 낮을 수도 있다. 어느 쪽이 노동자들의 지지를 받고 전체 국민의 지지를 받겠는가.

자기 조합원의 이익만을 지키려는 노동조합을 노동조합이라 부를 수 있을까? 그것이 의사협회나 약사회 등의 이익단체들이 하는 투쟁과 무엇이 다른가.

노동운동이 위기에 처한 데는, 노동조합 조직률이 하락한 데는 노동운동이 전체 노동자와 민중의 이해를 대변하지 못하는, 즉 계급적 대표성을 잃어버린 데 그 원인이 있다.

7. 노동운동의 패착-정리해고제

한때 전체 노동자의 이해를 대변했던 노동조합의 투쟁이 왜 자신의 이익만을 지키기에 급급한 투쟁으로 전락했을까? 물론 정부와 자본의 무자비한 탄압이 항상 존재하기도 했지만, 노동자를 조합원과 비조합원으로, 정규직과 비정규직으로 분리하는 과정은 우리 스스로가 초래한 결과다.

단적으로 성과연봉제·차등근로계약·단체협약 적용범위 등이 도입된 과정을 살펴보자. IMF 이전에는 한 사업장 안에 두 개의 근로계약은 있을 수 없었다. 노동조합의 동의 없이 비정규직을 고용할 수 없었고, 정당한 이유 없이는 해고도 할 수 없었다. 그러나 회사 임원과 간부를 시작으로 야금야금 연봉제가 도입되고 투쟁이 점점 버거워지는 상황이 계속되자, 근로조건을 저하하는 일련의 조항을 만들되 '기존 노동자들 또는 기존 조합원들에게는 적용하지 않는다. 비조합원부터 또는 신입 직원들부터 적용한다'는 자본가의 요구가 수용되었다. 이때부터 이미 무너진 것이다. 만약 우리가 그것을 받아들이지 않고 끝까지 저항하다 자본의 힘에 밀려 투쟁에 패배했다면, 그 패배는 곧 승리의 씨앗이 되어 새로운 투쟁을 다시 시작할 수 있었을 것이다. 그게 투쟁의 법칙이다. 그러나 싸우지 않고 스스로의 뜻에 의해 양보했다면, 그 소용돌이에서 헤어나오기란 여간 어려운 일이 아니다.

1996~1997년 노동법개정 총파업 당시 민주노총 지도부는 조합원 대중을 믿지 못하고 싸우기도 전에 이미 민주노총 합법화·노동자의 합법적 정치세력화를 대가로 정리해고제를 수용하기로 결정했다. 이게 패착이다. 그들은 정리해고가 주요 협상 대상이던 노사정위원회에 들어갈 때부터 투쟁이 아닌 타협을 기대했고, 결국 김대중 정권의 신자유주의 개혁에 포섭되어버렸다.

정리해고제가 법제화되고, 제2금융권을 시작으로 제1금융권과 공기업 구조조정이 완료되고 나서 현대자동차를 비롯한 제조업으로까지 정리해고의 바람이 물밀듯 밀려오는데도 당시 민주노총은 "정리해고제는 개별 사업장의 단체협약을 통해 막아내면 된다"고 큰소리쳤고, 개별 사업장은 사업장대로 '설마 우리는 괜찮겠지'하는 안일한 마음에 공동투쟁에서 발을 빼고 있다가 결국엔 모두가 각개격파를 당한 꼴이 되었다. 그 와중에 제일 힘이 셌다는 현대자동차노조는 정리해고를 비겁하게 받아들였고, 그 바람에 '현대자동차노조도 못 이기는데 우린들 어찌겠냐'는 분위기가 퍼져나가 투쟁에 찬물을 끼얹었다.

지금의 비정규직 노동자는 모두 이때부터 양산되었다. 급식 조리·학교 청소·아파트 관리·건설·학습지·화물노동자 모두가 한때는 정규직이었다. 이들도 탄압이 시작되고 상황이 어려워지자 때로는 '어쩔 수 없다'는 절망감에, 때로는 사탕발림에 넘어가 비정규직(특수고용노동자)으로 전락하고 말았다.

30년이 지난 지금까지도 노동운동은 그 트라우마에서 헤어나지 못하고 있다. 1년이 지나고 10년이 지나면서 기존 노동자와 조합원이 퇴직하고 나간 자리에 비조합원과 비정규직 노동자가 들어오면서 노동조합 조직률은 반토막이 나고 말았다. 급기야 노동조합 활동의 중심인 노조 전임자의 임금 지급이 불법화되고, 복수노조가 허용되면서 노조 조직률은 더욱더 하락했고, 노동조합의 사회·정치적 힘도 급격히 위축되어버렸다.

8. 노동자는 철학을 가져야 한다.

자본주의 사회에서 자본가가 이윤을 획득하기 위해 노동자를 착취하는 건 당연하다. 월급 적게 주고, 노동시간 늘리고, 비정규직 사용하고, 말 안 들으면 회유하거나 해고하고, 공권력을 동원해 탄압하는 건 자본주의가 시작된 이래 늘 써먹던 방식이고, 자본에 내포된 필연적 속성이다.

하지만 자본이 노동을 착취하고 지배하기 위해 사용하는 이런 방식보다 더 중요한 게 있다. 그건 바로 노동자 스스로 자본가의 지배를 당연하다고 여기게끔 만드는 것, 자본가의 사상에 빠지게 만들어 '노동자의 몸에 자본가의 머리를 얹게 하는 것'이다.

물론 자본주의에서 노동자는 노동력을 팔아야만 생계를 유지할 수 있다. 오늘 팔리지 않으면 저장해두었다가 내일 팔면 되는 보통의 상품과 달리, 노동력이라는 상품은 저장이 되지 않는다. 한 번 판매되지 않으면 생계를 유지할 수 없으니, 오늘 판매에 실패하면 내일은 판매의 기회가 없다. 이런 사정이 노동자를 보수적으로 만든다.

하지만 자본주의의 발전은 노동자를 궁핍하게 만드는 경향이 있기 때문에 노동자들은 자연스럽게 사회문제에 눈을 뜨고 노동조합으로 단결하게 된다. 그래서 노동자는 한편에서는 보수적으로, 심지어 기회주의적으로도 보이지만, 다른 면에서는 매우 주체적이고 혁명적이기까지 하다. 임금인상, 정리해고 반대, 비정규직의 정규직화와 같은 눈앞의 이익을 관철하는 투쟁의 과정에서 노동자들은 경찰과 노동부·정부 관리들과 부딪힐 수밖에 없고, 이 경험에서 노동자는 정부가 누구의 편인지를 알아차린다. 하지만 경제투쟁에서 드러나는 노동자의 본능적 의식을 정치투쟁으로 발전시키고, 자본주의가 가진 문제를 이론적으로 볼 수 있게 만들지 못한다면 노동자들은 곧 일상의 보수적 삶으로 돌아갈 것이다. 대중의 주체적이고 혁명적인 면이 분출하는 시기에 그들의 자연발생적 저항에 '목적의식'을 더해 자본주의를 지양하는 정치투쟁으로 발전시키는 것이 바로 노동운동의 궁극적 목적이다.

무솔리니의 파시스트 독재에 저항하다 투옥되어 46세의 일기로 옥중에서 사망한 이탈리아 사회주의자 안토니오 그람시는 "자본가들은 단지 힘(위력)으로써 만이 아니라 사회관계, 관념의 조직망 속에서 동의를 이끌어 냄으로써 자신의 지배를 유지하고, 피지배계급으로 하여금 자신들의 지배를 상식적이며 자명한 것으로 받아들이게 한다"고 말했다. 그 유명한 헤게모니 이론이다. 자본가들은 노동자를 동의하에 지배한다는 것이다.

그 시대의 사상은 항상 지배계급의 사상이다. 지금의 지배계급은 바로 자본가이고, 자본가는 항상 지배계급의 사상을 강요하며, 학교·종교·언론·문화 등을 통해 노동자의 의식을 마비시킨다. 그 결과가 바로 정치적 무관심이고, 노동조합에 대한 무관심이다. 국민의 압도적 다수를 차지하는 노동자·민중이 자신의 사상을 포기하고 지배계급의 사상에 동의하는 건 큰 문제다. 단결하여 투쟁하기보다 계층상승 욕구를 실현하려고 애쓰는 것. 자식들을 스펙 쌓기, 시험 준비, 토플·토익에 몰두하라고 강요하는 모습이 이를 보여준다.

더구나 노동자 중에도 '사유재산은 신성하다'는 말에 동의하고, 자본가처럼 사유재산을 증식하기 위해 자본가와 똑같은 짓거리에 몰두하는 사람이 있다. 단 한 평의 토지라도 가진 사람은 자본가 정당을 지지하기도 한다. 더 큰 문제는 노동자 자신이 노동자의 사상을 불온시하거나 불가능하다고 믿는 것이다. 하지만 노동자는 철학을 가져야 한다.

혼자서 꾸는 꿈은 개꿈이지만 여럿이 같이 꾸는 꿈은 반드시 이루어진다.

2장

노동자의 철학, 노동자의 관점

뭐? 자유주의가 좋은 게 아니라고? 몸은 노동자인데 머리는 자본가?

어쩌면 우리는 지금까지 살아온 우리 자신의 삶을 돌아봐야 할지도 모른다. 머리부터 발끝까지 자본주의를 당연시해온 일상의 삶을 뒤로 하고, 이제 와 새삼 자본가와는 다른 노동자의 생각을 가지고 살아야 한다는 게 설레기도 생소하기도, 어쩐지 겁이 나기도 할 것이다.

하지만 나도 그랬고, 같이 학습했던 노조 간부들의 생각도 같았다. "그래, 이왕 노동조합을 시작한 거 지금부터 노동자가 자본주의 사회에서 노동자답게 살아가는 방법을 배우는 게 좋겠지!" 이제 노동자의 철학, 노동자의 관점으로 들어가보자.

1. 학문도 소비의 도구

한때 사회 전체가 인문학 열풍으로 떠들썩했던 적이 있었다.

《어쩌다 어른》 같은 TV 프로그램이 만들어졌는가 하면, 지금도 모든 방송사가 인문학 프로그램을 한두 개씩은 편성하고 있다. 시청률도 높은 편이라고 한다. 노동조합이 실시하는 교육과 비교할 때 이 프로그램들이 장비와 화면에서 차이가 확 나는 건 당연하고, 그 내용까지도 시선을 끄는 매력이 있다. 왜 이렇게 인문학은 우리 사회의 화두가 되었던 걸까?

지금은 고인이 된 스티브 잡스는 최초의 스마트폰인 아이폰을 선보이며 애플을 세계 1위의 브랜드파워를 가진 회사로 성장시켰다. '기술과 인문학의 결합'이 그 비법이었다고 한다. 페이스북의 창시자인 마크 저커버그 역시 공학적 기술력이 아닌 인문학적 통찰력이 근본적 원동력임을 깨달았다고 했다.

왜 공학적 기술에 인문학을 입히고, 경영학이 인문학을 만나는 걸까? 인문학이 뭐길래? 기술을 발전시킨 자연과학과는 무엇이 다른가?

한국에서 인문학이라고 부르는 학문적 영역을 서양에서는 리버럴 아츠liberal arts라고 부른다. 그러니까 실은 교양과목이라는 뜻이다. 그런데 왜 교양과목을 인문학이라고 부르는 거지? 단순하게 말하자면 교양과목이란 전공을 배우기 전에 알아두어야 할 여러 분야의 책이나 이론을 총칭하는 명칭이지만, '교양'에는 생각보다 깊은 의미가 숨어 있다. '교양을 갖춘 인간'과 '교양을 갖추지 못한 인간'이라고 말하면 어떤 느낌이 드는가? 일단 예의를 갖춘 사람과 그렇지 못한 사람, 뭐 이런 느낌이 들지 않는가? 교양을 갖춘다는 건 예의를 갖춘 사람, 상식이 통하는 사람, 사귀어도 좋을 사람으로 평가받는다는 의미이다. 그러니까 교양이란 사람다운 사람이 갖추어야 할 기본적 소양을 가리키는 말이고, 교양과목은 이런 종류의 지식을 가르치는 과목이다. 그런데 한국에서 교양과목을, 학생들이 배워두어야 할 기초과목이라는 사전적 의미를 넘는 특별한 의미가 있는 듯한 명칭으로 부르는 것은 어쩌면 한국 사회가 이 '교양'을 갈망하기 때문일지도 모른다. 다시 말해서 한국에서 인문학이 화두가 된 것은 인문학이라고 부르는 학문적 영역이, 인간과 인간의 관계에 대한 근본적인 문제를 해명해 줄 수 있을 것이라는 희망을 발견했기 때문일 수 있다. 나는 한국을 휩쓴 인문학 열풍이 휴머니즘에 대한 그리움과 애착 때문이라고 생각한다. 한국 사회가 매우 비인간적인 사회이기 때문이다.

  자본주의의 발전은 전근대적 인간관계의 토대였던 공동체를 파괴하고 가족을 붕괴시키는 경향이 있다. 그래야 대규모의 노동자가 시장에 등장할 수 있기 때문이다. 자본주의 이전 시대가 아름다운 이상사회였다는 말이 아니다. 자본주의 이전 시대의 지배자들이 지배자일 수 있기 위한 조건은, 자기가 지배한 영역의 구성원으로 하여금 그가 속한 공동체에 의존하지 않을 수 없게 만드는 것이었다. 여기에는 생계의 유지도 포함된다. 노예에게는 피죽 한 그릇이라도 제공해야 하고, 농노에게는 토지를 제공해야 한다. 노예제나 농노제는 인간의 사회적 관계가 적대적 형태를 취하긴 해도 상호의존적일 때만 가능하다. 하지만 이런 형태의 사회적 관계로는 자본주의가 성립할 수 없다. 자본주의의 전제는 상호의존적인 신분제도의 철폐인 동시에, 전근대적 사회관계가 가지고 있던 구성원의 생계 보장을 폐지하는 것이다. 반대로 자본주의에서 생계의 보장은 전적으로 피지배자들 자신의 몫이다.

자본주의가 발전할수록 자본은 더 대규모의 노동자가 필요해진다. 그리고 가능한 한 이들에게 적은 임금을 지급하려면 노동자 사이에 경쟁이 치열해야 한다. 경쟁은 노동력이라는 상품의 가격을 떨어뜨리기 때문이다. 내가 살아남기 위해서는 남을 밟고 일어서야 한다. 다른 한편 노동자들이 좋은 직장을 구하기 위해서는 자기의 상품인 노동력의 질을 높여야 한다. 하지만 그것도 그때뿐이다. 곧 같은 질을 가진 노동자들이 넘쳐나고, 임금은 다시 하락한다. 이것이 시장의 논리다. 다시 말해 기술을 배우고 스펙을 쌓는 것이 마치 더 높은 임금을 받기 위한 구직자 스스로의 선택처럼 보이지만, 사실은 더 높은 질의 노동력을 더 낮은 임금으로 획득하려는 자본의 강요에 따른 결과인 셈이다. 어찌 개인주의가 득세하지 않을 수 있으며, 인간 소외가 발생하지 않을 수 있을까!

　그런데 개인주의의 필연적 결과가 소외라면 그것은 자본주의와 모순된다. 자본주의는 대량생산의 체제고, 따라서 대량소비가 전제이지만 자본의 요구는 더 많은 이윤과 더 낮은 임금이고, 국민의 대다수는 임금에 의지해 생계를 유지하는 노동자이기 때문이다. 사실 생산과 소비 사이의 모순이 경제위기, 공황을 통해 자신을 드러낸다는 사실은 부르주아 경제학도 익히 알고 있는 바다.

　공동체의 해체, 가족의 붕괴, 노동자 간 경쟁의 가열과 공황. 이것이 불러온 결과가 개인주의화된 사회이고 인간의 소외다. 결국 인문학 열풍은 개인주의화된 인간이 겪는 소외에 대한 반작용이라고 보아야 한다. 인간적인 관계, 인간적인 사회에 대한 향수 같은 것이라고나 할까? 하지만 자본주의는 모든 걸 반대로 만든다. 앞에서도 보았지만 자본주의는 인간적 사회에 대한 인간의 동경을 이윤을 위한 수단으로 만든다. 잡스와 저커버그는 인문학을 이윤 획득의 수단으로 삼았다. 사실상 인문학 열풍은 자본이 만들어낸 경제위기를 극복하기 위한 수단에 지나지 않았다. 휴머니즘에 대한 향수를 상품 판매와 이윤 획득의 수단으로 이용하는 것처럼 비인간적인 것이 또 있겠는가.

2. 우리 사회가 근본적으로 비인간적인 이유

자본주의 이전의 사회에도 착취는 있었다. 그것도 노예제나 농노제처럼 노골적으로 눈에 보이는 형태로. 적대적일망정 인격적 관계였기 때문이다. 그래서 비록 노예소유주와 노예, 영주와 농노가 적대적일지언정 두 사람 사이의 관계는 투명하게 이해된다. 자본주의는 반대다. 자본주의에서 자본가와 노동자는 화폐를 매개로 관계를 맺는다. 인간관계가 물질적 관계를 통해 표현되는 것이다. 노동자는 돈을 벌기 위해, 자본가는 이윤을 획득하기 위해 관계를 맺는다. 다시 말해 노동자와 자본가는 근로계약을 통해 노사관계를 형성하고, 이 관계를 전제로 노동자가 생산에 참여하게 된다. 자본주의적 생산관계는 이렇게 형성된다. 인간의 관계가 판매와 구매, 즉 상품과 화폐, 이윤, 공황과 같은 비인간적 존재나 관계에 의해 설명되는 것이다. 여기에 인간적인 구석이 있을 리 없다. 자본주의를 근본적으로 비인간적이라고 말하는 이유가 여기에 있다.

그럼 자본주의적 생산관계에서 노사관계의 본질은 무엇일까?

노동자는 안정된 직장에 취직해서 더 많은 월급을 받길 원한다. 즉 노동자의 목적은 안정된 고용과 더 높은 임금이다. 자본가는 더 좋은 노동자를 고용해서 더 많은 돈을 벌고 싶어 한다. 한마디로 자본가의 목적은 이윤의 획득이다. 두 경제적 이해 당사자의 명시적 합의가 계약이다. 근로계약이란 바로 임금과 근로조건을 둘러싼 자본가와 노동자의 명시적 합의인 것이다. 계약서에는 일정한 노동시간에 일정한 양의 상품이 생산될 것이라는 가정을 가지고 노동자에게 일정한 금액을 지급한다고 쓰여 있다. 하지만 자본가의 목적은 계약서에 명시되어 있지 않다. 자본가는 계약서를 통해 짐작할 수 있는 이윤보다 더 많은 이윤을 원한다. 더 많은 이윤을 위해서는 더 적은 임금을 주어야 한다. 더 많은 노동을 더 적은 화폐로 구매해야 하는 것이다. 같은 돈이면 더 오래 일을 시키는 것, 같은 돈에 같은 노동시간이면 더 적은 수의 노동자를 고용하는 게 자본가의 진짜 목표다. 하나의 계약을 둘러싼 두 당사자의 목적이 아예 다른 것이다. 더 많은 임금을 받기 위해서는 더 긴 시간을 노동하면 된다. 이건 계약서에 명시돼 있다. 하지만 더 많은 이윤을 획득하기 위한 방법은 계약서에 나오지 않는다.

노동자의 생각은 단순하다. 근로계약을 맺고 하루 8시간을 일했다면, 예컨대 4시간은 자기 자신을 위해 일한 것이고, 나머지 4시간은 이윤을 생산해주기 위해 일한 것이라고 생각한다. 자본가의 생각은 다르다. 노동시간을 연장해 4시간분의 임금으로 5시간이나 6시간분의 이윤을 얻을 수 있지 않겠는가? 노동시간을 연장하려는 시도는 지금도 계속되고 있다. 잔업과 철야는 그 흔적이다. 하지만 3시간의 임금으로 5시간의 이윤을 얻을 수 있다면 더욱 좋지 않겠는가? 이게 임금 삭감이다. 계약서에 명시되어 있지 않은 시도를 온갖 핑계를 대가면서까지 자행하는 이유는 자본주의적 생산양식이 임금과 이윤의 반비례적 관계, 그러니까 임금이 오르면 이윤이 줄어들고, 임금이 떨어지면 이윤이 늘어나는 관계를 전제하기 때문이다. 하지만 계약서는 아무것도 보여주지 않는다. 회사의 이윤이 늘어도 노동자와는 상관없다고 말하고, 회사의 이윤이 줄면 노동자 때문이라고 말하는 게 자본주의다. 자본주의가 비인간적일 수밖에 없는 이유다. 국민의 대다수를 차지하는 노동자의 관심이 온통 정리해고·비정규직·임금 삭감·최저임금·산업재해에 쏠려 있는 동안 재벌의 곳간에는 수백조의 사내유보금이 쌓이고, 자본가의 재산이 수천 배 늘었다는 사실만큼 이 사회의 비인간적 성격을 잘 보여주는 건 없을 것이다.

3. 하나의 현상, 두 개의 관점

몸은 노동자이면서도 자본가와 같은 생각을 갖고 살아가는 노동자가 대부분이다. 노동자들도 노동운동에 대해 부정적이고, 정치에는 무관심하며, 사회문제에 관심이 없다. 정리해고·비정규직 철폐를 요구하는 노동자의 집회를 강 건너 불구경하듯 바라볼 뿐 아니라 교통체증을 일으킨다고 비난하기 일쑤다. 하지만 자본주의 사회를 숨 가쁘게 살아가고 있는 노동자가 노동자의 관점, 노동자의 철학을 가지는 건 매우 중요하다. 그러면 노동자는 어떤 관점을 가져야 할까?

해는 동쪽에서 떠서 서쪽으로 진다. 이건 누구나 인정하는 원리다. 노동자나 자본가나, 부자나 가난한 자나 모두 그렇게 생각하고 다른 이견은 있을 수가 없다. 봄·여름·가을·겨울 사계절을 느끼고, 꽃을 보면 아름다움을 느끼는 것도 인간이면 다 마찬가지다. 노동자건 자본가건 다르지 않다. 물은 높은 데서 낮은 데로 흐른다. 이구아수폭포나 빅토리

아폭포 같은 이 지구상의 다양한 폭포 앞에서 자연의 위대함과 아름다움에 경탄을 감추지 못하는 것도 모두 똑같다.

다음의 사진을 보면 어떨까? 이 사진은 2009년 쌍용자동차 정리해고 사태 이후 해고자와 그 가족이 22명이나 스스로 목숨을 끊자 "23번째 죽음은 막아야 한다"며 쌍용자동차 해고노동자들이 2012년부터 덕수궁 대한문 앞에서 1년 넘게 노숙농성을 하던 당시의 사진이다. 이 사진을 보면서 자본가의 생각과 노동자의 생각은 어떨까? 당연히 다를 것이다. 노동자는 정리해고를 반대하겠지만, 자본가는 정리해고가 경영상 필요하다고 생각할 것이다.

ⓒ 금속노조 쌍용자동차 지부

2022년 6월 대우조선해양 하청노동자들이 조선업 불황을 이유로 삭감된 임금 30퍼센트의 복구를 요구하며 파업투쟁을 벌이고 있을 때, 현장책임자연합회(정규직 직장·반장들의 모임)와 민주노동자협의회(정규직 현장조직 중 하나) 소속의 노동자들은 이를 불법파업이라고 비난하며 하청노동자 7명이 고공농성 중인 1도크로 몰려가 욕설을 퍼부으며 생수

병을 던지는 등 폭력을 행사하기도 했다.

ⓒ 금속노조

아래 사진은 계엄을 선포해 친위 쿠데타를 일으킨 윤석열의 탄핵을 찬성하는 촛불집회와 탄핵을 반대하는 집회의 사진이다. 왜 이렇게까지 다른 걸까?

자연현상에 대해서는 보는 사람에 따라 차이가 없는데 사회현상에는 왜 이런 차이가 발생하는 걸까? 자연현상과 달리 사회현상을 바라보는 관점에는 보는 사람의 이해관계, 즉 계급적 입장이 개입되어 있기 때문이다.

계급적 관점에 따라 사회현상을 달리 보는 특성을 '당파성'이라고 하고, 당파성이 가장 두드러진 학문이 사회과학이다. 당파성은 계급사회, 특히 자본주의 사회에서 가장 첨예하게 나타난다. 사실상 자본주의 사회의 모든 학문은 지배계급인 자본가의 이익을 항상 옹호한다. 학문은 자본가의 시녀와 마찬가지다. 경제학은 자본가의 이윤 추구를 옹호하고, 법학은 항상 가진 자의 편에 선다. 이명박·박근혜는 물론이고 삼성 등 재벌의 재판에서 법은 늘 가진 자의 편이었다. '무전유죄·유전무죄'는 없는 이들의 편견이 아니라 현실에 대한 냉정한 판단이라고 해도 틀리지 않는다.

"모든 근로자를 계약직으로 뽑아 한국기업을 다시 뛰게 하라."

2015년 한 언론과의 좌담회에서 차기 한국경제학회 회장이 했다고 알려진 발언이다. 비정규직이 한국 민중에게 준 고통을 생각한다면 결코 학문을 내세워 할 수 있는 말이 아니다. 이건 경제학이 보여준 당파적 신념에 지나지 않는다. 그런데도 자본가를 옹호하는 이런 주장이 노동자의 머릿속을 파고든다. 노동자의 관점, 노동자의 당파성이 없기 때문이다.

모든 사회과학은 당파성에 따라 어떤 사회현상에 대해서건 두 가지 결론을 내리기 마련이다. 한쪽은 자본가를 옹호하지만, 다른 쪽은 노동자와 민중을 옹호한다. 그리고 노동자의 관점만이 참으로 과학적이라고 할 수 있다. 노동자계급은 자기들의 이해를 대변할 뿐만 아니라 억압받고 착취당하는 전체 민중의 이해도 대변하기 때문이다.

'돈'이 무엇인가? 노동자에게 돈은 생계, 즉 '생명'이다. 반대로 자본가에게 돈은 '이윤'이다. 이윤의 관점에서 현상을 보는 자본가가 정리해고를 정당하다고 느끼는 건 당연하다. 하지만 노동자는 같은 현상을 보면서도 그것이 정당하지 않다고 느낀다. 노동자는 정리해고를 생존권, 즉 생명의 관점에서 보기 때문이다. 노동자의 시각은 항상 휴머니즘이 바탕이다. 산업재해, 비정규직, 농민, 중소·영세상인, 재벌개혁과 의료개혁, 모든 문제에서 노동자는 휴머니즘에 바탕을 두고 문제에 접근한다. 노동자의 '당파성'은 인간주의를 전제한다. 노동자의 계급적 관점을 강조하는 이유가 여기에 있다.

4. 노동조합 그리고 노동운동만이 휴머니즘을 옹호하는 운동이다.

노동운동은 돈과 이윤의 관점에서 인간을 보는 자본주의적 시각을 인간의 관점에서 보도록 요구하는 운동이다. 자본가의 철학과 달리 노동자의 철학은 휴머니즘을 추구한다. 차별과 억압 속에서 희망 없이 살아가는 모든 인간의 해방과 인간다운 삶을 추구하는 것이다. 그러면 휴머니즘의 기원은 무엇일까?

휴머니즘은 현재 지배계급인 부르주아, 즉 자본가계급이 만들어낸 사상이다. 이들이 휴머니즘을 창안하게 된 역사적 배경을 살펴보자.

르네상스는 중세의 특징인 신神 중심의 세계관을 인간 중심으로 바꾸어놓은 역사적 사건이다. 역사학은 르네상스를 중세에서 근대로 이행하는 출발점이라고 이해한다. 중세는 신의 대리인인 성직자가 모든 권력을 가진 사회였다. 교회는 영혼의 구원을 위해 금욕과 청빈을 실천하는 존재이기 이전에 세속적 욕망으로 가득 찬 현실의 대지주였고, 정치권력의 독점자였다. 욕망의 추구는 부패로 이어지기 십상이다. 교황이 대규모의 면벌부를 판매하는 지경에 이르자 루터·칼뱅·토마스 뮌

처와 같은 이들이 종교개혁에 나섰고, 뒤이어 유럽 전체가 종교전쟁에 휘말렸다. 신 중심의 세계가 종말을 고하고, 인간 중심의 세계가 열릴 가능성이 생겼다. 이것이 휴머니즘의 기원이었다.

하지만 인간 중심도 '인간 중심' 나름이다. 세속적 욕망을 '금욕과 청빈'으로 포장했던 신 중심의 세계가 인간 중심의 세계로 변화해야 한다는 열망을 일으킨 계기는 엉뚱하게도 십자군 전쟁이었다. 이슬람제국이 차지하고 있던 예루살렘을 '성지 회복'이라는 명분을 내세워 일으킨 전쟁이다. 그러나 십자군 전쟁의 진짜 목적은 따로 있었다. 팔레스타인은 원래 이탈리아 상인이 주도하던 동방무역의 중심지였다. 베네치아나 제노바 등의 상인들은 인도의 향료, 중국의 도자기와 비단 교역을 독점해 큰 이익을 얻었는데, 셀주크 튀르크의 등장으로 동방무역이 차단되자 이를 회복하기 위해 전쟁을 사주했던 것이다. 거의 200년에 걸친 전쟁은 실패로 돌아갔지만, 유럽인들은 종교의 지배에 대한 거부를 꿈꾸기 시작했다. 종교적 교리에서 벗어나 세속적 욕망을 긍정하고 정당화하려는 새로운 풍조가 시작된 것이다.

하지만 르네상스가 부활시킨 인간성은 현재 우리가 꿈꾸는 인류애와는 거리가 멀었다. 르네상스 시대를 이끈 것은 상인이고 장사치였다. 르네상스를 후원한 교황들 자신도 메디치 같은 상인 가문의 일원이었다. 그들의 첫 번째 덕목은 무엇보다도 이해타산이었고, 상업을 백안시한 봉건적 질서에서 벗어난 자유로운 상업과 재산 증식이야말로 인간성의 실현이었다. 그리고 개인의 이익 추구라는 시대적 열망이 부르주아 철학의 탄생 배경이 되었다. 계몽주의가 시작되었다. '신의 지배에서 벗어나' 이성적이고 능동적인 자유로운 인간들로 구성된 사회를 만드는 것이 이 철학의 목표였다.

종교의 굴레를 벗은 계몽주의는 부르주아적 개혁과 혁명의 사상이 되었다. 영국의 존 로크, 프랑스의 볼테르, 미국의 토머스 제퍼슨은 근대 부르주아 민주주의 국가의 청사진을 그린 이들이다. 근대 시민혁명은 이렇게 시작되었고, 훗날 자유주의로 불리게 된 시민혁명의 기본사상이 되었다.

자유주의는 프랑스혁명의 기본 이념이다. 1789년 혁명이 시작되고, 1792년 8월 10일 봉기로 정점에 오른 프랑스혁명의 '인간과 시민의 권리선언'은 1948년 세계인권선언의 기초가 되었다. 이 선언이 외친 자유·평등·우애(박애)의 이념을 기초로 부르주아 민주주의 사회의 중요한 권리들이 공식적으로 정립되고 사회적으로 인정되었다. 이 사상의 핵심은 자유(사유재산권·소유권)와 평등(정치적 권리)이다.

자유의 핵심 내용은 개인의 소유물을 마음대로 처분할 수 있는 권리였다. 자본가가 사유재산을 사고팔아서 재산을 증식할 권리가 공식적으로 선포된 것이다. 봉건적 질서가 제공하던 보호를 잃은 노동자에게는 '노동력을 팔아서 생계비를 벌 수 있는 권리'가 주어졌다. 물론 이 권리의 실제 내용은 생계의 유지를 위해서는 '노동력을 팔아야만 하는 의무'였다.

역설적이게도 1792년 '인간과 시민의 권리선언'이 강조한 자유와 평등은 뗄 수 없으면서도 대립하는 모순적 관계에 있었다. 자유가 재산의 자유로운 처분을 의미한다면, 평등을 위해서는 그 권리가 어느 정도 제약되어야 했기 때문이다. 노동자들이 단결권을 주장한 것은 이 원리의 요구였다. 하지만 프랑스 자본가들은 노동자의 단결권이 자유로운 경쟁을 막는다는 구실을 내세워 노동자의 단결과 파업을 금지했다. 이것이 세계 최초의 단결금지법인 '르샤플리에 법'Loi Le Chapelier이다.

실제로 자유권의 무제한적 신장은 부를 소유한 사람과 소유하지 못한 사람 사이의 불평등을 불러일으켰고, 이는 시간이 지날수록 더욱 더 심화되었다. 오늘날 흔히 말하는 빈익빈 부익부 현상이 이때 이미 일어났던 것이다. 프랑스혁명을 주도한 제3계급, 즉 시민계급은 부르주아와 프롤레타리아로 이루어져 있었는데, 혁명이 성공하자마자 자산을 소유한 계급과 소유하지 못한 계급 사이의 갈등이 시작되었다. 혁명 후 자산가들의 가격담합과 매점매석으로 파리의 물가가 100배 이상 폭등하는 심각한 상황이 발생하자 로베스피에르는 최고가격제를 실시했다. 어느 한도 이상으로 가격을 올릴 수 없게 한 것이다. 가난한 노동자·민중의 생존권을 보장하려고 했던 로베스피에르는 반대파의 저항에 부딪혀 죽임을 당한다. 이 대립을 역사는 자코뱅(좌파)과 지롱드(우파)의 대립이라고 부른다. 오늘날 좌익과 우익의 개념도 여기서 시작되었다. 나중에 사회주의와 자유주의(자본주의)는 각각 평등과 자유를 자기들의 핵심적인 기치로 삼았다.

자본주의의 발생지인 영국에서도 '보이지 않는 손'이라는 자유주의 이념으로 무장한 부르주아들이 산업혁명, 즉 증기기관과 기계의 발명을 통해 이전의 어떤 사회에서도 볼 수 없었던 비약적인 생산력 발전을 이루어냈다. 그러나 기계의 발명은 숙련노동자에 의존하던 기존의 생산시스템에 혁명적 변화를 일으키며 대규모 정리해고 사태를 불러일으켰다. 해고된 성인 남성노동자의 일자리는 아동과 여성으로 대체되었다.

19세기 초까지 하루 16시간에 달하는 장시간 노동이 당연시되었고, 4살짜리 아이에게까지 덥고 먼지로 가득 찬 작업장에서의 고된 노동을 강요했다. 결과는 참담했다. 노동자의 평균수명이 25세로 단축되었다. 영국의 섬유산업 도시 요크셔 지방의 인구가 불과 몇십 년 만에 3분의 1이나 감소하는 등 심각한 인구절벽이 영국의 사회적 위기 가운데 하나로 지목되었다.

자본주의에 대한 저항이 곳곳에서 시작되었다. 대량 해고와 빈곤의 원인을 기계로 지목해 벌어진 '기계파괴운동'은 노동자와 자본가 사이의 계급투쟁이 격화되었음을 알리는 서막이었다. 이에 놀란 자본가들은 공권력을 동원해 노동자의 투쟁을 탄압하고, 1800년에는 프랑스와 같은 논리로 노동자의 단결과 파업을 불법화하는 단결금지법을 제정했지만, 부르주아계급 내에서조차 5살에 노동을 시작해서 평균 25살이면 죽어버리는 노동자의 운명이 과연 자본주의의 발전에 도움이 되겠는가 하는 의문이 터져 나왔다.

이게 부르주아적 인권과 휴머니즘의 실체였다. 물론 계몽주의의 일부와 공상적 사회주의, 러시아의 인민주의와 브나로드운동이 자본주의적 휴머니즘의 문제점을 지적하고 이를 혁명적으로 바꾸려고 시도했지만, 엘리트주의와 대리주의의 한계를 보여주며 실패했고, 20세기에 등장한 사회주의 또한 종언을 고했다.

5. 다시 시작한 노동조합운동은 자주성·민주성·연대성·변혁지향성·투쟁성을 견지해야 한다.

현실의 노동운동에서도 엘리트주의와 대리주의의 한계가 드러나고 있다. 조합원의 요구를 해결하는 데 그치는 간부 중심의 노동조합운동은 한계를 가질 수밖에 없다. 그러면 어떻게 해야 하나? 어려운 길일 수 있지만, 사회변혁의 주체는 소수의 지식인이나 간부가 아니라 노동자 자신이어야 한다는 사실을 잊으면 안 된다. 당연히 노동자를 조직하는 주체 역시 노동자 자신이고, 문제를 푸는 것도 노동자 자신의 임무여야만 한다.

자본주의는 반인간주의다. 결국 자본주의에서 인간주의의 실현은 변혁으로 귀결된다. 자본주의 사회의 변혁은 일회적인 사건, 이를테면 정치권력을 장악해서 대통령을 바꾼다고 달성되지 않는다. 자본주의에서 변혁은 사회혁명을 수반한다. 사회혁명의 핵심은 평등권을 확대하고 실현해나가는 역사적 과정이다. 물론 진정한 평등의 실현은 자본주의의 첫 번째 기치인 소유권, 특히 생산수단의 사적인 소유를 보편적인 소유로 바꿀 때만 이루어질 수 있다.

1987년 노동자대투쟁을 통해 창립된 전노협은 자주성·민주성·연대성·변혁지향성·투쟁성을 전면에 내세웠다. 노동조합을 막 시작하는 우리들도 마땅히 그 정신을 계승하고 철학으로 삼아야 한다.

자본으로부터 자립적일 것, 상하관계 없는 조직 내의 민주주의를 실현할 것, 모든 억압받는 계급·계층과 연대를 실현할 것, 자본주의의 모순을 인식하고 자본주의를 넘어서기 위한 이론과 관점을 가지려고 노력할 것, 자본가의 탄압에 맞서 단호하게 투쟁할 것. 이것이 노동조합과 노동자가 견지해야 할 노동운동의 원칙과 철학, 방법론이다.

3장

신자유주의를 넘어서기 위한 노동자의 철학

1. 아는 게 병이고, 모르는 게 약이다?

철학은 앎을 요구한다. 소크라테스는 "너 자신을 알라"고 말했다. 베이컨도 "아는 것이 힘"이라고 말했다. 고대와 근대의 철학자들은 '안다'는 것에 매우 큰 의미를 두었다. 하지만 우리는 '아는 게 병이고 모르는 게 약'이라는 말을 더 많이 듣고 산다. '괜히 나섰다가 혼자 독박 쓰는 게 세상 이치니 쓸데없이 나서지 말고, 나서더라도 절대 앞장서선 안 된다'는 부모님 세대가 몸으로 체득한 삶의 지혜이자 철학이라고나 할까? 하지만 6·25를 거쳐 반공이 국시가 된 나라에서 몸으로 체득한 이 철학에는 알게 모르게 짙은 패배주의와 동료에 대한 불신이 담겨 있다.

대체 누가 이런 지혜를 조장했을까? 이런 철학은 누구를 이롭게 하는 걸까? 당연히 우리 사회의 지배계급이다. 우리 사회는 자본주의 사회고, 자본주의 사회는 자본가의 철학이 지배한다. 그건 노동자를 위한 게 아니다. 노동자의 철학을 공부해야 할 이유가 여기에 있다.

자본주의의 발전은 극단적인 양극화로 요약된다. 자본가의 부만 세습되는 게 아니라 노동자·민중의 가난도 대물림된다. 열심히 노력하면 잘 살 수 있어야 희망이 있는 사회다. 한때는 그랬던 시절이 있기도 했다. 하지만 오늘은 그게 얼마나 가능하겠는가. 노동자인 우리는 나의 미래 그리고 자식의 미래를 위해 무엇을 알아야 하고, 또 무엇을 해야 하는가. 그 방법이 대체 뭘까?

자본주의는 생산수단을 소유한 소수의 자본가가 노동력밖에 가진 게 없는 다수의 노동자를 고용해 상품을 생산하는데, 상품에는 노동자의 임금과 자본가의 이윤이 포함되어 있다. 이 말은 얼핏 노동자가 생산한 상품을 자본가가 판매한 다음, 그 일부는 노동자에게 임금으로 주고 나머지를 자본가가 이윤으로 가져간다는 말처럼 들린다. 뭐 틀린 건 아니지만, 여기서 중요한 건 임금이 아니라 '이윤'이다. 자본주의니까. 문제는 이윤이 자본주의가 정상적으로 운영되기 위한 필수조건이라는 점이다.

이윤이 남지 않아 공장이 문을 닫으면 이 공장에 돈을 빌려준 은행이 부실화된다. 은행이 부실을 막기 위해 그동안 빌려준 돈을 회수하면, 시중에는 현금이 부족해져 유동성 위기가 온다. 기업들은 은행에 돈을 갚지 못해 연쇄적으로 부도를 내고 문을 닫는다. 이것이 우리가 매일 신문과 뉴스로 듣고 있는 경제위기다. 말하자면 노동자와 전체 국민의 삶이 자본가의 사업 성과에 따라 결정된다는 소리다. 자본가들이 얼마나 많은 이윤을 남겼는지가 우리 사회의 운명을 판가름한다. 그래서 자본가의 이데올로기가 먹힌다. 사회는 자본가의 이데올로기를 받아들이고, 그것이 정상적인 사고방식으로 보인다. 자본가가 이윤을 많이 남기기 위해서는 임금을 적게 줘야 하고, 노동자들이 파업을 해선 안 된다. 이래서야 '노동조합은 나쁜 것이고, 노동운동하는 놈은 종북이고 빨갱이'라는 생각이 당연시되는 게 정상 아닌가. 지난 수십 년간 한국인은 지배자들의 관점, 가진 자들의 입장에서 세상을 보고 이해하라는 교육을 받아왔다. 해방 이후 지금까지 자본가 집단이 정권을 놓친 적이 한 번도 없기 때문이다. 하지만 이제는 가진 자들의 관점이 아니라 못 가지고 빼앗긴 자들의 관점, 즉 자본가들의 관점이 아닌 노동자와 민중의 관점에서 세상을 보는 법을 공부할 때다.

철학은 하나의 사상인 동시에 인생관·가치관·세계관이다. 내가 가진 사상에 따라 또는 가치관·인생관·세계관이 어떤가에 따라 세상을 보는 방식, 이해하는 방식, 살아가는 방식이 달라진다. 그가 어떤 철학을 가지고 있느냐에 따라 그의 행동이 결정되는 것이다. 철학은 단순히 세계를 이해하고 해석하는 데서 멈추지 않는다. 내가 세상에 대응하는 방법과 세상을 변화시키는 방법을 찾는 과정이 곧 철학이다.

자본가는 노동력을 무제한 수탈할 수 있는 권력을 행사할 수 있는 사회, 자본주의 사회가 영원히 변치 않고 계속되기를 바란다. 노동자는 반대다. 그들은 자본가의 수탈과 탄압에서 벗어나 더 나은 세상이 오기를 바란다.

지배계급은 '세상은 변하지 않는다'든가 '세상이 마음먹은 대로 되는 게 아니다'라는 운명론, '아무리 그래봐야 계란으로 바위 치기', '바꿔 봐야 그놈이 그놈'이라는 패배주의를 퍼트리고, 심지어 삼성과 현대가 대한민국을 만들었다며 역사를 왜곡한다. 노동자가 진실을 볼 수 없게 하기 위해서다. 끊임없이 이어지는 이데올로기를 당연하게 받아들이면, 몸은 노동자여도 생각은 자본가처럼 된다. 자본가가 요구하는 대로 살 수밖에 없게 된다. 왜곡된 역사와 은폐된 사실을 바르게 보려면, 그들이 사실이라고 말하고 우리도 사실일 거라고 믿어 의심치 않는 것에 대해 끊임없이 의문을 던져야 한다. 왜? 뭐가? 그래서? 당연하다고 믿어온 것에 대해 의문을 던지는 것에서 노동자의 철학은 시작된다.

2. 문제를 해결하는 첫 번째 단계는 문제를 인식하는 것이다.

문제를 해결하는 첫 번째 단계는 우리 사회가 문제가 있다는 걸 인식하는 것이다. 문제가 있다는 걸 인식하지 못하는 건 문제를 해결할 방법이 없다는 말이고, 이유야 어찌 됐든 문제가 있다는 걸 아는데도 문제를 외면한다는 건 문제를 해결할 의지가 없다는 말이다.

굳이 더 말하지 않아도 한국에서 노동자가 처한 현실은 참담하기 이를 데 없다. 취업은 안 되고, 임금은 적고, 노동시간은 길고, 노동강도는 높다. 연애를 포기할 지경이니 출산율이 낮은 건 당연지사다. 자살률도 높다. 이런 건 자본가들도 다 안다. 하지만 자본가들은 노동자들로 하여금 자기들이 처한 문제를 인식할 수 없게 만들고, 문제가 있다는 걸 알아도 외면하게 만드는, 한마디로 주어진 현실에 순응하도록 길들이는 데 열을 올린다. 노동자가 현실에 순응해야 자본가의 지배가 계속될 수 있기 때문이다.

사람들이 노동조합에 가입하는 시기는 대개 어떤 불만이나 요구가 생겼을 때다. 다시 말해서 이제는 자기의 직장과 자기네 사장이 변해야 한다는 자각이 그들을 변화시킨 것이다. 이 자각이 문제의식이다. 그리고 문제의식은 용기를 불러일으킨다. 이 상황이 이대로 계속되면 안 되겠다는 문제의식이 바로 노동자의 철학이 시작되는 출발점이다.

한 가지 퀴즈를 내볼까? 제2차 세계대전에서 연합국이 승리하는 데 가장 큰 역할을 한 나라가 어디일까? 적어도 우리 국민의 대부분은 미국이라고 생각할 것이다. 딱히 틀린 말도 아니다. 하지만 미국이 승리의 주역이라는 판단에는 할리우드가 만든 영화의 탓이 크다. 독일과의 전투, 일본과의 전투에서 승자는 늘 미국이고, 미국은 항상 정의의 기수로 묘사된다. 한국 사회를 지배하고 있는 미국 제일주의의 영향도 없지는 않을 것이다. 그래서인지는 몰라도 제2차 세계대전에서 연합국이 승리하는 데 소련이 막대한 기여를 했다는 사실을 알고 있는 사람은 거의 없다.

1942년 7월부터 이듬해 2월까지 벌어진 스탈린그라드 전투야말로 제2차 세계대전의 진정한 분수령이었다. 스탈린그라드 전투의 결정적 패배로 인해 독일은 전선 전체를 재편해야 했고, 전세는 완전히 연합국 쪽으로 기울게 된다. 노르망디 상륙작전이 결정적 분수령이라고 생각하는 사람이 많지만, 이 작전은 1944년 6월에 이르러서야 실시되었다. 제2차 세계대전의 또 다른 한 축인 태평양 전쟁에서도 사람들은 미국의 원자폭탄 투하만을 기억한다. 맞는 말이다. 소련은 1941년까지 일본과 불가침조약을 맺고 있었고, 이 조약을 파기하고 일본에 선전포고를 한 건 1945년 8월이었으니 그렇게 생각하는 게 당연하다. 하지만 1939년 5~8월까지 몽골인민공화국과 만주국 국경의 할하강에서 벌어진 소련·몽골군과 일본 관동·만주국 연합군의 할힌골 전투에서 소련군이 관동군을 몰아내고 일본이 소련에 대해 중립적 태도를 지키게 만들지 못했다면, 유럽에서의 전쟁 지형은 어떻게 바뀔지 알 수 없었다.

제2차 세계대전에서 가장 많은 국민이 희생당한 나라가 소련이었다. 제2차 세계대전 중 사망자 수는 군인과 민간인을 통틀어 4,720만 명이었는데, 그 가운데 소련의 희생자는 무려 2,900만 명, 전체 사망자의 절반을 훨씬 웃돈다. 군인이 1,200만 명, 민간인이 1,700만 명 죽었다. 당시 한국의 인구가 약 1,900만 명이니 한국민 전체보다 더 많은 사망자가 소련에서 나온 것이다. 미국 측 사망자는 41만 3,000명가량인데 대부분 군인이었다. 반면 소련 측에서는 민간인 희생자가 훨씬 많았는데, 민간인 학살의 피해자도 없지는 않지만 대부분 독일군에 맞서 게릴라전을 수행하다 사망했기 때문이었다. 20세기 전반을 휩쓴 세계대전의 파도에 맞선 소련 국민의 엄청난 희생이 없었다면, 역사는 지금과 많이 달라졌을지도 모른다. 그들의 커다란 희생이 세계 재편을 위한 제국주의 전쟁의 흐름을 바꿈으로써 세계의 역사를 바꾸어놓은 것이다. 흥미로운 것은 미국의 뒤늦은 참전이 어느 정도 의도적이었다는 사실이다. 자본주의 국가들은 독일·일본과의 전쟁에서 소련이 패배하기를 암암리에 기대했다. 전후 세계질서를 생각했기 때문이다. 만약 소련이 없었다면 자본주의 세계를 지배하는 국가는 미국이 아니라 독일이 되었을지도 모른다.

3. 자유민주주의, 제대로 알고 있을까?

퀴즈를 하나 더 내보려고 한다. 자유민주주의·민주주의·자본주의·개인주의·자유주의에 대비되는 원리는 무엇일까? 다음 페이지를 보기 전에 잠시라도 자기만의 생각을 정리해보길 바란다. 굳이 이런 말을 덧붙이는 이유는 우리는 자본주의 사회, 자본의 이데올로기가 지배하는 사회에 살고 있고, 남북의 분단이라는 특수한 조건으로 인해 여러 가지 개념의 왜곡과 혼란을 겪고 있기 때문이다. 노동자의 관점에서 현실을 바라보아야 노동자의 철학을 가질 수 있다는 점은 앞에서도 여러 번 강조했다. 자, 이제 결과를 정리해보자.

대비되는 개념은 무엇일까?

1. 자유민주주의 = [   ]
2. 민주주의 = [   ]
3. 자본주의 = [   ]
4. 개인주의 = [   ]
5. 자유주의 = [   ]

자본가들은 1번에서 5번까지 모두 공산주의라고 답할 것이다. 하지만 역사적 사실은 좀 다르다. 역사적으로 자유민주주의에 대비되는 원리는 파시즘, 즉 독재다. 제2차 세계대전 당시 연합국은 자유민주주의의 수호를 위해 히틀러의 나치즘과 무솔리니의 파시즘에 맞서 싸웠다. 민주주의에 대비되는 원리는 전제주의다. 혁명 이전 차르가 지배하던 러시아는 전제군주국가라고 불렸다. 3·15 부정선거를 저지르고 4·19혁명으로 축출된 이승만 정권은 지금도 독재정권으로 불린다. 자본주의에 대비되는 개념은 사회주의(공산주의)이다. 지금은 실패하고 다시 자본주의화되었지만, 자본주의를 무너트린 소련이 최초의 사회주의 국가였다. 개인주의에 대비되는 원리는 공동체주의 또는 집단주의라고 할 수 있다. 하지만 집단주의는 이른바 전체주의와 같은 의미로 들리기 때문에 공동체주의로 정리하는 게 좋겠다. 개인주의나 공동체주의 모두 인간이 사회적 존재라는 것을 인정한다. 다만 개인주의는 개인이 주체이고 개인의 집합이 사회이지, 사회가 개인에 대해 독립적인 고유한 역할을 수행한다고는 생각하지 않는다. 반면 공동체주의는 사회가 개인을 포함할 뿐만 아니라 개인 이상의 역할을 가진 독립적 실체라고 본다. 담배를 아무 곳에서나 마음대로 피우는 걸 개인주의라고 본다면, 공공장소를 금연구역으로 정하고 최소한의 흡연구역을 설정하는 것은 공동체주의의 작은 표현이라고 보아도 좋다.

마지막으로 자유주의에 대비되는 원리는 평등주의다. 자유주의는 단순히 신체의 자유를 의미할 뿐 아니라 '사유재산을 자유롭게 처분할 수 있는 권리'를 포괄한다. 자본가들이 토지와 주택(특히 아파트), 주식 등을 투기적 재산 증식의 수단으로 삼을 수 있게 한 원리가 자유주의다. 생산수단의 독점적 소유자인 자본가가 생산수단을 가지지 못한 노동자를 마음대로 수탈할 수 있도록 권리를 부여한 것도 자유주의였다. 자유주의는 노동자가 노동조합을 설립하는 것까지도 단결금지법을 만들어 제한했다. 노동자 개인의 '자유롭게 노동력을 팔 권리'를 노동조합이 제한한다는 게 그 이유였다. 신자유주의가 규제 완화를 내세워 노동법을 개악한 것도 같은 맥락이다.

정리해고를 마음대로 자행하고, 비정규직을 무한정 양산하는 것은 사유재산의 증식을 위한 것이다. 작업의 속도를 올리기 위해 각종 규제를 완화하고도 정작 산업재해가 발생하면 노동자의 부주의를 탓하는 것도 자유주의의 속성이다. 자유주의 입법의 상징이 단결금지법이라면, 평등주의 입법의 상징은 노동자의 단결·단체협상·단체행동의 보장이다. 노동자의 임금을 최소한으로 낮추려는 자유주의의 전횡에 맞서 최소한의 제한이라도 가하기 위해 제정된 것이 최저임금법이다. 산업혁명 직후 자유주의는 성인 남성노동을 아동노동과 여성노동으로 대체하면서 하루 노동시간을 14~16시간까지 연장했지만, 평등주의 입법인 공장법은 아동노동 자체를, 그리고 여성의 야간노동을 금지시켰다. 하루 8시간 노동을 상식처럼 만든 건 평등주의의 원리에 따른 것이다.

4. 단결금지법이 폐지된 지 200년, 노동자의 단결은 자유롭지 않다.

평등을 향한 노동자의 열망은 자유주의의 폭압에 맞선 투쟁의 역사를 만들어냈다. 단결금지법을 폐지하고 노동3권을 자본주의의 헌법에도 명시하기 위해 수백 년을 싸웠고, 그 과정에서 수많은 노동자가 목숨을 잃었다. 1886년 5월 4일 미국 노동자들은 8시간 노동제를 쟁취하기 위해 시카고 헤이마켓 광장에서 죽음으로 항거했고, 이 사건은 세계 노동절로 기념되고 있다.

《레미제라블》의 주인공 장발장의 도피행각은 빵 하나를 훔친 것에서 시작된다. 이 작품이 사회적 지위가 낮은 계급에 유독 가혹한 사법

제도를 비판하고 있다는 건 누구나 아는 얘기다. 그 가혹한 사법제도의 의미는 분명하다. 사유재산의 옹호다. 사유재산은 신성한 것이니 못 가진 자는 '똥손'을 치우라는 게 사법제도의 섬뜩한 경고다. 사유재산의 증식을 방해하는 어떤 것도 용납할 수 없다는 자본주의의 신념이 이 걸작의 배경인 것이다.

프랑스혁명이 1789년이니까 벌써 236년이 지났다. 소설이 발표된 1862년으로부터도 163년이 흘렀다. 그동안 노동자의 평등권은 얼마나 신장되었나? 손배가압류 폐지를 위해 투쟁하다 죽어간 두산중공업 배달호 열사나 한진중공업 김주익 열사의 이름을 기억하시는가? 노동조합의 정당한 쟁의행위에 대한 손해배상과 개인재산 가압류는 노동운동을 탄압하는 가장 효과적인 수단이다. 수많은 노동자가 손배가압류 폐지를 외치다 열사가 되어야 했다. 고공농성을 벌이고, 감옥에 가고, 수배를 당하는 건 지금도 마찬가지다. 아무리 처절하게 저항해도 자본은 인정사정없다. 왜? 사유재산에 도전하고 증식을 방해하는 행위에는 어떤 용서도 타협도 없다는 게 자본가들의 철칙이기 때문이다.

더 기막힌 것은 노동3권이 〈대한민국헌법〉에 버젓이 명시되어 있는데도, 노동자의 정당한 권리 행사와 생존권이 짓밟히고 있다는 사실이다. 〈대한민국헌법〉 제34조 1항은 "모든 국민은 인간다운 생활을 할 권리를 가진다"고 명시하고 있다. '인간다운 삶을 누릴 권리'야말로 대한민국 국민의 평등한 권리인 것이다. 다만 대한민국에는 '자본가인 국민'과 '노동자인 국민'이라는 두 종류의 국민이 있고, 그에 따라 인간답게 사는 방법도 두 가지로 나뉜다. 헌법 제23조 1항은 재산권의 보장을 명시한다("모든 국민의 재산권은 보장된다. 그 내용과 한계는 법률로 정한다"). 즉 '자본가인 국민'은 법률을 위반하지 않는 한에서 그들의 사유재산을 증식시켜 인간답게 살라는 의미다. 그럼 '노동자인 국민'의 인간다운 삶은 어떻게 규정되어 있을까? 헌법 제33조 1항은 "근로자는 근로조건의 향상을 위하여 자주적인 단결권·단체교섭권 및 단체행동권을 가진다"고 적시하고 있다. 노동자는 단결권과 단체교섭권 그리고 단체행동권을 통해 인간답게 살라는 것이다. 한마디로 '데모'해서 자기 권리를 쟁취하라는 것이 헌법의 요구사항이다.

그러면 우리 사회가 데모하는 걸 찬성해 주는 사회인가? 한국의 자본주의는 세계 어느 자본주의 국가보다 데모를 싫어한다. 특히 노동자의 단체행동을 싫어할 뿐만 아니라 노동자의 단결을 깨뜨리기 위해 혈안이 되어 있다고 해도 과언이 아니다. 헌법에 보장된 '노동자의 인간답게 살 권리'를 폭력적으로 방해해도 기껏해야 벌금 정도 부과하는 게 한국 자본주의의 모습이다. 〈노동조합 및 노동관계 조정법〉 제81조에는 '부당노동행위'라는 규정이 있다. 자본가가 노동조합 설립을 방해하거나 단체교섭에 임하지 않거나 단체행동을 방해하면 처벌을 받는다는 조항이다. 물론 부당노동행위가 일어나도 자본가들은 처벌을 받지 않는다. 받아도 솜방망이일 뿐이다.

노동자는 다르다. 자본가가 교섭에 응하지 않거나, 노조 파괴를 위한 구사대 투입을 규탄하기 위해 노동자들이 사장 집이나 회사 앞에서 집회를 열면 그 즉시 회사와 경찰의 채증이 시작되고, 위원장과 조합 간부 그리고 열성 조합원을 업무방해와 명예훼손으로 고소한다. 법정에서 노동자를 기다리고 있는 건 유죄판결이다. 벌금이나 집행유예면 그나마 다행이지만, 경우에 따라서는 실형이 선고되기도 한다. 그다음은 해고와 손해배상 청구다. 자본가는 회사 규정을 들어 위원장과 간부들을 해고하고, 유죄판결을 근거로 손해배상을 청구한다. 소장은 곧 가압류를 의미한다. 이제 결사항전이 시작되고 노동자들은 죽어나간다.

이게 '정상적인' 나라의 '정상적인' 절차다. 헌법이 평등권을 명시하고, 그것이 실현되기 위한 방식을 구체적으로 보장하고 있어도 국가는 항상 자본가의 편만 든다. 자본주의, 특히 한국은 자유주의 이데올로기가 지배하고 있기 때문이다. 〈대한민국헌법〉에 보장된 평등주의적 입법 정도로는 노동자의 인간다운 삶은 보장될 수 없다.

그러면 어떻게 해야 할까? 노동자가 자유주의에 저항해 어느 만큼의 평등권이라도 확보하려면 무엇이 필요한 것일까? 자유주의에 대비되는 평등주의의 내용은 무엇일까? 평등한 세상을 위해서 필요한 게 무엇이고, 또 무엇이 전제조건인지 한번 생각해보자.

자본주의에서 헌법은 사유재산권에 기초한 가진 자를 위한 법이다. 앞에서 말했듯이 사유재산권의 원리는 자유주의이고, 노동자를 수탈하는 것은 자유주의적 권리다. 평등주의는 사유재산권에 일정한 제약을 가할 목적으로 도입되었다. 물론 평등주의의 궁극적인 목적은 사유재산을 개인의 이익을 위해서가 아니라 공동의 이익을 위해 사용하는 데 있을 것이다.

자유주의는 노동자를 수탈하는 데서 멈추지 않는다. 자본가의 목적은 더 적은 임금으로 더 많은 이윤을 얻는 데 있고, 자본가들의 욕심은 최대한의 이윤을 0에 가까운 임금으로 얻는 데까지 발전한다. 그 꿈이 스마트공장으로 실현되는 모양이다. 소위 제4차 산업혁명으로 노동자 없는 공장이 우후죽순처럼 늘고 있다고 한다. 노동자가 줄면 상품을 팔아줄 소비자도 준다. 아무리 자기 돈 자기 마음대로 쓰는 거라고 하지만, 또 그게 역사적 발전이라고는 하지만, 사유재산의 개인적 이용이 사회와 아무런 충돌도 하지 않는다고 할 수 없는 상황이 연출되는 셈이다. 생산은 증가하는데 시장은 줄어드는 현상을 만성적·구조적 불황이라고 부른다. 불황이 계속되는데 물가까지 오르는 걸 스태그플레이션이라고 하는데, 한국 사회는 지난 40년간 여기에 익숙해져 있었다. 하지만 상황은 더 나빠질 것 같다. 아무리 노동시간을 늘리고, 임금을 줄여서 불황을 극복하려고 해도 끝이 보이지 않는 것이다. 생산력은 최대로 발전했고, 물건은 산더미처럼 쌓여가지만 사줄 사람은 보이지 않는다. 노동으로 생계를 이어가는 사람은 줄어드는 반면, 기생하는 소수의 사람들이 차지하는 부는 더욱 증가하는 양극화된 사회가 다가올 미래의 모습으로 보인다. 역사적으로 극우 파시즘은 이런 불확실성이 사회 전반을 짓누를 때 발생하곤 했다. 우리나라는 물론이고 세계적으로도 극우 정당과 파시즘의 위협이 고조되고 있는 게 사실이다.

자유주의를 원리로 하는 사유재산권의 남용은 억제되어야 한다. 그것은 노동3권이 보장될 때만 가능하다. 노동자의 단결권은 확대되어야 한다. 5인 이하 사업장에도 〈근로기준법〉이 적용되어야 하고, 노동자는 누구든 자유롭게 노동조합에 가입할 수 있어야 하며, 어떤 노동조합이든 교섭권을 가질 수 있게 하는 것은 매우 중요한 과제라고 할 수 있다. 우리 사회는 언제쯤 그것이 가능해질까?

5. 사유재산은 과연 신성한가?

자본주의 사회에서 평등주의와 자유주의는 끊임없이 대립하고 투쟁할 수밖에 없다. 자유주의가 개인이 가진 소유물을 마음대로 처분할 수 있는 권리라면, 평등주의는 그 자유를 어느 정도라도 제약하려는 원리이기 때문이다. 즉 자유주의라는 원리가 확대되면 부를 소유한 사람들과 그렇지 못한 사람들 사이의 불평등도 확대될 수밖에 없는데, 그러면 사회복지정책의 대상이 되는 구호빈민은 절대로 사라지지 않는다.

자유주의 원리의 핵심은 소유권, 즉 사유재산권인데 사유재산의 진정한 의미는 생산수단의 사적소유이고, 그 때문에 노동자를 수탈하는 것이 정당한 권리로 인정받는다. 반대로 평등주의의 원리는 사유재산권을 일정한 한계 안에서 제약하고, 더 나아가 생산수단의 사적 이용을 부정하는 것으로 귀결된다. 왜냐하면 자본주의 사회의 모든 모순은 사유재산을 증식하는 과정에서 발생하기 때문이다.

생산의 본래 목적은 인간이 사용하는 데 있었다. 하지만 자본주의에서 생산의 목적은 이윤의 획득으로 바뀐다. 인간을 이롭게 해야 할 생산이 인간을 해롭게 하는 생산으로 전도된 것이다. 정리해고·비정규직·저임금·장시간 노동 등은 그 모순의 현상형태, 모순이 드러나는 모습이다. 목적과 수단이 뒤바뀐 사회, 인간의 행복이 목적이고 생산은 그 목적의 실현을 위한 수단인 것이 아니라, 이윤 획득과 재산 증식이라는 목적을 위해 인간이 수단으로 전락한 사회, 그것이 진짜 문제다. 자본주의 자체가 문제의 원인인 것이다.

학교에서는 사유재산이 신성하다고 가르친다. 귀에 못이 박히도록 들었다. 하지만 사유재산은 정말로 신성한가? 자본주의를 변호하는 철학은 이기심이야말로 인간이 가진 본성이고, 사유재산권에 기반한 자본주의 사회는 인간의 이기심을 자극해 생산력을 극대화시키기 때문에 가장 이상적인 사회라고 가르친다. 확실히 자본주의의 생산력 발전은 놀랍다 못해 경이로울 지경이다. 그리고 그 토대인 과학기술의 발전과 혁신이 이윤이라는 자극을 받는 것도 사실이다.

그러나 자본주의에서 과학기술의 발전은 인간을 이롭게 하는 것이 아니라 인간을 기계의 부속품으로 만들고 소외를 낳는다. 생산력이 발전하면 노동시간은 줄어들고, 노동강도는 감소하며, 여가 시간이 늘어나는 게 정상일 테지만 실제로는 반대였다. 우리나라만 해도 2024년 한 해 동안 산업재해로 죽어간 노동자의 수가 하루에 6명을 넘었다. 과학기술의 발전이 노동자를 오히려 불행하게 만든 것이다. 아시아와 남미는 물론 아프리카의 최빈국 사람들이, 풍족하지는 않더라도 충분히 소비할 수 있을 만큼의 상품이 생산되고 있으면서도 기아에 허덕이는 사람은 오히려 증가하고 있고, 반대로 판매되지 않은 상품은 통째로 폐기되는 일이 반복되고 있다. 대체 왜?

바로 사유재산권 때문이다. 생산수단을 독점한 자본가가 생산수단을 가지지 못한 노동자를 이용해 사유재산을 증식시키는 자본주의의 운영 원리 때문에 이런 황당한 일이 발생한 것이다. 이처럼 과학기술의 자본주의적 이용은 인간을 불행하게 만든다. 그런데도 사유재산권을 신성하다고 해야 하는 걸까?

물론 중세나 고대에도 사유재산은 있었다. 하지만 그것은 근대적인 의미의 사유재산과는 거리가 멀다. 어떤 시대든 정상적인 상태에서는 다양한 형태의 공유지와 공유지의 이용권(즉 점유권)이 중요한 역할을 했고, 공유지가 사적으로 횡령된 것은 항상 그 시대의 말기적 현상이었다. 근대적인 의미에서 소유권이나 사유재산권이 불가침의 권리라고 선언된 것은 고작해야 300여 년에 지나지 않는다. 사유재산권을 헌법에 명시하고 법률적 소유권으로 확정하는 과정은 자본주의의 발전과 함께 이루어진 것이다. 우리나라의 경우 사유재산권은 1912년도부터 1918년도까지 실시된 일제의 토지조사사업과 〈회사령〉會社令에 의해 폭력적으로 형성되었다. 일본제국주의가 조선 농민들로부터 토지를 강탈하는 과정이 곧 한국에서 근대적 소유권이 형성되는 역사이며, 이렇게 형성된 일제의 재산을 해방 이후 '적산'이라는 이름으로 친일파에게 헐값에 팔아넘김으로써 재벌이 형성되었다. 그래도 사유재산권을 신성하다고 주장할 텐가? 사유재산권에 대한 관념이나 이기심은 인간의 본성에서 비롯된 것이 아니라, 사회형태가 변화함에 따라 그에 조응하는 형태로 발전한 것이다.

6. 자본주의에 대한 노동자의 입장과 철학은?

자본주의를 옹호하는 철학은 인간의 본성이 이기심이며, 자본주의는 인간의 본성에 맞는 사회형태라고 주장한다. 과연 그럴까? 전혀 그렇지 않다. 이기심은 계급사회의 산물이다. 생산력이 매우 낮았던 원시공동체 사회에서는 공동으로 사냥하고 공동으로 분배했다. 농경이 시작되고 생산력이 발전하자 분배형태에 변화가 생겼다. 역사적으로 이 시기는 모계사회가 부계사회로 전환되었던 시기와 일치하며, 공동체가 분화되어 계급이 형성되었던 시기와도 거의 일치한다. 계급의 분화는 직접적인 필요를 넘는 잉여생산물의 분배와 관련이 있다. 공동체의 일부가 지배계급으로 전환되어 나머지 구성원을 수탈하고, 잉여생산물을 독점하는 사회형태가 형성된 것이다. 우리가 문명이라고 부르는 역사적 현상은 이 시기에 비로소 시작되었고, 지배를 정당화하기 위한 사상도 시작되었다. 예를 들어 종교는 지배계급에게 정당성을 부여하는 수단이었고, 정당성은 혈통을 따라 세습되었다. 철학도 비슷한 역할을 했다. 운명이나 자연적 질서·신적 질서 등이 계급지배의 정당화를 위한 수단이었다. 이기심이 주목을 받은 것은 대체로 공동체가 몰락할 무렵이었지만, 그때도 국민 전체가 아니라 지배계급의 이기심이 문제로 등장하곤 했다. 한마디로 지배의 정당화를 위해 '모든 인간'의 이기심을 내세운 적은 없었다. 피지배계급이 이기심을 발휘한다는 게 말이 되는가.

홉스가 말한 "만인에 의한 만인의 투쟁"이란 계급이 형성되는 과정에 대한 근대의 철학적 추상이었을 뿐이지만, 로크는 재산권을 신성불가침의 영역으로 끌어올렸다. 그들은 영국 내전, 영국 부르주아 혁명기의 철학자들이었다. 그러나 홉스도 로크도 인간의 본성에 의존한 것이 아니라 신성에 의존했다. 그들이 원한 것은 불변의 질서였기 때문이다. 이제 막 시작한 부르주아 사회가 인간을 불변적 질서의 원천으로 삼는 건 불가능했다. 인간, 그것도 이기적 인간을 사회적 질서의 원인이라고 주장한 것은 훨씬 뒤의 일이다. 다시 말해서 이기심이 인간의 본성이라는 주장은 자본주의적 착취를 정당화하려는 변호론자들의 궤변일 뿐이다.

노동자의 철학은 사물이나 현상의 본질을 역사적으로 파악하는 것에서 시작된다. 역사는 동일한 형태로 반복되지 않는다. 즉 만물은 변화한다. 이기심은 역사적 산물이며, 무계급사회가 계급사회로 전환되는 과정에서 발생했다. 하지만 지배계급의 이기심은 자연적·신적 질서로 포장되었을 뿐이고, 이기심이 인간의 자연적 본성으로까지 격상된 것은 자본주의의 산물이라는 것을 이해해야 한다.

만약 이기심이 인간의 본성이고, 자본주의는 인간의 본성에 가장 잘 어울리는 사회라는 주장을 받아들인다면 자본주의 이전의 사회는 이기심을 몰랐기 때문에 몰락했고, 인간의 본성을 포착한 자본주의는 영원히 계속된다는 결론에 이르게 될 것이다. 하지만 자본주의도 이전의 모든 사회와 마찬가지로 역사의 산물이고, 계급관계의 변화에 따라 다른 사회로 이행하게 될 것이다. 마르크스는 어떤 사회도 영원하지 않으며, 자본주의는 노동자계급과 자본가계급의 갈등과 충돌로 인해 새로운 사회로 이행할 것이라고 믿었다.

자본가의 철학은 역사를 단순히 고대·중세·근대·현대로 구분했고, 학교에서 그렇게 배운 우리 역시 그게 맞다고 생각한다. 뭐 꼭 틀린 것도 아니다. 하지만 계급투쟁의 관점에서 볼 때 서구의 역사는 원시공동체·노예제·봉건제·자본제의 순서로 진행되었고, 다가올 미래 사회를 사회주의라고 예상한다. 두 입장의 차이가 그렇게나 큰 걸까?

고대·중세·근대·현대라는 구별은 '오래된', '덜 오래된', '가까운', '지금'이라는 시간적 순서에 따른 구별일 뿐이고, 그 경계도 분명치 않다. 다만 이 구별의 장점은 분명하다. 역사가 계급들의 갈등과 충돌에 따라 분화되고 발전했다는 사실을 은폐하기 때문이다. 역사에서 계급투쟁의 역할이 사라지는 것이다. 이와 달리 원시공동체·노예제·봉건제·자본제라는 구별은 생산력과 계급의 발생, 생산관계의 변화와 계급투쟁을 뚜렷하게 보여준다. 계급의 존재는 착취를 전제한다. 피지배계급의 노동은 지배계급을 위한 부의 원천이며, 지배계급의 사치는 피지배계급이 겪어야만 하는 불행의 근원이다. 착취가 이루어지는 형태를 이해해야 자본주의 사회에서 노동자·민중이 겪는 고통의 이유를 알 수 있고, 현실적 대안도 찾을 수 있다.

노동자의 철학이란 역사적 관점·계급적 관점·실천적 관점에서 현실을 바라보고 사고한다는 뜻이다. 노동자가 이런 관점을 가질 수 있다면 '아무리 노력해도 세상은 변하지 않는다'는 자본가들의 궤변은 노동자의 철학 앞에서 무너질 수밖에 없다. 세상에 변화하지 않는 건 없다. 문제는 노동자가 이러한 철학을 가지느냐 그렇지 않으냐에 있을 뿐이다. 이제부터라도 노동자의 철학·노동자의 관점·노동자의 세계관을 가지고 현실과 세계를 보고 실천하도록 해보자.

4장

한국의 현실과 자본주의

1. 선진국으로 진입한 대한민국, 당신은 행복하십니까?

대한민국은 2009년 11월 25일 경제협력개발기구OECD의 산하 기구인 개발원조위원회DAC에 가입했다. 원조 수혜국에서 공여국으로 전환한 유일한 나라라는 타이틀을 갖게 된 것이다. 그로부터 12년 후인 2021년 7월 2일 제68차 유엔무역개발회의UNCTAD 무역개발이사회는 대한민국의 지위를 그룹 A(아시아·아프리카)에서 그룹 B(OECD 회원국)로 변경할 것을 만장일치로 가결했다.

한국은 1964년 유엔무역개발회의가 설립된 이래 그룹 A에 속해 있었으나 경제 규모가 세계 10위에 달할 정도로 커지고, 아시아태평양 경제협력체APEC 정상회의를 개최하고, G7 정상회의에 참석하는 등 국제무대에서 높아진 위상에 걸맞게 그 역할을 확대하기 위해, OECD 회원국들이 속한 그룹 B로 소속 변경을 추진했고 목표를 달성했다. 그룹 A에서 그룹 B로 이동한 것은 유엔무역개발회의 설립 이후 57년 만에 처음 있는 사례다. 원조를 받던 나라에서 원조를 주는 나라로, 제국주의 침략만 받던 나라에서 다른 나라에 자본을 수출하는 아亞제국주의 국가로 바뀌었다는 의미이다.

2021년 말 현재 대한민국은 전 세계 242개 국가 중 GDP 순위 10위, 군사력은 6위, 제조업 경쟁력은 5위를 기록하고 있다. 또 2018년에는 30-50클럽에 진입한 일곱 번째 국가로 기록되었다. 30-50클럽이란 국민소득 3만 달러 이상, 인구가 5,000만 명 이상인 국가를 말한다. 7개 나라 중 대한민국을 빼면 모두가 한때 식민지를 지배하고 경영했던 제국주의 강대국들이며, 식민지 피지배국으로 여기에 진입한 것은 한국이 처음이다. 쉽게 말해 돈도 잘 벌고 쪽수도 많은 엄청 잘사는 나라, 속된 말로 일진에 속한 나라가 된 것이다. 대단하지 않은가?

우리나라가 잘사는 나라가 됐다는 건 우리 생활에서도 느낄 수 있다.

대한민국 국민의 해외여행 증가율은 2015년 이후 매년 10퍼센트 이상 증가하고 있다. 불황에 빠져 있었던 2021년에도 한국인이 해외여행으로 지출한 금액은 231억 달러로 사상 최대를 기록하기도 했다. 해외로 여행을 가본 적이 있는 사람은 한국이 얼마나 좋은 나라인지를 실감할 수 있었을 것이다. 식당에서 물을 공짜로 제공하고, 공중화장실도 무료고, 밤새 술 마시고 다녀도 크게 걱정하지 않아도 될 만큼 치안이 잘 되어 있는 나라가 어디에 있나. 한국보다 국민소득이 더 많은 나라에 가더라도 크게 차이가 나지 않는다는 느낌을 받을 만큼 엄청나게 발전한 나라가 된 건 분명한 사실이다.

2023년 1월부터 11월까지 수입차 판매량은 BMW와 벤츠가 14만 대가량, 아우디와 테슬라 등을 합치면 27만 1,034대에 달한다고 한다. 특히 가격이 1억을 넘는 벤츠 S클래스 판매량은 한국이 인구 대비 세계 1위를 기록할 정도로 고급 차 시장에서 한국의 지위는 특별하다. 고급 양주와 포도주, 수제 양복, 백만 원을 훌쩍 넘는 최고급 속옷과 미국산 쇠고기 수입에서도 한국 소비시장은 선두 자리를 지키고 있다. 백화점 매출도 연일 상종가다. 2021년 신세계백화점 강남점의 매출은 2조 4,940억 원으로 전년도에 비해 22.3퍼센트 증가했고, 롯데백화점 본점과 잠실점, 신세계 부산 해운대 센텀시티점 역시 1조 5,000억 원대 이상의 매출을 올리며 매년 20퍼센트 이상 실적이 향상되고 있다. 노동자의 실질임금 하락, 골목상권의 몰락으로 인해 자영업자의 소득이 월 130만 원도 되지 않는 것과 확연히 비교되는 현실이 아닐 수 없다. 2021년 대한민국이 드디어 선진국에 진입했고, 고가의 자동차·주류·의류·가방 등의 소비가 세계적으로 선두권에 도달했는데 여러분은 행복한가? 대한민국은 과연 행복한 나라인가?

유엔 지속가능발전해법네트워크SDSN가 매년 전 세계 국가의 행복 수준을 측정하고 분석해서 발표하는 세계행복보고서World Happiness Report,WHR라는 게 있다. 이 보고서는 2012년부터 발행되었는데, 2025년에는 1위 핀란드를 비롯해 북유럽 국가들이 상위권에 대거 포진했고, 네덜란드가 5위, 룩셈부르크가 9위를 차지했다. 순위가 높다는 건 경제 발전뿐 아니라 사회통합에서도 다른 나라들을 앞서고 있다는 뜻일 것이다. 눈에 띄는 건 코스타리카가 6위, 이스라엘이 8위, 멕시코가 10위에 올랐다는 사실이다. 코스타리카와 멕시코는 한국보다 1인당 GDP가

낮고, 이스라엘은 전쟁 상태에 있는데도 상위권에 들었다. 대한민국의 순위는 분석 대상 143개국 가운데 58위. 태국(49위), 슬로바키아(50위), 우즈베키스탄(53위), 보스니아헤르체코비나(56위), 필리핀(57위)보다도 순위가 낮다. 2021년 이후 경제성장·군사력·제조업 경쟁력 등에서 선진국 대열에 합류했고, 세계에 7개국뿐이라는 30-50클럽 가입국인데 어째서 대한민국은 행복한 사회가 되지 못한 걸까?

세계행복지수는 1인당 GDP, 사회보장제도, 건강과 수명, 사회적 관용, 정부 부패의 정도 등 다양한 측면을 수치화한 것이라고 한다. 연구진은 '타인의 친절에 대한 믿음이 행복과 훨씬 더 긴밀히 연결되어 있음을 발견했다'고 밝혔다. 대한민국은 1인당 GDP 같은 경제면에서는 선진국 대열에 합류했지만, 사회보장과 세계 최장을 자랑하는 노동시간에서 볼 수 있듯 노동에 대한 존중과 사회적 관용에서 최하위를 면치 못했을 것이다. 경제성장이 무색하게 민주주의의 수준이 어디 내놓기 부끄러운 나라가 한국인 것이다. 1991년 한국은 국제노동기구ILO에 가입했다. 2024년에는 정부 측 정이사국에 선출되었다. 그런데도 아직 ILO협약 기준을 지키지 않고 있으니, 다른 나라의 입장에서는 얼마나 뻔뻔한 나라로 보이겠는가.

문제는 노동자들 또한 경제적 발전을 역사적 발전과 동일시하는 면이 있다는 사실이다. 건축과 토목에 몰두하는 재벌을 위한 난개발이어도, 아파트가 들어서고 높은 빌딩이 세워지면 발전이라고 생각하는 게 사실이지 않은가? 하지만 마천루를 한 나라의 사회적·역사적 발전의 전부로 보는 건 곤란하다. 자본주의가 강요한 '물신숭배'는 경계해야 한다.

가장 발전한 자본주의 국가들이 주도하는 유엔에서조차 경제적 발전과 사회적 발전을 동일시하지는 않는다. 경제 논리가 지배하는 나라

일수록 불평등이 큰 게 현실이기 때문이다. 그런 나라일수록 사회통합은 어렵다.

2. 하루 약 38명이
스스로 목숨을 끊고 있는 대한민국

GDP 순위 세계 10위, 수출 7위, 군사력 6위에 국민소득이 3만 달러에 달하는 나라, 선진국 대한민국. 그렇지만 2023년 자살자가 1만 3,978명, 자살률(인구 10만 명당 자살자 수)이 27.3명에 달해 OECD 가입국 중 12년 연속으로 1위를 차지하고 있는 나라 대한민국. 이 나라에선 어째서 하루 약 38명, 2시간마다 거의 3명이나 되는 사람들이 스스로 목숨을 끊는 것일까?

2020년 전국 체불임금 총액은 1조 5,830억 원, 2021년 최저 시급은 8천 720원이었다. 같은 해 대한민국 노동자의 연간 평균노동시간은 1,908시간으로, 독일이나 덴마크의 1,400시간은 물론이고 세계에서 노동시간이 가장 긴 나라 가운데 하나인 미국의 노동시간 1,767시간보다도 길었다. 세계 6위의 제조업 경쟁력을 자랑하는 이 나라에서 2020년 한 해 동안 산업재해로 사망한 노동자의 수는 무려 2,062명, 매일 하루 5.6명의 노동자가 산업현장에서 죽어나가고 있다. 이게 대한민국의 현실이다.

2020년 하위 20퍼센트의 순자산 평균 금액은 675만 원으로 전년 대비 21.9퍼센트 감소했지만, 상위 20퍼센트의 자산은 11억 2,481만 원으로 3.7퍼센트 증가했다. 코로나19 팬데믹 기간, 상위 10퍼센트의 자산은 증가했고, 하위 60퍼센트인 대다수 국민의 자산은 감소했다. 이 시기 전체 국민의 자산 점유율은 상위 20퍼센트가 62퍼센트, 하위 20퍼센트는 고작 0.4퍼센트에 불과했는데, 하위 40퍼센트를 모두 합치면 5.4퍼센트, 하위 60퍼센트를 모두 합쳐도 16.7퍼센트에 불과했다. 대한민국의 부富 대부분이 상위 20퍼센트에 집중되어 있고, 이는 해가 갈수록 더 심해지고 있다.

소득 수준 상위 10퍼센트와 하위 10퍼센트의 격차가 점점 더 벌어지고 있다는 사실은 정부가 발표한 여러 통계와 보고서에서도 잘 드러나고 있다. 아래는 지난 26년간 가계와 기업 총소득 증가를 비교한 그래프다. 이 그래프에서는 특히 2012년부터 2016년까지 소득 격차가 더욱 확대되고 있음을 볼 수 있다.

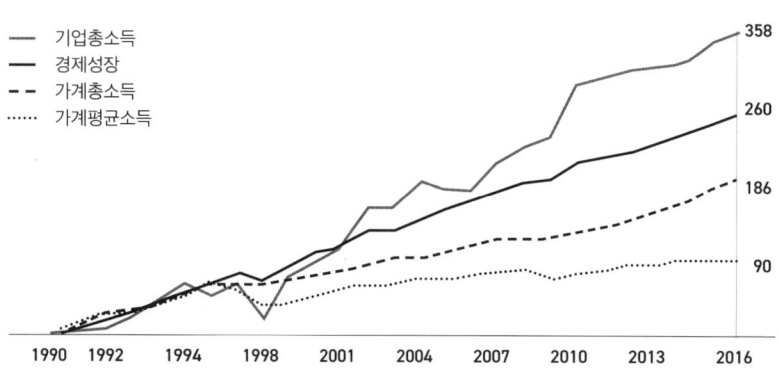

경제성장에 따른 가계와 기업 총소득 증가 비교

단위: %, 자료: 한국은행, 통계청

장하성 전 고려대학교 경영학과 교수가 자신의 페이스북에 공개한 그래프를 《경향신문》, 〈기업총소득이 358% 늘어날 때 가계총소득은 186% 증가 그쳐… 계층 간 소득격차도 더 벌어져〉(2017. 5. 17.)에서 재인용

빈부 격차가 이처럼 심해지는 이유가 무엇인지는 1990년부터

2016년까지 경제성장에 따른 가계 소득과 기업 총소득의 증가를 비교한 데서 잘 드러나고 있다. 이 그래프에서 가계 평균소득은 평균 90퍼센트 성장한 데 반해 기업 총소득은 358퍼센트나 성장했다. 이것은 노동자가 아무리 열심히 일해도 임금은 쥐꼬리만큼 올랐고, 나머지를 기업이 이윤으로 가져갔다는 의미다. 가계 평균소득과 기업 총소득 증가율의 차이가 무려 4배! 실제로 2016년 기준 근로자 평균연봉은 2,530만 원에 머물렀지만, 대기업 사내 임원의 평균연봉은 8억 7,000만 원에 달했다. 경제가 성장할수록 그 격차는 더 커지고 있는 것이다.

기업소득과 가계소득의 격차 확대가 재벌만 살찌운다는 결론은 2021년 발표된 주식 가치 1조 이상의 재벌가 현황에서도 나타나고 있다. 2014년 초 26조 596억 원이었던 삼성 일가의 상장주식 자산은 경기 불황으로 아우성이던 코로나19 팬데믹 기간인 2021년에 무려 42조 518억 원으로 15조 9,992억 원(61.4%) 증가했다. 대한민국이 선진국 대열에 진입했다는 선전이 아무리 요란해도, 앞으로 경제가 계속 성장한다고 가정해도, 상위 10퍼센트 국민의 부만 증가하고 국민의 대다수가 속하는 하위 10퍼센트의 실질소득이 감소한다면, 사실상 대한민국은 두 개의 나라로 분열된 것이나 마찬가지다.

대체 왜 경제가 성장해도, 아니 성장할수록 대다수 국민의 소득은 줄어드는 것일까? 왜 노동자의 임금은 오르지 않고, 시간이 갈수록 비정규직 노동자가 늘어나는 것일까? 선진국 대열에 합류한 한국이 왜 하루에 6명이나 되는 노동자가 산업재해로 죽어나가고, 하루 평균 38명, 2시간마다 3명의 국민이 자살을 선택하는 나라가 된 걸까?

본질적으로 그 이유는 한국이 고도로 발전한 자본주의 국가라는 점에서, 그리고 자본주의는 노동자를 착취함으로써 유지되는 사회라는 점에서 찾아야 한다. 이제 그들이 말하는 공정한 경쟁, 자유민주주의라고 포장한 자본주의의 비밀, 미다스의 손이라고 불리는 자본가들이 어떻게 자다가도 돈을 버는지를 한국 자본주의의 형성 과정, 자본주의의 운영 원리 그리고 자본주의적 발전의 일반법칙을 통해 살펴보기로 하자.

3. 한국 자본주의의 형성과 노동자계급

한국에서 자본주의의 발전은 1876년 일본의 제국주의적 침략에 의해 강화도조약이 체결되면서 시작되었다. 홍경래의 난과 진주민란이 발생한 19세기 초중반에 부분적으로 상품화폐 경제가 발전한 것은 사실이지만, 자본주의가 본격적으로 발전하기 시작한 것은 일본이 조선을 병탄한 뒤 제국주의 경제를 이식한 이후였다고 보아야 할 것이다.

일제가 근대적 토지소유권을 확립한다는 구실을 내세워 1912년부터 1918년까지 실시한 토지조사사업은 한국에서 노동자계급이 형성된 중요한 계기 가운데 하나였다. 토지조사는 왕실이 소유한 토지와 일제에 반발해 조사에 응하지 않는 토지 등 전체 농지의 50.4퍼센트를 일제가 소유하도록 만들었고, 그 결과 한국 농가 270만 가구 가운데 45퍼센트에 이르는 127만 가구가 소작농으로 전락하거나 농촌을 떠나 도시로 유입되었다. 그들이 한국 노동자계급의 시조다. 당시 일제는 〈회사령〉을 통해 토지의 60퍼센트와 공장의 70~80퍼센트를 동양척식주식회사의 자산으로 강탈해 식민지 경영을 실시했다.

1945년 제2차 세계대전이 일본의 패망으로 끝나고 미군이 진주하면서 미국은 일본이 남기고 간 자산을 '적산'이라는 이름으로 미군정청의 자산으로 귀속시킨 후 이를 친일파에게 헐값으로 매각했다. 이를 적산불하敵産拂下라고 한다. 미군정청이 적산이라고 규정한 귀속재산은 토지·가옥·기업·차량·기계 등을 망라하는데, 당시 우리나라 기업의 85퍼센트가 적산기업이었으니 그것이 한국 경제에서 차지하는 비중을 짐작할 수 있을 것이다. 민족경제의 주춧돌이 되어야 했고, 민중을 위해 쓰여야 마땅했을 이 자산을 미군은 부일附日(일본에 부역함) 협력자들에게 거저나 다름없이 양도했고, 이것이 한국 자본주의와 재벌이 탄생하는 배경이었다.

영화《암살》에 나오는 미쯔꼬시백화점 경성점은 이병철에게 매각되어 신세계백화점의 모체가 되었고, 소화기린맥주는 박두병에게 넘어가 두산그룹의 OB맥주로 변신했으며, 김종희가 매입한 조선유지 인천공장(조선화약)은 오늘날의 한화그룹을 있게 했다. 선경직물은 당시 직원이었던 최종건에게 불하되어 SK그룹의 모태가 되었고, 영광제과를 불하받은 박병규는 해태제과를 설립했다. 이영규가 설립한 동양시멘트는 오노다시멘트 삼척공장에서 시작되었다. 현대그룹 역시 서울 중구의 적산토지를 불하받아 설립한 현대자동차공업사가 모태다. 이 회사는 현대토건과 합병해 현대건설의 모태가 된다.

이들은 헐값에 불하받은 적산을 바탕으로 이승만·박정희 독재정권과의 정경유착을 통해 손쉽게 돈을 벌었고, 오늘날의 거대재벌로 성장했다. 한국 자본주의의 형성 과정은 곧 재벌의 형성 과정과 일치한다. 그리고 적산불하는 국민적 자산, 민중을 위해 사용되었어야 할 재원의 수탈·횡령 과정이기도 했다. 재벌을 해체해 사회적 소유로 만들자는 것은 역사를 바로 세우는 과정이기도 한 것이다.

이런 사건이 유독 한국에서만 일어났던 건 아니다. 영국 자본주의 또한 노예사냥과 무역, 아편전쟁, 식민지 경영을 통해 발전했다. 가까운 이웃 나라 아일랜드는 물론이고 아프리카·인도·동남아시아·아메리카 민중의 희생과 피야말로 자본주의 영국이 쌓아 올린 부의 직접적 원천이었다. 이 부는 자본으로 전환되어 영국 노동자계급의 수탈에 사용되었다.

4. 자본이 돈을 버는 비밀

이제 자본가들이 노동자를 착취해 돈을 버는 방법 그리고 노동자를 수탈함으로써 유지되는 자본주의가 언제까지 계속될 수 있을지 생각해볼 차례다.

우리는 학교에서 자본주의 경제학을 배우고, 신문과 방송은 물론 SNS와 유튜브 같은 뉴미디어를 통해서도 매일 자본의 논리를 접한다. 우리 자신도 그런 방식으로 세상을 보는 걸 자연스럽게 생각한다. 자본의 이데올로기에 암묵적으로 동의하고 있다는 뜻이다.

자본주의 경제학은 자본가가 노동자를 착취해 이윤을 생산하고 자본을 축적한다는 사실을 부정한다. 자본가가 부자인 것은 게으른 노동자와 달리 그들이 부지런하기 때문이고, 정당한 노력과 공정한 경쟁을 통해 부를 축적한다고 주장한다. 경제학은 토지·자본·노동이 생산의 3요소이며, 토지는 지대를, 자본은 이윤과 이자를, 노동은 임금을 생산한다고 가르친다. 지주, 자본가, 노동자의 소득은 서로 다른 원천을 가지고 있다는 것이다. 이 말이 사실이라면 착취는 없다. 정말 그럴까?

토지가 저절로 지대를 만들어내지는 않는다. 방치한 토지는 황무지가 될 뿐이다. 지대는 소작을 주든가, 자본가에게 공장 부지로 빌려주어야만 발생한다. 자본은 무엇인가? 자본이 화폐를 의미한다면 화폐가 저절로 이윤이나 이자를 만들어낼 리는 없다. 화폐는 물건이고, 물건이 스스로 새끼를 쳐서 이자를 만들 수는 없다. 금이 화폐로 사용되던 시절 주화를 조금 갈아 금가루를 횡령하기도 했지만, 이런 식으로 부가 증가할 수는 없다. 자본이 생산설비를 의미한다고 해도 마찬가지다. 기계가 스스로 물건을 만들고 이윤을 창조할 수는 없다. 토지와 자본이 지대와 이윤을 창조한다는 것은 사실이 아니다.

노동은 임금의 원천으로 보인다. 하지만 문제를 이렇게만 보면 자본주의적 수탈에 대해 알 수 없게 되고 만다. 우리는 자본주의가 노예제나 봉건제와 마찬가지로 착취에 의해 유지되는 생산양식이라는 점을 이해해야 한다.

노예는 말하는 생산수단이었고, 물건으로 취급되었다. 노예가 생산한 생산물은 모두 노예소유주의 소유물이었다. 농노는 토지에 종속된 신분이었다. 농노는 생산물의 일부를 토지의 소유자인 영주에게 지대로 바치거나 영주의 토지에 일정한 노동을 제공해야 했다. 생산물로 내는 지대를 공납 또는 현물지대, 노동으로 바치는 지대를 부역 또는 노동지대라고 부른다. 노예나 농노가 져야 하는 의무는 경제외적 강제, 즉 신분적 질서에 의해 강요된 것이므로 노예와 농노에 대한 착취는 직접 눈에 보이고, 오늘날의 관점에서 보면 부당한 강요로 나타난다.

노예제나 봉건제와 달리 자본주의에서는 노동자에 대한 착취가 직접 눈에 보이지 않는다. 계약이라는 형식 때문이다. 노동자는 자기의 의지에 따라 자발적으로 노동력을 판매하고, 이 노동력을 구매한 자본가는 그 대가로 합의된 금액의 임금을 지급한다. 어떤 강요도 없는 공정한 계약처럼 보인다. 정말 그럴까? 노동자는 일정한 시간 동안 자본가의 작업장에서 자본가의 요구대로 노동하고 그에 상응하는 상품을 생산한다. 이 상품의 가격에는 원재료비와 감가상각비 등은 물론이고 임금과 이윤이 포함되어 있다. 다시 말해서 노동자는 자본가가 제공한 생산수단의 가치를 보전하고, 임금과 이윤을 생산한다. 노동자가 제공한 노동에는 자기의 임금만이 아니라 자본가의 이윤도 포함되어 있는 것이다. 자본가도 그걸 안다. 그래서 노동자를 고용한 것이다. 자본가는 임금으로 준 것보다 더 많은 것을 노동자로부터 획득했고, 그게 '이윤'이다. 이윤의 양은 노동자가 수탈당한 것과 완전히 똑같다. 자본주의에도 착취는 분명히 있다.

자본가와 노동자가 맺은 계약을 노동자는 취업이라고 부르고, 자본가는 고용이라고 부른다. 즉 취업은 노동자의 관점이고, 고용은 자본가의 관점이다. 취업이든 고용이든 돈을 벌 목적을 가지고 맺는 자발적 계약이라는 점에서 차이가 없지 않으냐고 생각할 수 있지만, 내용이 다르다. 자본가가 고용을 원하는 이유는 이윤을 획득하기 위해서지만, 노동자가 취업을 원하는 이유는 생존을 위해서이기 때문이다. 생산수단을 가지지 못한 노동자가 생계를 유지하기 위해서는 취업 외에 다른 방도가 없다. 결국 노동자의 취업도 사회적으로 보면 일종의 강요인 셈이다. 형식이 경제적이라는 점이 이전의 사회와는 다르지만.

노예의 생산물은 전체가 주인의 소유였다. 즉 노예의 노동은 오로지 주인을 위해서만 이루어지는 것처럼 보인다. 착취만이 눈에 띄는 것이다. 하지만 노예의 생존은 주인이 책임진다. 죽지 않을 만큼의 식량에 불과할망정 주어야 한다. 노예가 있어야만 주인도 주인일 수 있기 때문이다. 결국 노예의 노동에도 노예 자신을 위한 노동이 포함되어 있다는 걸 알 수 있다. 농노의 경우 자기를 위한 노동과 영주를 위한 노동이 시간적·공간적으로 분리되어 있고, 생산물 자체도 구별되기 때문에 착취의 양이 뚜렷하게 눈에 보인다. 이와 달리 자본주의에서는 계약이라는 형식에 의해 착취가 은폐된다. 결국 노예제·농노제·자본제는 착취의 형태가 다를 뿐 모두 착취에 기반한 사회이다. 그런데 자본주의는 영원할까?

인류가 살아가는 사회적 방식은 항상 변화하면서 발전했다. 앞선 사회가 뒤이은 사회에 자리를 내주고 사라지는 게 역사의 이치다. 자본주의도 앞서 유지되었던 사회에 뒤이어 등장한 역사적 결과물이다. 이것은 자본주의 또한 다음에 올 사회형태에 자리를 내주어야 할 상대적 사회형태라는 것을 의미한다.

생산은 인간이 인간답게 살기 위한, 문명을 이루고 살기 위한 필수적 조건이다. 그런데 생산이 이루어지는 방식은 인간이 맺고 있는 사회적 관계가 변함에 따라 달라졌다. 생산의 담당자가 노예였을 때는 노예제로 불렸고, 농노가 생산을 담당할 때는 농노제(봉건제)라고 불렸다. 생산의 발전 정도는 생산력으로 표현되는데, 이 생산력을 뒷받침하는 것이 인간의 사회적 관계다. 생산과 사회적 관계의 상호작용을 마르크스는 '생산양식'이라고 표현했다. 생산을 둘러싼 관계는 잉여생산물의 취득을 둘러싼 사회적 관계로, 즉 계급관계로 나타난다. 계급관계는 한 사회의 정치적 지배와 지배-피지배관계의 토대이며, 지배와 피지배관계를 규정하는 것은 생산수단의 소유관계다. 분배관계는 소유관계의 다른 표현이다. 서유럽의 경우 역사는 노예제·농노제·자본제의 순서로 발전했고, 20세기 초 러시아에서 사회주의 혁명이 발생했다. 비록 실패로 끝이 났지만, 소련은 자본주의의 모순에서 새로운 사회가 등장할 수 있다는 것을 분명히 보여주었다.

경제학 교과서에는 자본가와 노동자라는 표현이 거의 나오지 않는다. 주로 등장하는 인물은 생산자와 소비자이고, 경제학이 생산과 소비를 표현하는 방식은 공급과 수요다. 경제학은 유통이라는 겉모습만을 볼 뿐이고, 생산이 실제로 이루어지는 내적 구조에는 관심을 두지 않는다. 계급관계를 은폐하기 위해서다. 계급이란 무엇인가? 간단히 말하면 한 사회가 유지되기 위해 필요한 생산물을 누가 생산하고, 또 누가 그에 기생해서 놀고먹는지를 보여주는 관계다. 자본주의의 지지자들이 계급관계를 표현하고 싶어 하지 않는다는 건 역사에서도 표현된다. 우리는 '고대-중세-근대-현대'라는 분류에 익숙하지만, 이 분류는 계급과 착취관계를 은폐하기 위한 시도에 지나지 않는다. 역사책을 조금만 살펴보아도 착취가 눈에 띄기 때문이다. 그리고 자본주의 이전에는 계급이 있었지만, 자본주의에는 계급이 없다는 말 또한 노동자의 계급의식을 마비시키려는 이기적인 강변일 따름이다.

노동자를 착취해 유지하는 자본주의에서는 생산력이 발전하면 할수록 양극화가 심해질 수밖에 없다. 일부의 노동자는 그런대로 풍요를 누릴 수 있겠지만, 더 많은 노동자들이 풍요에서 배제된다. 그게 비정규직이다. 상대적 빈곤이라는 말도 심심찮게 듣곤 하지만, 사회가 발전하면 할수록 더 많은 물건이 필요하게 되고, 거기에 미치지 못하면 빈곤은 상대적인 게 아니라 절대적으로 된다. 그리고 구호를 받아야 할 빈민은 필연적으로 사라지지 않는다. 이것이 자본주의 발전의 일반법칙이다.

자본주의적 생산의 고도화는 언제든지 헐값에 써먹을 수 있는 실업과 반실업 상태의 노동자를 주기적으로 양산한다. 마르크스는 이들을 산업예비군이라고 불렀고, 이를 자본의 필요에 대비한 저수지라고 비유했다. 과학기술이 발전해 로봇 및 AI 산업이 발전한 결과 고용 없는 성장, 실업과 반실업의 증가로 인한 노동자의 구매력 감소가 일상화되고 있으며, 불황과 공황의 구조적·만성적인 성격도 분명히 드러나고 있다.

공황은 자본주의의 세포라고 할 수 있는 상품에 이미 내포되어 있다. 상품은 사용하기 위해 생산한 물건이기 이전에 판매하기 위해 생산한 물건이다. 내가 쓸 게 아니라 남이 써야 하는 물건을 생산하는 것이다. 하지만 그 물건이 팔릴지 안 팔릴지는 시장이 결정한다. 공황이 주기적으로 발생할 수밖에 없는 이유다. 자본주의가 본격적으로 발전한 19세기 이후 공황은 주기적으로 발생했고, 이를 극복하기 위한 수단이 전쟁이었다. 전 세계를 혼란 속으로 몰아넣은 두 차례의 세계대전은 말할 것도 없고, 지금도 미국을 위시한 소위 선진자본주의 국가들이 일으킨 크고 작은 전쟁들은 모두 자본에 닥친 위기를 폭력적으로 해결하기 위한 수단에 불과하다. 자본주의는 이미 만성적이고 구조적인 공황이 일상화되었고, 고용 없는 성장은 물론 제로성장, 그러니까 성장을 멈춘 부패화된 상태로 변모해버렸다. 노동에 대한 공격은 이윤 축적의 위기를 모면하기 위한 파시즘적 방법이다. 자본주의는 이미 생명을 다했고, 따라서 사멸하는 생산양식임을 보여주는 것이다.

물론 사회주의는 실패했고, 과거의 사회주의 국가들은 자본주의로 복귀했다. 뼈아픈 역사적 사실이다. 하지만 인간 사회는 자연의 변화처럼 저절로 진화하지 않는다. 인간의 역사는 인간이 만들어 가는 것이기 때문이다. 여기에 노동조합과 노동운동의 필연성, 목적의식성이 있다.

조합원들의 경제적 이해에 매몰된 경제투쟁과 노동조합주의를 넘어 정치투쟁과 정치의식으로 무장해 현재 노동운동이 처한 위기를 극복하고, 다가올 새로운 사회를 준비해야 하는 것이 지금 노동운동의 임무다. 그것은 노동운동의 이념적 문제다. 현실이 어렵고 힘든 건 맞다. 하지만 자본주의적 분배관계의 개선을 통해 점진적으로 해결할 수 있다는 주장도 올바른 방식은 될 수 없다는 걸 알아두어야 한다.

5장

노동법의 기원, 원리와 체계

1. 노동법의 기원 - 구빈법과 공장법

노동법은 자본주의가 등장한 이후에 제정된 법률이다. 즉 노동법의 역사는 자본주의의 역사적 발전과 더불어 진행되었다. 매뉴팩처의 발전 뒤에 이루어진 기계의 발명과 대공장의 등장으로 말미암아 성인 남성의 노동이 아동과 여성의 노동으로 대체되면서, 노동자들은 하루 16시간에 달하는 장시간 노동을 감내해야 했다. 그 결과 노동자의 평균수명이 25세로 줄어들고 급기야 도시의 인구가 불과 몇십 년 만에 3분의 2로 급감하는 사태가 벌어지자, 노동자들의 저항이 커진 것은 당연했고, 위기를 느낀 영국 정부는 어쩔 수 없이 9살 미만의 아동노동을 금지하고, 9~18세 미만 노동자의 노동시간을 하루 12시간으로 단축하는 내용의 공장법을 시행했다. 성인 남성노동자의 하루 노동시간은 1시간 30분의 점심시간을 포함해 15시간. 이것이 최초의 노동법이다.

그러나 공장법은 근대적 공장제도의 문제점을 시정하려는 노동자들의 저항에 의해 강요된 것이었지, 국민의 희생을 막아보려는 정부의 의도에서 비롯된 것은 아니었다. 정부의 의도는 오히려 정반대였다.

자본주의가 서서히 그 모습을 드러내기 시작한 15세기, 아프리카·아시아와 신대륙에서 노예사냥·살인·강도·해적질과 약탈무역을 통해 자본을 축적한 자본가들은 양모 가격의 상승에 자극을 받아 인클로저운동을 폭력적으로 감행해 농민의 임금노동자화를 촉진했다. 영국에서 시작된 인클로저운동은 15세기부터 19세기까지 두 차례에 걸쳐 진행되었고, 전 유럽으로 확산되었다.

제1차 인클로저는 튜더 왕조가 지배했던 15세기 말부터 17세기 초 모직물의 수요 증가와 그에 따른 양모 가격의 상승에 자극을 받아 진행되었다. 양모의 생산이 곡물의 생산보다 수지가 맞게 되자 경작지를 목장으로 강제로 전환한 것이다. 농민들을 쫓아내기 위해 예사로 집에 불을 질렀고, 대대로 물려받은 토지와 공유지에 대한 권리를 빼앗기고 고향에서 쫓겨난 사람들은 유랑민이 되어 떠돌았는데, 엘리자베스 1세가 '도처에 거지'라고 한탄할 만큼 규모가 컸다.

18세기 후반 명예혁명 이후에 진행된 제2차 인클로저는 의회의 승인하에 '합법적'으로 진행되었다. 하지만 의회를 지배한 귀족은 이미 중세적 명예와는 거리가 먼 근대적 지주계급으로 탈바꿈한 뒤였고, 전근대적 농업을 자본주의적 농업으로 전환하려는 목적을 노골적으로 드러냈기 때문에 '합법'이라는 겉모습에도 불구하고 농민들은 제1차 인클로저와 다를 바 없이 가혹하게 토지로부터 쫓겨나야 했다.

인클로저에 의해 토지에서 강제로 쫓겨난 농민들은 유랑자로 떠돌거나 도시로 흘러들어 근대적인 노동자로 길들여졌다. 그러나 해가 뜰 때 일어나서 공기 좋은 들판에서 농사를 짓다가, 해가 지면 집에 들어가 잠을 자는 목가적 풍경에 익숙했던 농민들이 하루아침에 노동자가 되는 일은 쉽지 않았다. 먼지가 가득한 비좁은 작업장에서 하루 16시간씩 노동한다는 건 여간 고역이 아니었기 때문이다. 과거를 잊지 못한 농민들은 영화《로빈훗》의 묘사처럼 숲으로 숨어들어 화전민이 되거나 구걸로 연명하는 유랑민이 되었다.

　　구빈법은 유랑민을 도시의 공장 노동자로 만들기 위한 술책이었다. 명분은 빈민 구제였지만, 실질적인 내용은 거지면허 없이 떠도는 유랑민에게 강제로 노역을 시키고, 적응하지 못해서 도망을 치면 불에 달군 쇠붙이로 몸에 낙인을 찍어 반역자라고 선포하고, 3회 이상 도망치면 무조건 사형을 시키는 그런 것이었다. 헨리 8세 때 처음 반포된 이 법은 에드워드 6세와 엘리자베스 1세 그리고 제임스 1세 재위 기간에 개정되었다가 18세기 초 앤 여왕에 이르러서야 폐지되었다.

　　구빈법은 오늘날 사회복지법의 기원으로 알려져 있다. 그러나 구빈법이 사회복지법으로 전환되기 위해서는 커다란 희생과 투쟁이 필요했다. 사실상 공장법은 국민의 희생을 강요한 피의 입법인 구빈법의 한계를 노동자의 저항으로 돌파한 결과였다.

2. 프랑스혁명과 근대 시민법이 가진 한계

1789년 발생한 프랑스대혁명은 절대왕정을 타도하고, 모든 봉건적 특권을 타파해 자유와 평등의 이념을 확립함으로써 근대 시민사회를 앞당겼다. 프랑스대혁명 이후 성립된 국민의회가 의결한 '인간과 시민의 권리선언'은 자유와 평등, 주권재민, 언론·결사의 자유, 소유권 불가침 등을 담고 있으며, 1948년 세계인권선언의 모델이자 근대 시민법의 원리가 되었다.

흔히 프랑스대혁명의 이념을 자유·평등·박애라고 말한다. 좋은 말이다. 하지만 진짜 내용은 우리의 상식과는 상당한 차이가 있다. 자유권의 실질적 내용은 소유권이다. 사유재산을 자유롭게 처분할 권리, 즉 사유재산을 처분해 재산을 증식할 자유, 오늘날 영업활동의 자유가 진짜 내용인 것이다. 노동자들의 합법적인 파업이나 신고된 집회에 대해서 업무방해죄를 적용하는 것은 이 자유권에 기초한 것이다.

결국 자유권은 필연적으로 빈부 격차를 일으킨다. 자유권에는 일정한 제약을 부과할 필요가 있고, 이 제약의 원리가 평등권으로 표현된다. 대부분의 자본주의 국가에서 '개인의 자유권을 공공의 질서를 해치지 않는 범위'로 제한한다고 헌법에 명시한 것이 평등권의 표명인 셈이다. 하지만 자본주의에서는 평등권보다 자유권이 우선이다. 그래서 '공공의 질서'가 애매모호한 관념으로 바뀐다.

예를 들어 마약·주류·담배산업은 이윤이 엄청나게 많이 남는, 모두가 눈독을 들일 만한 '괜찮은 장사'다. 하지만 마약은 의약용으로만 예외적으로 허용되고 일반적으로는 금지된다. 담배산업에 대한 규제는 점차 강해지는 추세고, 한국에서는 민간기업 대신 국가가 사업권을 가지고 있다. 주류산업에 대해서도 어느 정도의 제약이 가해진다. 모두 공공의 질서 때문이다. 그나마 이런 산업은 직접 눈에 띌 정도로 피해가 크기 때문에 비교적 규제가 잘되고 있는 편에 속한다. 환경문제도 비슷하다. 환경에 대한 사회적 관심이 크기 때문이다. 하지만 자본주의의 발전은 이 정도의 규제도 형식적으로 만들기 십상이다. 이윤에 대한 탐욕이 지배하기 때문이다.

이윤 추구가 자본주의의 근본 목적인 이상, 아무리 공공의 질서가 해쳐지고 전체 국민의 안녕이 파괴돼도 이윤에 대한 탐욕에는 손을 댈 수 없다. 정말 중요한 규제가 잘 이루어지지 않는 이유다. 정리해고와 비정규직으로 인해 국민의 60퍼센트가 고통을 느끼고, 엄청난 사회·경제적 불평등이 우리 사회의 진보를 가로막고 있다고 해도 평등권보다는 자유권을 옹호하는 것이 자본주의의 본질이다. 사실 자유권과 평등권은 출현하자마자 대립했고, 결국은 평화적 양립이 불가능하다는 결론에 이르고 말았다. 프랑스대혁명의 진행 과정에서 두 권리는 끊임없이 충돌했고, 1871년 파리코뮌에서 파국을 맞았다.

프랑스혁명이 제시한 근대 시민법의 원리는 이렇다.

첫 번째는 '소유권 절대의 원칙'이다. 《레미제라블》의 주인공 장발장은 빵 하나를 훔친 죄에서 평생 자유로울 수 없었다. 시장이 되어서도 주홍글씨는 지워지지 않았다. 장발장을 교화시킨 미리엘 주교의 자비는 중요한 게 아니다. 자베르 경감이야말로 이 작품의 교훈이다. 그가 전하는 것은 '사유재산은 신성하다'는 사실, 소유권은 절대적 권리라는 사실이다. 근대 시민법은 이러한 소유권 절대의 원칙에 기초하고 있다. 물론 마지막에 이르러 자베르 경감도 사법제도에 대한 회의를 표명하긴 했다. 그러나 이 화해는 소유권 자체가 결코 신성하지 못하다는 사실의 암시에 지나지 않는다. 폭력과 약탈, 살인에 의존한 자본의 탄생 과정 그리고 자본의 신념이 소유권을 어찌 신성하다고 말할 수 있겠는가? 자신들의 탄생 과정에 숨겨진 비밀을 감추고 싶은 것은 부르주아들의 본능일 것이다.

두 번째는 '계약 자유의 원칙'이다. 1980년대에 인기를 끌었던 미국 드라마《하버드대학의 공부벌레들》에서 킹스필드 교수가 강의한 과목이 계약법, 바로 민법이다. 계약법, 즉 민법의 정신은 완력이나 협박에 의하지 않고 정상적으로 체결된 계약은 어떠한 상황에서도 지켜져야 한다는 것이다. 우리가 부당해고 구제신청에서 이겨도 회사가 행정소송을 제기하면 또다시 3심까지 지루한 법정 다툼을 하게 되는 근거가 여기에 있다.

이 원칙에 따르면 완력이나 강요가 수반되지 않고 체결된 근로계약은 무조건 정당하다. 예를 들어 자본가가 노동자 1명을 채용하는데 4명이 응시했다고 가정해 보자. 경쟁 때문에 노동자 A는 100만 원을, B는 60만 원을, C는 40만 원을 요구했는데, 경쟁에 지친 D가 "밥만 먹여줘도 일하겠다"고 제안했다. 자본가는 노동자 D와 근로계약를 체결했다. 강요가 없었으므로 이 계약은 정당한 셈이다.

세 번째가 '과실 책임의 원칙'이다. 어떤 행위로 인해 타인에게 손해를 끼친 경우, 고의나 과실이 없다면 그 결과에 대한 책임을 지지 않아도 된다는 원리로 '자기 책임의 원칙'이라고도 한다. 이 원리에 따르면 충분한 주의를 기울여 행동한 이상 예상 밖의 사정으로 인해 책임을 질 필요는 없다. 다시 말해 이 원칙을 준수하는 한 어떤 행위도 자유의지에 따라 안심하고 행할 수 있다.

셋 모두 매우 합리적인 것처럼 보인다. 하지만 이 원리들에 어떤 문제점이 내포되어 있는지 생각해보아야 한다.

자본주의가 발전하면서 근대 시민법이 가진 원리에 문제가 생기기 시작한다. 자본주의라는 정글에서 약육강식의 논리가 지배하게 되자,

경제적 불평등이 확대되고 빈곤계층이 늘어나면서 자본주의 자체가 위기에 빠져버렸다. 자본주의의 유지를 위해서라도 실질적인 자유와 평등이 실현되어야 할 필요가 생긴 것이다. 소유권 절대의 원칙에 수정이 가해졌다. '소유권 공공의 원칙'이다. 즉 소유권은 법에 의해 보장되지만, 공공의 복리를 위해서는 제한될 수 있다는 원칙으로 수정된 것이다.

대표적인 사례가 재벌에 대한 규제다. 출자총액 제한제, 대기업이 진출할 수 없는 업종을 정하는 것, 대형마트 영업 규제, 공공성이 있는 산업에 대한 개인 기업의 진출 금지, 병원의 영리법인 금지, 학교법인의 영리화 금지 등이 이에 해당된다.

계약 자유의 원칙도 수정되어 '계약 공정의 원칙'으로 바뀌었다. 사회질서에 반하는 계약, 지나치게 불공정한 계약 등이 무효로 선언되었다. 〈민법〉 제104조는 "당사자의 궁박, 경솔 또는 무경험으로 인하여 현저하게 공정을 잃은 법률행위는 무효로 한다"고 규정하고 있다. 미국의 독점금지법도 이러한 수정의 예다.

사회·경제적 약자를 보호하기 위해 아예 새로운 법률이 제정되기도 했다. 노동법이 탄생하게 된 배경이다. 임금의 하한, 노동시간의 한계 등이 법에 규정되었다. 이제 '밥만 먹여줘도 일하겠다'는 계약은 무효다.

마지막으로 과실 책임의 원칙 역시 '무과실 책임의 원칙'으로 수정되었다. 비록 과실이 없었더라도 상황에 따라 관련자에게 책임을 부과할 수 있게 된 것이다.

어떤 사람이 자전거를 타고 가다 폭우로 인해 패인 아스팔트에 빠져 부상을 당했다고 가정해보자. 자전거를 타고 가던 사람의 부주의에도 어느 정도의 책임은 있다. 하지만 새로 수정된 원칙에 따르면 국가나 지방자치단체도 일정한 책임을 져야 한다. 도로를 관리해야 할 의무가 이들에게 있기 때문이다. 환경오염을 막기 위해 공장은 자신들이 배출하는 유해물질에 대한 책임을 져야 한다. 공작물 설치에 대한 책임은 시민의 안전을 위한 것이다. 〈광업법〉이나 〈자동차손해배상보장법〉 등도 무과실 책임의 원칙이 적용되는 법률들이다.

우리는 특히 〈근로기준법〉과 〈산업재해보상보험법〉을 주목하고자 한다. 예전에는 작업 중 불량이 발생하면 월급에서 공제했다. 노동자의 부주의가 불량의 원인이라는 이유에서였지만, 지금은 노동자의 책임이 면제된다. 작업 중에 다치거나 없던 병이 생겼을 때도 사업주에게 책임이 부과된다. 이전에는 모든 게 노동자의 부주의와 과실에 책임을 돌렸고, 어떤 보호도 받을 수 없었다. 중요한 것은 근대 시민법의 원칙에 이러한 수정이 가해진 것이 불과 100년도 되지 않는다는 사실이다.

근대 시민법의 원칙에 수정이 가해질 수밖에 없었던 것은 자본주의의 발전과 더불어 모순이 격화된 데 따른 것이다. 프랑스혁명에 배태되어 있던 자유권과 평등권의 대립은 노동자와 자본가 사이의 치열한 계급투쟁으로 표면화되었고, 그것이 근대 시민법의 수정으로 나타났다. 이 역사가 현재진행형이라는 사실을 잊어서는 안 된다. 이미 입법이 완료되었으면서도 정작 제대로 실행되고 있지 않은 〈중대재해처벌법〉이 그 예다. 근대 시민법의 원리는 노동자와 자본가 사이의 계급투쟁을 통해 때로는 노동자의 권리가 확대되는 것으로 나타나기도 하고, 때로는 노동자의 권리가 제약되는 것으로 나타나면서 발전해가고 있는 것이다.

3. 근대 시민법의 수정과 노동법

이제 노동법의 역사에 대해 간단하게 알아볼 차례다. 앞에서 본 것처럼 노동자의 보호가 목적인 법이 먼저 제정된 것이 아니라, 자본가의 탐욕을 위해 노동자를 효과적으로 착취하기 위한 법(구빈법)이 먼저 만들어졌다.

19세기 산업혁명이 일어나자 성인 남성노동은 아동노동과 여성노동으로 대체되었고, 노동자의 삶은 벼랑 끝으로 몰렸다. 이에 반발한 노동자들은 러다이트운동Luddite Movement, 즉 기계파괴운동으로 대응했다. 물론 기계파괴운동은 영국을 넘어 유럽 전역으로 들불처럼 퍼져나갔다. 자본가들은 기계파괴자를 사형에 처하는 등 강력하게 대응했지만, 이 운동은 거의 반세기 동안 계속되었다. 그렇지만 결국 이 운동은 실패로 끝났다.

하기야 기계가 무슨 죄가 있을까. 남성노동을 아동과 여성의 노동으로 대체한 것은 기계 그 자체가 아니라 '기계의 자본주의적 사용'이었다. 이윤에 대한 무제한의 탐욕이 그런 참혹한 결과를 만들었던 것이다. 하지만 노동자들이 기계를 공격한 건 기계가 자본주의적으로 이용되기 때문이라는 것을 본능적으로 느꼈기 때문이었다. 결과적으로 근대 시민법의 원리는 수정되었다. 노동자들의 목숨을 건 투쟁도 큰 역할을 했다. 하지만 결정적인 요인은 앞에서 말한 대로 저임금과 장시간노동, 열악한 작업장과 불결한 주거환경으로 인해 노동자의 평균수명이 평균 25세까지 낮아지고, 그 결과 도시 인구가 3분의 2로 급감해 인구절벽을 보게 되는 등 사회문제가 심각해졌기 때문이었다. 이제 자본가들도 양보가 불가피해졌다. 그게 자신들을 위해서도 좋은 선택이었다. 뭔가 닮은 것 같지 않은가? 지금 우리 사회도 부가 소수의 재벌에게 집중되어 부익부 빈익빈이 가속화되면서, 젊은이들이 결혼과 연애를 포기하거나 결혼을 해도 딩크족을 선언하는 등 인구절벽과 맞닥트리고 있지 않은가. 역사의 반복일지도 모른다.

4. 노동법의 역사

1802년에 만들어진 영국 최초의 공장법에는 노동자들이 겪은 슬픈 역사가 반영되어 있다. 하루 12시간 노동, 1년에 옷 한 벌 지급, 침식 별도 제공(유료) 등의 내용이 그것을 보여준다. 물론 노동자들의 투쟁으로 공장법은 꾸준히 개정되었고, 1847년에는 10시간 노동제, 1901년에는 12세 미만 아동노동을 금지하기에 이른다.

노동자의 권익을 보호하는 법안보다 먼저 나온 건 단결을 금지하는 법안이었다. 1800년 단결금지법을 제정하면서 내세운 논리는 자유권에 위배된다는 것이었다. 사유재산을 자유롭게 처분할 권리가 있듯이, 노동자의 노동력도 자유롭게 처분할 권리가 있고 이를 막아서는 안 된다는 것이다. 하지만 경제적 약자인 노동자에게 노동력을 자유롭게 처분할 권리란 사실상 '굶어 죽을 수 있는 자유'에 지나지 않는다는 것, 이 사실을 시민사회가 알아내는 데는 100년이 넘게 걸렸다.

단결금지법은 1824년에 폐지되지만, 단체행동의 결과는 민사상 손해배상 대상이었고, 1871년 노동조합법이 제정되었어도 형사상 면책에 그쳤다. 노동쟁의에 대해 민사상 면책이 법제화된 것이 1906년이니까 100년이 넘게 걸린 셈이다.

그게 전부가 아니다. 1926년에 불법화된 총파업이 합법화된 것은 1945년 제2차 세계대전이 끝난 후였으니까 노동조합운동이 완전한 합법화를 이룬 것은 불과 몇 년이 되지 않았다. 특히 단체협약의 이행을 법으로 강제한 것은 1971년, 겨우 반세기를 조금 넘었다. 하지만 그것도 신자유주의가 대두한 1979년에 불법화되었다.

한국의 노동법 역사는 미군정하인 1947년에 시작되었다. 노동3권이 헌법에 명시되었고, 노동자의 '이익균점권'(〈제헌헌법〉 제1조)도 인정되었다. 한국 최초의 노동법은 한국전쟁 기간인 1953년 맥아더가 만들었다. 전쟁 중에 부산항의 부두노동자들이 파업을 벌였는데, 이에 대처할 법이 없자 일본의 노동법을 모방해 만들었다고 한다. 아이러니지만 이 노동법이 한국의 노동자들에게는 역사상 가장 좋은 법으로 남아 있다. 제2차 세계대전이 끝나고 일본을 점령한 미군이 일본의 재무장을 막고자 군국주의 거점인 재벌을 해체하고, 노동조합을 합법화하는 과정에서 ILO 기본협약을 기초로 노동법을 제정했기 때문이다.

노동법은 박정희·전두환 정권을 거쳐 개악되었다가 1987년 노동자대투쟁을 계기로 개선되기 시작했지만 그것도 잠시뿐, 1997년 IMF 경제위기 그리고 신자유주의의 공격과 더불어 정리해고제·변형근로제·기간제법 등이 도입되면서 만신창이가 되어버렸다.

한국 사회가 극우에 가까울 정도로 워낙 보수적이다 보니 우리는 김대중 정부와 노무현 정부를 박정희·전두환·노태우·박근혜·이명박 정부에 비해 진보적이라고 생각하는 경향이 있다. 실제로 민주노총은 1995년 창립 이후 민주당 정권과 노동-자유주의 연대를 통해 노동자의 권리를 확장해 빈부 격차를 줄이고, 사회복지를 확대함으로써 사회 개량을 이룰 수 있으리라는 희망으로 공식적으로 민주당을 지지하기도 했다. 그러나 역사적으로 노동자들에게 가장 불리한 방향으로 노동법이 개악된 시기가 김대중·노무현 정부 때였다는 것을 잊어서는 안 된다.

'사용자는 정당한 이유 없이 근로자를 해고·정직·전직·감봉할 수 없다'고 명시했던 노동법이 '회사의 경영이 어려운 경우에 사용자는 노동자를 해고할 수 있다'로 바뀐 시기가 김대중 정부 때다. 소위 정리해고제다. 1998년 정리해고제로 인해 수많은 노동자가 쫓겨났고, 그 뒤 이들은 자기가 다니던 회사에 반토막 난 임금을 받고 비정규직으로 취업해야 했다. 바로 그해 삼성과 현대를 비롯한 재벌은 역대 최대의 순이익을 올렸다. 김대중 정권 때의 일이다. 노무현 정부 시절에는 김대중 정부가 제정했던 근로자파견법·기간제법 등을 더욱 확대해 지금과 같은 비정규직 60퍼센트 시대를 열었고, 이후 비정규직 노동자들의 분신과 투신 그리고 고공농성이 일상화되었다. 대통령이 된 노무현이 이렇게 고상한 말까지 남겼다는 사실을 우리는 반면교사反面教師로 삼아야 한다.

> "분신을 투쟁 수단으로 삼는 시대는 지났다. … 지금과 같이 민주화된 시대에 노동자들의 분신이 목적을 달성하기 위한 투쟁 수단으로 사용되어서는 안 되며, 자살로 인해 목적이 달성되는 일은 없어야 한다."

5. 노동법의 체계와 양면성

이제 노동법의 체계에 대해 개략적으로 살펴보자. 노동법의 세세한 내용은 한꺼번에 공부한다고 다 알 수 있는 것도 아니고, 구체적인 사건에 부딪혔을 때 각각의 조항을 찾아 실무적으로 익혀야 어느 정도 알 수 있다. 노동법의 세부적인 내용은 자기가 사례를 찾고, 또 사례를 만들면서 익힐 수밖에 없다.

노동법은 크게 '개별적 노동관계법'과 '집단적 노동관계법'으로 구별된다. 먼저 개별적 노동관계법이란 말 그대로 근로계약과 관련한 제반 문제 등 개별 근로자와 사용자 간의 관계를 다루는 법률이다. 〈근로기준법〉, 〈산업안전보건법〉, 〈산업재해보상보험법〉, 〈근로자직업훈련촉진법〉, 〈고용보험법〉, 〈고용정책기본법〉, 〈직업안정법〉, 〈남녀고용평등과 일·가정 양립 지원에 관한 법률〉 등이 개별적 노동관계법이다.

집단적 노동관계법은 단결·교섭·쟁의에 관한 문제, 즉 노동자 집단과 사용자 또는 사용자 집단과의 관계를 다루는 법률이다. 〈노동조합 및 노동관계조정법〉, 〈근로자참여 및 협력증진에 관한 법률〉, 〈노동위원회법〉 등이 여기에 속한다.

노동법의 발전 과정은 양면적인 성격을 가지고 있다. 지금까지 살펴보았듯이 노동법은 노동자와 자본가 간의 계급투쟁의 산물이다. 근대의 구빈법과 공장법은 물론이고, 현대의 노동조합법은 모두 기계파괴운동과 같이 죽음을 무릅쓴 노동자의 저항과 항쟁의 결과이다. 다른 한편으로 노동법은 노동자들의 투쟁이 벼랑 끝에 몰린 생존권에 머물지 않고 자본주의를 거부하는 투쟁, 즉 사회주의로 전진하는 것을 막기 위해 자본가가 양보한 결과, 다시 말해 사회적 개량을 담보로 한 타협의 산물이기도 하다.

노동법이 투쟁과 타협 또는 혁명과 개량의 산물이라는 이중성을 가지고 있다는 것은 노동법의 의미가 고정불변이 아니라는 뜻을 함축한다. 노동자들이 혁명적인 열정을 가지고 진출할 때는 불법도 합법으로 바뀌지만, 노동자가 주눅이 들어 후퇴한다면 오늘의 합법이 내일은 불법이 될 수도 있다는 말이다. 노동법의 테두리 내에서 오로지 법에만 의존하는 노동조합 활동과 노동운동 방식은 결국 실패할 수밖에 없다.

6. 위험의 외주화와 〈중대재해처벌법〉

2018년 12월 11일 한국서부발전(주) 태안화력발전소에서 하청노동자 김용균이 석탄을 운반하는 컨베이어벨트에 몸이 빨려 들어가 등이 다 타고 머리와 몸이 분리된 채 사망한 충격적이고 끔찍한 사고가 발생했다. 두 사람이 한 개 조로 편성되어 수행해야 하는 위험한 작업을 혼자서 수행하다 변을 당한 것이다. 김용균의 가방에서는 뜯지 못한 컵라면이 나왔다. 2016년 구의역에서 스크린도어를 수리하다 스크린도어와 열차 사이에 끼어 숨진 19살 김 군의 죽음도 마찬가지였다.

김용균의 죽음을 계기로 '위험의 외주화'를 금지하는 법이 제정되어야 한다는 시민사회와 노동계의 요구가 끈질기게 제기되었지만, 〈산업안전보건법〉은 '대부분의 외주화를 허용하되 원청(도급인)의 산업재해 예방 책임을 확대해야 한다'는 우회적인 방식으로 개정되었을 뿐이었다.

하루에 6명 이상이 죽어나가는 노동자의 산재사고가 신문의 사건 사고란에 '아무개 등 몇 명'의 죽음으로 아무렇지도 않게 보도되는 현실에서, 자본가들에게는 위험의 외주화를 금지하는 법의 제정이 가소롭게 보였을지도 모른다.

김용균의 어머니 김미숙 씨는 아들의 장례를 무기한 미루고 노동자의 안전을 보장받기 위한 법 제정 투쟁을 시작했다. 아들의 죽음을 넘어 노동자의 보편적인 권리를 요구하는 어머니의 투쟁은 연일 언론에 대서특필되며 세상에 알려졌다. 언론과 시민사회는 김용균이라는 한 사람의 비극적인 죽음에 머물지 않고 사건의 본질인 '위험의 외주화'를 사회적 의제로 부각시켰다.

그 결과 2018년 12월 27일 원청(도급인)의 산업재해 예방 책임을 강화하도록 규정한 〈산업안전보건법〉 개정안이 국회 본회의를 통과했다(〈산업안전보건법〉은 1990년 원진레이온 이황화탄소 중독 사건으로 전부 개정된 이후 이때 28년 만에 또 한 번 전면 개정되었다). 2016년 5월 구의역에서 김 군이 사망한 후 위험의 외주화를 막아야 한다는 사회적 여론이 팽배했음에도, 김용균의 죽음 이후 2년이 지난 뒤에야 2000년 이후 연평균 2,100여 명의 노동자가 죽음을 맞이하고서야 비로소 국회는 소위 김용균법을 통과시킨 것이었다. 우회로에 불과한 개정 〈산업안전보건법〉의 한계는 뚜렷했고, '중대재해 기업처벌법 제정운동'이 시작되었다. 마침내 2021년 1월 8일 산업재해와 시민재해를 포함해 중대재해가 발생할 경우 기업의 경영책임자 등을 처벌하는 내용의 〈중대재해처벌 등에 관한 법률〉(약칭 〈중대재해처벌법〉)이 제정되었다.

국민의힘을 비롯한 경총 그리고 친기업 측 전문가들이 모두 '떼법', '포퓰리즘법'이라고 맹렬하게 비난하고 나섰지만, 김용균의 죽음을 계기로 일어난 광범위한 지지여론은 산업재해를 기업의 범죄로 재정의하는 데 성공했다.

물론 국민의힘과 경총의 노골적인 〈중대재해처벌법〉 무력화 시도, 역시 재벌과 기업의 이해를 대변하는 더불어민주당의 애매모호하고 비겁한 태도, 검찰과 사법부의 느슨한 법 적용과 솜방망이 처벌이 여전히 〈중대재해처벌법〉의 효과를 의문시하게 만들고 있지만, 그래도 세상이 산업재해를 자본가가 저지른 범죄행위로 보게 만들었다는 사실에는 매우 큰 의미가 있다.

참고로 2013~2017년 5년간 〈산업안전보건법〉 위반과 관련한 1,714건의 판결문을 분석한 결과에 따르면 〈산업안전보건법〉 위반 사범 중 징역 및 금고형은 2.93퍼센트에 불과하며, 90퍼센트 이상이 집행유예와 벌금형을 선고받았다. 벌금형의 경우 지난 5년간 평균액은 자연인의 경우 약 421만 원, 법인의 경우에는 약 448만 원에 불과했다.

또한 고용노동부 자료에 따르면 2023년 기준 전문·보건·교육·여가산업 종사자의 사망만인율(임금근로자 수 1만 명당 발생하는 사망자 수)은 0.13‰인데 반해, 석탄광업 및 채석업 종사사는 약 1,877‰이다. 석탄광업 및 채석업에 취업한 노동자의 거의 5분의 1이 일을 하다 죽는다는 소리다. 건설업 종사자의 사망만인률은 2.18‰로 전문·보건·교육·여가산업 종사자의 16배가 넘는다. 의사나 교사에 비해 건설인부가 일하다 죽을 확률이 16배 더 높다는 말이다. 육상 및 수상운수업 종사자의 사망만인율은 2.71‰이니, 예컨대 트레일러 운전자가 일하다 죽을 확률은 의사보다 20배 더 높다.

나는 학교 졸업 후 부산인권센터에서 잠시 자원봉사를 한 적이 있었다. 지금은 기억이 잘 나지 않는 외국의 어떤 인권단체가 우리나라 산업현장의 재해·직업병에 대한 실태조사를 하는 데 참여하면서 나는 사회에 대해 두 번째 배신감을 느꼈다.

공장 노동자의 근골격계 질환 발생률이 엄청날 뿐 아니라 심지어 화장실 가는 횟수와 시간까지 통제당하고 있다는 현실을 보며 기가 막혔다. 거의 30년 전의 일이고 지금은 노동현장의 상황도 많이 달라졌겠지만, 당시에 인터뷰했던 어린 여공들은 무릎 인대가 늘어나고 방광염에 시달리고 있었다.

　상황이 이런데도 어른이라는 사람들이 "직업에는 귀천이 없다"는 소리를 지껄이고 있었다는 사실에는 분노마저 치민다. 산업현장에 최소한의 안전도 보장되지 않고, 인권의 사각지대가 도처에 널린 상황에 대해 적어도 솔직하게 인정하고 함께 개선점을 찾아야 하지 않겠는가. 〈중대재해처벌법〉이 아직도 제대로 적용되지 못하고 있는 현재 상황에 대해서는 꼭 생각해보아야 한다.

2023년 산업재해 현황

산업중분류별(1)		2023					
		사업장 수 (개소)	근로자 수 (명)	재해자 수 (명)	사망자 수 (명)	재해율 (%)	사망만인율 (‰)
총계		2,945,136	20,637,107	136,796	2,016	0.66	0.98
광업		1,026	9,713	2,988	427	30.76	439.62
제조업		412,474	4,006,893	32,967	476	0.82	1.19
전기·가스·증기 및 수도사업		3,651	79,956	134	3	0.17	0.38
건설업		321,949	2,233,184	32,353	486	1.45	2.18
운수·창고 및 통신업		102,185	1,120,705	14,937	189	1.33	1.69
임업		17,948	137,826	1,000	17	0.73	1.23
어업		2,129	5,775	37	4	0.64	6.93
농업		25,693	93,504	706	12	0.76	1.28
금융 및 보험업		44,137	853,734	605	19	0.07	0.22
기타의 사업		2,013,944	12,095,817	51,069	383	0.42	0.32
기타의 산업	전문·보건·교육·여가 관련 서비스업	478,865	4,441,882	11,666	58	0.26	0.13

고용노동부 산재예방정책과, 2023년 〈산업재해현황〉
*사망만인률-임금근로자 수 10,000명당 발생하는 사망자 수를 나타내는 지표. 사망자 수를 임금 근로자 수로 나누고 10,000을 곱해 계산한다.

6장

최저임금을 통해 본 자본주의 사회의 임금

1. 88만 원 세대의 항의, "적어도 최저임금 1만 원은 받아야……"

2011년 우리 사회를 울린 가슴 아픈 뉴스가 하나 있었다. 피자 배달을 하던 아르바이트 청년이 신호를 위반하고 달리던 버스 밑에 깔려 숨진 사고였다. 그 청년의 나이는 18살. 대학 입시에 합격하고 등록금 마련을 위해 아르바이트를 하다 안타깝게 죽었다. 그 이후에도 아르바이트 배달 청년들의 죽음은 계속 이어지고 있다.

아르바이트 청년들의 잇따른 죽음에 항의하며 2011년 무렵부터 '30분 배달제' 폐지 투쟁이 시작되었고, 실제로 '30분 배달제'가 폐지되었다. 비 오는 날 배달음식을 시켜 먹지 말자는 운동이 벌어지기도 했다. 비가 올 때 오토바이 운전이 얼마나 위험한지 알기 때문에 비가 오는 날만큼은 밖에 나가서 사 먹자고 결의한 노동조합도 있었다.

그러나 더 중요한 것은 이 운동을 계기로 만들어진 노조가 있다는 사실이다. 알바노조와 청년유니온이다. 알바노조와 청년유니온은 대학 등록금을 마련하기 위해 피자 배달을 하다 죽은 18세 청년의 죽음 뒤에는 비싼 등록금이 있다고 문제를 제기했다. 또한 그들은 "88만 원의 월급을 가지고선 학교 다닐 때 빌린 등록금을 갚는 데 졸업 후 10년이 넘게 걸린다"고 호소하며 "최저임금이 적어도 시급 1만 원은 되어야 한다"는 화두를 우리 사회에 던졌다.

당시 조합원 380여 명에 불과하던 알바노조와 청년유니온이 100만 민주노총이 해내지 못한 일들을 해낸 것이다. 마치 1970년 전태일 열사의 분신 이후 지식인들이 각성한 것처럼 우리 사회가 깜짝 놀랐다. 이후 민주노총과 시민사회단체는 물론이고 정치권에서까지도 최저임금을 현실화해야 한다는 목소리가 커졌다.

2016년 말 당시 우리나라 전체 노동자 수는 1,800여만 명, 이 중 시급 1만 원 이상을 받는 노동자는 15~20퍼센트인 300여만 명에 불과했다. 나머지 1,400~1,500만 명은 통상임금이 1만 원 이하였고, 심지어 최저임금 6,470원을 받지 못하는 노동자도 30퍼센트에 달했다.

2024년 말 현재 대통령 연봉은 약 2억 5,493만 원으로 월 2,125만 원 정도다. 시급으로 환산하면 12만 원을 좀 넘는다. 국무총리의 연봉은 1억 9,763만 원, 시급 9만 3,500원 정도다. 장관의 시급은 약 6만 8,800원, 국회의원은 약 7만 3,800원 정도다. 2024년 1인당 국민총소득이 3만 6,624달러, 한화로 5,629만 원을 좀 넘으니 4인 가족 기준으로 2억 2,000만 원을 넘는다. 이 정도의 경제력이라면 시급 3만 원도 무리한 요구가 아닐 수 있다. 하지만 최저생계비로 시급 1만 원을 받지 못하는 노동자가 무려 1,400만 명, 즉 우리나라 노동자의 거의 80퍼센트에 달하는 게 현실이다. 최저생계비 시급 1만 원을 요구하기 시작한 게 2018년이었지만, 당시 최저 시급 1만 원을 공약으로 내걸고 당선된 문재인조차 이를 지키지 않았다. 그로부터 7년이 지난 2025년에야 시급은 고작 1만 30원에 도달했다. 주 44시간으로 환산해 209시간을 곱하면 월급은 200만 6,270원이다.

2. 자본주의 사회에서 노동자의 임금

1) 최저임금이란

대체 한국에서 노동자는 임금을 얼마나 받아야 할까? 임금의 의미는 무엇이고 어떻게 결정될까? 먼저 최저임금에 대해 알아보자. 유엔 사회권위원회의 〈경제적·사회적 및 문화적 권리에 관한 국제규약〉(사회권규약) 제7조 a항 2호는 "근로자 자신과 그 가족의 품위 있는 생활"을 보장하는 보수를 최소한의 보수로 규정하고 있다. "근로자와 그 가족의 품위 있는 생활"을 보장한다는 말의 의미는 임금의 하한이 그 사회의 평균적인 생활을 유지할 수 있는 수준의 가족 생계비로 책정되어야 한다는 뜻이다. 적절한 수준의 의식주가 보장되어야 하고, 그 사회에서 뒤떨어지지 않는 문화생활을 즐길 수 있는 생계비가 지급되어야 한다는 것이다.

그런데 과연 우리나라의 현재 최저생계비가 그러한가? 한국에서 최저생계비는 〈국민기초생활보장법〉에 의해 규정된다. 최하층 빈민의 생계 보조를 목적으로 한 이 법은 소득 수준이 중위소득 가구의 60퍼센트 미만인 사람을 국민기초생활 보호대상으로 정하고 있다. 2025년 최저 시급은 1만 30원, 월급으로 환산하면 200만 6,270원이다. 이 법이 규정한 2024년 최저생계비는 4인 가족 기준 183만 3,572원이었다. 거의 차이가 나지 않는다. 다시 말해 노동자에게 지급하는 최소한이 〈국민기초생활보장법〉이 정한 기초 생활을 유지할 수 있는 수준, 한 마디로 기아를 겨우 면할 수준에 맞춰져 있는 것이다. 영국 노동자들의 저항과 투쟁으로 노동조합이 결성되기 전 유랑민을 근대적 노동자로 길들이기 위해 제정한 구빈법의 목표와 동일한 수준이다.

최저임금으로는 자본가들의 하루 술값도, 골프 회동 비용도 감당할 수 없다. 강남 사모님들의 교복이라는 몽클레어 패딩 한 벌 값도 되지 않는 금액이다. 박상범 KBS 사장이 '김 여사의 작은 파우치'라고 부른 크리스티안 디올의 핸드백이 300만 원이다. 그런데도 자본가들은 노동자들의 생활과 문화 수준을 감안할 때 그 정도 금액이면 충분하다는 망발을 늘어놓고 있다. 지난 2010년 차명진 당시 한나라당 국회의원은 "미트볼 한 봉지 150g에 970원, 야채참치 100g 한 캔에 970원, 쌀국수 91g에 970원, 여기에 쌀 한 컵 800원. 다 합해서 3,710원에 세 끼를 해결했다"며 "맛있는 황제 식사"라고 토를 달아 공분을 샀다.

2016년에는 교육부 정책기획관 나향욱이 "민중은 개·돼지"라고 발언해 국민적 분노의 대상이 되기도 했다. 먹고살게만 해주면 된다는 소리지만, 문제는 안 죽을 만큼이 아니라 먹고사는 수준이다. 헌법에 '민주공화국'이라고 쓰인 나라에서 이 고위직 공무원은 '신분제 강화'라는 반反헌법적 소신을 당당하게 밝히고, 구의역 김 군의 죽음이 "내

자식처럼 가슴이 아프다"며 안타까움을 표한 기자에게 "그게 어떻게 내 자식처럼 생각되냐"라고 반문하며 "그렇게 말하는 건 위선이다"라고 비아냥거리기까지 했다. 오죽했으면 《경향신문》이 "사석에서 나온 개인 발언이란 점을 감안하더라도 교육정책을 총괄하는 고위 간부의 비뚤어진 인식, 문제 발언을 철회하거나 해명하지 않은 점을 들어 대화 내용을 공개하기로 했다"며 기사를 냈을까(《경향신문》, 〈교육부 고위간부 "민중은 개·돼지 … 신분제 공고화해야"〉 2016.07.08).

뭐 하기야 국민 가운데도 '노동자 주제에 밥과 김치면 됐지 뭘 더 바라느냐'는 냉소를 던지는 이가 있는 게 사실이지만, 유엔 사회권규약에서 말한 "가족의 품위 있는 생활"이란 한 달에 최소 한 번의 외식, 영화 감상, 여행, 수영장과 헬스장 이용 등을 포함하는 그 사회 평균 수준의 문화생활을 의미한다는 걸 잊어선 안 된다.

민주당이라고 다르지 않다. 문재인 정부는 그동안 기본급과 통상임금을 기준으로 책정되던 최저임금의 산입 범위에 상여금을 월 분할로 포함시켜 최저임금 인상에 따른 자본가들의 부담을 덜어주었다. 이것은 임금 수준을 높여 저임금 노동자를 없애고, 인간다운 최소한의 삶을 보장하려는 최저임금제도의 도입 취지를 무색하게 만드는 조치다. 중소·영세 상공업자들의 부담을 덜어준다는 핑계로 최저임금 범위에 주휴수당을 집어넣으려는 것도 문재인 정부의 꼼수 가운데 하나였.

최저임금은 노동자단체·사용자단체·정부 측 공익위원 3자로 구성되는 최저임금위원회가 제출한, '다음 해 최저임금안'을 고용노동부장관이 8월 5일까지 최종적으로 결정해 고시된다. 매년 최저임금위원회가 열릴 때마다 화두로 떠오르는 것이 중소·영세 상공업자들의 지불능력이다. 《매일경제》 등의 언론들은 최저임금 상승이 편의점 아르바이트

생들의 임금 수준을 높여 편의점 사장들을 어렵게 한다는 뉴스를 쏟아낸다. 허위정보고 가짜 뉴스다. 이미 알려진 사실이지만, 편의점 운영이 어려운 진짜 이유는 높은 임대료와 프랜차이즈 재벌들이 책정하는 높은 수수료 때문이다.

이 언론들이 허위 정보를 쏟아내는 진짜 이유는 중소·영세기업 전체 노동자의 60퍼센트가 최저임금을 받고 있고, 이 기업들의 대부분이 재벌의 하청기업이기 때문이다. 최저임금 인상에 대한 논의가 원청인 재벌의 책임을 묻는 불똥이 되어 '하청단가가 인상되지 않으면 최저임금도 오를 수 없다'는 결론에 이르고, 결국에는 이익공유제 논의에 불을 지필까 두려워서다.

1948년 7월 17일 제정된 헌법(《제헌헌법》)에는 이익균점권 조항이 포함되어 있었다. 기업이 벌어들인 이윤을 노동자에게 공정하게 분배해야 한다는 원리를 헌법이 표명한 것이다. 국민의 인간다운 삶을 보장해야 한다는 국가의 책무를 수행할 구체적 방법과 수단을 헌법에 명시한다는 건 획기적인 발상이었을 뿐만 아니라 마땅한 것이기도 했다. 이 규정은 1961년 5·16쿠데타로 박정희가 집권한 이후 헌법이 개정되면서 공산주의적 발상이라는 이유로 삭제되었다.

이 제도는 이명박 정부 시절이던 2011년 당시 동반성장위원회 위원장이었던 정운찬 전 총리에 의해 '초과이익공유제'라는 이름으로 다시 등장했다. 대기업과 하청기업의 공생을 도모한다는 게 공식적인 이유였지만, 실행이 되기만 했다면 노동자와 자본가 간의 분배에도 영향을 미쳤을 것이다. 물론 반대가 빗발쳤다. 2021년 문재인 정부 때도 이 문제가 거론됐다가 재벌의 반대로 실패하고 말았지만, 당시 정부가 정말로 이를 실행할 의지가 있었는지는 의문스럽다.

매년 연말에 최저임금 노동자의 1년 치 연봉보다도 많은 성과급 잔치를 벌이는 회사들은 전부 재벌기업들이다. 증권사와 은행 그리고 삼성, 현대·기아차, SK 등의 대기업이 초과이익공유제를 반대한다는 건 자기들이 올린 막대한 순이익의 큰 부분이 중소기업을 쥐어짜 얻은 것이며, 그것이 하청기업 비정규직 노동자들의 피와 땀으로 이루어져 있다는 것을 알고 있다는 의미다. 이윤의 원천이 저임금과 착취라는 것을 알면서도 자기들의 성과라고 자랑질하는 게 우습지 않은가! 이게 대한민국의 현실이다.

대기업 정규직 노동자들은 자기들이 받는 높은 임금이 회사의 지불능력과 자기들이 생산한 상품의 우수성 때문이라고 믿는다. 민주노총과 한국노총도 특별히 문제를 느끼지 않는다. 정말 슬픈 일은 잘난 회사에 다니는 이 잘난 노동자가 비정규직 노동자를 하대하는 풍조가 어느새인가 우리 사회에 자리 잡고 말았다는 사실이다.

2) 표준생계비-생활임금이란

최저임금에 대한 논의를 둘러싼 상황이 이렇다 보니 생겨난 개념이 '생활임금'과 '표준생계비'다. 생활임금이란 '노동자와 그 가족의 생활에 기본적인 필수품 제공이 가능할 뿐만 아니라 인간적·문화적 생활을 영위할 수 있는 수준의 임금'을 말한다. 그래서 생활임금은 일반적으로 최저임금보다 높다. 최저임금만으로는 이러한 삶을 보장하기 어렵기 때문이다.

최저임금위원회에서 제출한 최저임금안이 확정·공표되면, 정부는 이를 기초로 정부와 정부 산하기관에서 근무하는 노동자에게 적용할 시중노임단가(중소기업중앙회가 해마다 두 차례 발표하는 제조업 부문 노동자들의 평균임금)를 결정하는데, 여기에도 생활임금 개념이 얼마간 포함되어 있다고 할 수 있다. 시도마다 조금씩 차이가 있기는 해도 정부가 발표하는 시중노임단가가 최저임금보다는 높은 편이기 때문이다.

한국노총과 민주노총은 매년 그해의 임금인상 요구안을 작성하기 위해 교수나 관련 단체에 용역을 주어 표준생계비(한국노총의 정의에 따르면 '노동자 가구가 건강하고 정상적인 삶을 영위하는 데 필요한 생계비')를 산출하고 발표한다. 이렇게 작성한 요구안을 자본가 단체에 제시해도 별 효과는 없지만, 어쨌든 표준생계비 산출은 꾸준히 이루어지고 있다.

다음의 표는 2024년 한국노총이 발표한 표준생계비인데, 단신 남성과 단신 여성 기준 표준생계비가 2024년 최저임금을 훨씬 상회하고 있다. 특히 3인 가족, 4인 가족의 생계비는 600만 원과 800만 원에 이를 정도로 대단히 높아서 임금인상안을 작성하는 노동조합 간부들이 당황하는 경우도 많았다. 대부분의 중소기업은 물론 웬만한 대기업 노동조합에서도 부양가족 수를 포함한 가구별 생활비를 이 정도로 계산하지는 못하기 때문이다.

표준생계비가 아직 법률로 공식화되어 있지 못 한 것은 노동운동이 전체 노동자계급의 이해를 제대로 대변하지 못한 탓이 크다. 노동운동의 혁신이 중요한 이유다.

더 심각한 문제는 최저임금이 올라도 노동자가 실제로 받는 임금은 뒷걸음질 치고 있다는 것이다. 상여금을 기본급에 포함시켜 사실상 임금을 줄이거나, 최저임금을 위반하지 않았다는 시늉을 하기 위해 노동시간을 줄여 임금을 삭감하는 사업장이 느는 것이다. 대학의 청소노

2024년 표준생계비

(단위: 원)

	단신 남성	단신 여성	단신 가구	2인 가구	3인 가구	4인가구(I)	4인가구(II)
식료품 및 비주류음료비	391,169	315,944	353,557	768,277	1,002,100	1,239,075	1,449,101
주류 및 담배비	115,310	115,310	115,310	203,620	203,620	203,620	203,620
의류 및 신발비	69,735	69,735	69,735	139,818	252,287	339,404	267,333
주택·수도·전기·가스,기타연료비	975,115	975,115	975,115	1,049,845	1,449,164	1,599,761	1,599,761
가정용품 및 가사서비스비	99,405	102,727	101,066	166,037	212,714	249,978	251,760
보건비	89,590	95,910	92,750	180,218	269,808	360,435	360,435
교통비	82,512	82,512	82,512	468,468	479,886	582,948	630,598
통신비	124,256	124,256	124,256	184,857	184,857	239,788	300,388
오락 및 문화비	167,849	167,849	167,849	235,301	225,895	263,069	249,832
교육비	79,061	79,061	79,061	118,591	283,762	1,182,781	1,336,509
음식숙박비	278,826	278,826	278,826	378,660	362,230	364,343	499,087
기타 상품 및 서비스비	68,434	89,391	78,913	182,846	209,356	230,333	221,581
12개 비목 합계	2,541,262	2,496,636	2,518,949	4,076,537	5,135,677	6,855,534	7,370,004
조세공과금 합계	298,373	292,011	295,192	604,592	777,776	1,146,120	1,348,479
합계	2,839,636	2,788,647	2,814,141	4,681,129	5,913,453	8,001,653	8,718,483

한국노동조합총연맹, 《2024년 한국노총 표준생계비》, 2024. 3. 12.

동자, 아파트 청소·시설관리노동자, 최근 증가 추세에 있는 직종 가운데 하나인 요양보호사의 경우도 하루 노동일 가운데 휴식시간을 늘리는 방식으로 임금 수령액을 줄이고 있다. 대부분의 중소·영세 사업장들도 불법과 편법으로 최저임금을 위반하고 있다. 똑같은 청소노동자·학교급식 조리원이더라도 국립대는 최저임금보다 훨씬 높은 시중노임단가가 적용되지만, 사립대는 최저임금 상승분에 해당하는 만큼 휴식시간을 늘려서 임금을 동결하는 식의 꼼수가 판을 치고 있다. 가관이다.

이제라도 노동운동이 전체 노동자를 대표하기 위해서는, 동반성장 개념을 확대해 사회적 불평등을 해소하기 위해 초과이익공유제와 표준생계비를 적용하라는 공통의 요구를 내세우고, 공동으로 투쟁하는 노력이 필요할 것이다.

3. 자본주의 사회의 임금이 가진 특수성

노동자는 자기의 노동력을 자본가에게 팔고 노동력의 가치에 해당하는 화폐로 임금을 받는다. 가치는 눈에 보이지 않지만, 가치를 화폐로 표현한 가격은 눈에 보인다. 그러니까 임금은 노동력의 가치를 눈에 보이는 형태로 잴 수 있게 해준다. 노동력의 가치는 노동력의 재생산 비용, 그러니까 노동자의 정상적인 활동을 위해 필요한 생활수단의 양과 그에 상응하는 화폐로 표현된다. 노동은 쉽지 않다. 일이 끝나고 지치지 않는 사람이 어디 있나. 하루 일과를 마치고 내일 다시 작업장에 들어서려면 인간은 충분히 입고 먹고, 충분한 여가를 즐기고, 편안한 곳에서 충분히 자야 한다. 그래야 지친 몸을 정상으로 되돌릴 수 있다. 그런데 자본가가 그 비용을 제대로 지급하지 않는다면? 노동자의 건강했던 육체는 점점 쇠약해질 것이고, 결국은 노동력을 상실하게 될 것이다.

산업혁명이 일어난 19세기는 실제로 노동자의 평균수명이 25세까지 단축되었던 시기였다. 기계의 발명은 성인 남성이 하던 일을 여성과 아동도 할 수 있게 했고, 자본가들은 여성과 아동들에게 하루 14시간 이상의 노동, 심지어 야간노동까지도 강요했다. 평균수명의 단축은 자본이 인류에게 저지른 범죄다. 자본의 악행은 노동자의 저항을 불러일으켰고 공장법이 제정되었다. 현대의 〈근로기준법〉에도 이 역사가 고스란히 담겨 있다. 소년노동 금지와 여성의 야간노동 금지 조항이 그것이다. 사실 노동자에게 정상적인 임금을 지급하는 것은 자본주의가 발전하기 위한 조건이기도 하다.

고대 로마는 자영농이 근간인 사회였다. 다시 말해서 로마의 시민은 직접적 생산자인 자영농이었고, 그들이 도시국가 로마를 로마제국으로 만든 장본인이었다. 직접적 생산자의 번영이 곧 그 사회의 번영이었던 것이다. 하지만 귀족들에게 진 빚을 감당할 수 없었던 자영농들은 시민의 지위를 잃고 채무노예로 전락했다. 고대 세계를 건강하게 유지해주었던 소생산양식은 노예제로 바뀌어버렸다. 건전한 시민이 노예로 전락하면서 귀족은 부유해졌지만, 국가는 가난해졌다. 노예제 자체가 고대 세계의 말기적 현상이다. 말기에 이르러 시민으로 편성된 군대조차 가질 수 없었던 로마제국은 게르만족 용병으로 그 자리를 채웠고, 끝내 용병대장 오도아케르에 의해 멸망하고 말았다.

생산양식의 몰락은 직접적 생산자의 몰락과 관련이 있다. 자본가들은 역사로부터 아무것도 배우지 않았다. 산업혁명의 결과는 직접적 생산자인 노동자의 기아와 수명 단축이라는 사회적 위기였다. 이윤에 대한 탐욕과 낮은 임금이 이 위기의 배후였다.

임금은 노동력의 재생산 비용, 즉 정상적인 생계비가 결정한다. 여기에 가족의 생계비가 포함된다는 점에 대해서는 앞에서도 여러 차례 강조했다. 흔히 일한 만큼 임금을 받아야 한다고 말한다. 맞는 말처럼 보인다. 하지만 일한 만큼 받는다는 말은 은연중에 일을 하지 않으면 임금을 받지 않아야 한다는 뜻도 담고 있다. 만약 이게 정말이라면 휴가를 가거나 다쳐서 일을 할 수 없게 되면 임금을 받을 수 없을 것이다.

자본가들이 원하는 게 이런 것이다. 소 키우는 농민은 소가 다쳤다고 사료 주는 일을 중단하지 않는다. 소값이 떨어졌다고 소한테 원망하지도 않는다. 농민이 자살하는 경우는 가끔 있었다. 그런데 다쳐서 일을 할 수 없으니 임금을 줄 수 없다, 산재 처리하지 마라, 차라리 회사를 떠나라? 이건 자본주의가 인간을 짐승만도 못하게 취급한다는 소리다.

노동자는 꾸준한 투쟁을 통해 자본의 욕구를 제어하는 데 성공했다. 임금협약과 단체협약은 일을 할 수 없어도 임금을 받아야 하고, 일을 하지 않는 휴가와 휴일에도 임금은 받아야 한다고 명시하고 있다. 임금으로 표현된 생계비에는 치료비와 여가도 포함된다는 말이다. 그래야 노동자가 정상적으로 생활할 수 있고, 노동력이 정상적으로 재생산될 수 있기 때문이다. 생계비란 고정된 불변의 비용이 아니다. 문명이 발전하고 사회가 변화하면 '정상적인 생계'의 개념도 바뀐다. 먹고 입고 자는 일뿐 아니라 스트레스 해소를 위해 마시는 술 한 잔과 영화 관람, TV 시청, 독서, 음악 감상 등도 사회의 발전에 따라 생계비에 포함된다. 평생에 한 번은 집도 사야 하고 몇 년에 한 번은 차도 바꿀 수 있어야 한다. 해외여행? 점점 필수가 되어가는 것 같다. 이래서 표준생계비라는 개념이 나온 것이고, 노동조합들이 매년 표준생계비를 근거로 임금 인상을 요구하는 것이다.

그러면 사회가 발전할수록 임금은 오르기만 할까? 임금, 즉 생계비를 구성하는 상품과 서비스의 양이 늘어날 테니 오를 것 같지만, 사실은 그렇지 않다. 생산성이 발전하면 상품의 가격이 내려가기 때문이다. 휴대전화 가격은 늘 백 몇십만 원이다. 하지만 처음 휴대전화가 나왔을 때는 지금보다 훨씬 성능은 나빴어도 가격은 몇백만 원이었다. 아마 지금의 휴대전화를 당시 가격으로 평가하면 몇억 원이 넘을지도 모른다.

더 좋은 품질의 상품을 더 저렴하게 생산하는 게 발전이다. 그리고 기술의 발전 속도는 정말 눈부시다. 결국 자본주의는 노동자에게 최소한의 생계비만 지급해도 정상적인 노동력의 재생산이 가능한 조건을 스스로 만들어낸다는 걸 알 수 있다.

생계비가 하락했는데 자본가들이 임금을 그 이상으로 주려 할까? 당연히 아닐 것이다. 우선 이윤이 줄어들기 때문이다. 다른 문제도 있다. 생계비 이상의 금액을 임금으로 지급하면 노동자들에게는 여유자금이 생긴다. 충분한 여유자금이 있다면 회사를 그만둘 수도 있고, 파업이 장기화돼도 버틸 힘이 생긴다. 노동자에 대한 통제력과 지배력이 감소하게 되는 것이다.

상품은 판매되지 않으면 내일 팔면 된다. 노동력은 다르다. 저장이 안 된다. 오늘 팔리지 않으면 내일은 팔 노동력이 없어지고 만다. 죽으니까. 자본가들은 노동자들에게 여유자금이 생기는 걸 바라지 않는다. 자본가들이 가능한 한 임금을 적게 주려고 하는 이유다. 자본가들은 최저생계비만, 아니 그 이하의 임금만을 주려고 하는 경향이 있다.

생산력의 발전은 과학기술의 발전에 크게 의존한다. 하지만 그에 비례해서 일자리는 점점 줄고, 실업자는 증가한다. 실업자와 취업자 사이에만 경쟁이 있는 것이 아니라 취업한 노동자들 사이에서도 경쟁이 증가한다. 경쟁은 노동자의 임금을 줄이는 경향이 있다. 자본가는 자기들의 지배력을 공고히 하기 위해서라도 낮은 임금을 주려고 한다.

과학기술의 발전은 인간 신체의 자연적 한계도 극복한다. 밤에도 일을 시킬 수 있는 것은 전기와 전구가 있기 때문이다. 인공지능 기술이 도입된 공장에서는 단 몇 사람의 노동자가 어마어마한 규모의 생산시설을 통제하는 게 당연하게 보인다. 노동자에 대한 감시도 더 이상

자본가와 그 수족들의 육체에만 의존하지 않는다. 컴퓨터와 AI는 커다란 통제 능력을 자본가에게 부여했다. 자본가의 지배는 훨씬 더 강화되었다. 과학기술의 발전은 인간을 편하게 해줄 수 있다. 하지만 자본주의에서는 반대다. 인간을 편리하게 해줄 수 있는 기술이 인간을 더 고통스럽게 만든다.

물론 한계는 있다. 생활필수품의 가격이 하락한다고 해서 임금이 무한정 하락할 수도 없고, 과학기술이 아무리 발전해도 노동일을 무한히 연장할 수도 없다. 잠도 안 재우고 일 시킬 수는 없지 않은가. 불가능하다. 노동자의 저항도 무시하면 안 된다. 최저임금법과 노동시간을 제한하는 〈근로기준법〉은 그래서 생겼다.

4. 임금은 현실적으로 협상에 의해 결정된다.

탐욕스러운 이윤 추구가 부른 노동자의 저항 앞에서 생존을 위한 최소한을 규정한 것이 최저임금이고, 최저임금으로는 건강한 신체와 정신을 유지할 수 없어 장기적으로 생산성 향상에 불리하다는 판단에서 제정된 것이 표준생계비·생활임금이다.

다른 선진국들과 달리 우리나라에는 아직도 표준생계비가 정착되지 않았다. 그리고 정부 기관에서 일하는 노동자들이 받는 시중노임단가는 표준생계비보다는 낮지만, 그래도 최저임금보다는 높다. 기업들도 마찬가지다. 앞에서 본 것처럼 한국노총이 산출한 표준생계비는 대기업의 임금보다 높은 경우가 많다. 결국 임금은 최저임금과 표준생계비 사이에서 노동자와 자본가의 투쟁, 혹은 협상에 의해 결정되어왔다. 그래서 임금이 협상 가격이라고 불리기도 하는 것이다.

　민주노조운동은 1987년 노동자대투쟁 이후 본격화되었다. 1991년 전노협을 거쳐 1997년에는 우여곡절 끝에 민주노총이 합법화되었다. 그로부터 거의 30년이 또 흘렀다. 그동안 노동자의 임금 수준에는 어떤 변화가 생겼을까? 임금을 협상이 결정하는 게 현실인 이상, 교섭력이 센 노동조합을 가진 노동자 집단의 임금과 노동조합이 없거나 노동조합이 있더라도 교섭력이 약한 노동자 집단의 임금 수준에는 차이가 있을 수밖에 없다.

　현재 대공장 정규직 노동자의 임금과 중소·영세하청 비정규직 노동자의 임금 격차는 2배 이상이고, 임금이 가장 낮은 직종과 가장 높은 직종의 격차는 수십 배에 이르고 있다. 같은 대공장이라 해도 노동조합이 있는 사업장과 없는 사업장과의 임금 격차도 만만치 않다. 이것은 업종과 산업의 이윤율을 불문하고 일어나는 현상이다. 2024년 현재 대공장 정규직 노동자들이 모여 있는 300인 이상 사업장의 노동조합 조직률은 27퍼센트이지만, 300인 이하 중소·영세 사업장의 노동조합 조직률은 2퍼센트에 불과하다. 노동조합 조직률의 차이가 임금의 차이를 갈수록 벌어지게 하고 있는 것이다.

　일반적으로 노동조합의 조직형태가 어떤지에 따라 교섭력이 다르고, 교섭 결과의 적용 범위도 다르다. 기업별 조직보다는 산업별 조직의 교섭력이 더 클 테고, 적용 범위도 더 넓을 것이다. 하지만 우리나라는 기업별 노조를 산별 노조로 바꾸는 데는 성공했지만, 교섭 형태는 여전히 기업별로 이루어지고 있어서 협상의 결과가 그 기업의 노동자에게만 적용되고 있다. 산별 노조의 장점인 넓은 적용 범위가 무력해진 것이다. 명색이 산별 노조인 이상 그 산업 전체에 구속력을 갖는 산업별

협약을 통해 기업의 규모에 따른 임금 격차를 없애야 할 것이다. 산업별 협약은 지역적 차이도 극복해야 한다. 산별 노조에 가입한 사업장들이 전국에 산재해 있기 때문이다. 협약이 전국적으로 동일하게 적용될 뿐 아니라, 성별에 따른 차이나 고용형태에 따른 차이를 넘어 일반적 구속력을 가질 수 있도록 대정부 교섭을 강화하고 입법을 요구하는 것도 중요하다. 공장의 규모나 지역·성별·고용형태에 따른 차이를 극복하고 임금과 노동조건의 균질성을 확보해야 말 그대로 '노동자는 하나'라는 계급의식을 가질 수 있다.

산별 노조와 산별 교섭이 정착된 유럽에서는 전국적·일반적 구속력을 가진 산별 협약과 대정부 협약이 성립되어 기업의 규모·고용형태·성별·국적 등의 차이를 불문한 임금의 동질성을 확보할 수 있었다. 신자유주의의 공격이 노골화된 1970년대 이후 조직률이 조금씩 떨어지고 있긴 하지만, 임금 격차가 거의 발생하지 않는 이유도 여기에 있다.

만약 노동조합이 가진 협상력이 극대화되어 임금협상의 효력이 조합원뿐 아니라 비조합원, 더 나아가 그 지역에 살고 있는 모든 이들에게 영향을 줄 수 있다면 그만큼 협상의 의의도 커질 것이다.

노동조합이 사실상 기업별 노조인 우리나라에서는 해가 거듭될수록 기업 규모와 지역에 따른 임금 격차가 커질 수밖에 없고, 정부와 자본은 이런 현실을 더욱 조장하면서 때에 따라 대공장 정규직 노조를 비난하거나 중소·영세 사업장의 비정규직을 비난하면서 자기들의 지배를 공고히 하고 있다. 대공장 정규직 중심인 민주노총과 노동운동에 대한 혁신이 필요하다고 거듭 강조하는 것은 이 때문이다.

5. 노동력의 가치와 노동의 가치

상품은 쓸모가 있는 물건이고, 가치를 가진 물건이다. 그래서 상품을 '사용가치'와 '가치'의 통일이라고 정의한다. 사용가치는 보면 안다. 사과는 맛있고, 설탕은 달다. 신발은 신는다. 하지만 사과·설탕·신발의 가격은 모두 다르다. 가치가 다르기 때문이다. 가치란 그 상품을 생산하는 데 필요한 노동시간의 표현이다. 가치의 실체는 '노동'인 것이다. 각각의 상품에 들어있는 노동시간의 비율에 따라 상품의 교환 비율이 결정되는데 이걸 화폐로 표현한 게 가격이다. 사용가치가 있다고 다 가치가 있는 것은 아니다. 공기가 없으면 숨을 쉴 수 없다. 공기는 사용가치다. 하지만 공기를 사고팔지는 않는다. 공기는 인간이 노동력을 소모해서 생산한 물건이 아니기 때문에 가치가 없고, 당연히 가격도 없다. 하지만 산소통에 들어간 공기는 상품이고 가격을 갖는다. 상품이 비싸다는 것은 그 상품을 생산하는 데 많은 노동시간이 필요하다는 뜻이다. 여기서 노동시간이란 그 상품의 생산에 필요한 사회적 평균노동시간을 가리킨다. 상품은 사용가치와 가치를 가져야 하고, 상품이 교환되는 비율은 노동시간을 기준으로 측정된다.

노동력이라는 상품도 마찬가지다. 노동력도 사용가치와 가치를 가지고 있다. 노동력의 사용가치는 노동이다. 그럼 가치는? 인간의 신체 자체인 노동력의 가치는 인간의 신체가 재생산되는 데 필요한 생활수단의 양으로 측정한다. 그래서 노동력의 가치를 생계비에서 구하는 것이다. 그런데 노동력의 가치와 임금은 정의가 좀 다르다. 근로계약서를 작성할 때는 일정한 노동시간(이를테면 9to6)과 임금을 명시한다. 계약서에 따르면 임금은 9시부터 6시까지 9시간(점심시간을 빼면 8시간) 노동에 대한 대가다. 9시간 노동의 가격이 임금이라는 것이다. 하루 일당이 10만 원이라고 가정해보자. 일당이 10만 원인 이유는 노동력이 정상적으로 재생산되기 위해서는 10만 원에 해당하는 생활수단을 소비해야 하기 때문이다. 그러니까 노동력의 하루 가격 또는 일당(임금)이 10만 원이라면 노동력은 정상적인 가격에 판매된 것이다.

문제는 10만 원짜리 노동력이 8시간을 노동하면 20만 원의 가치가 생산된다는 데 있다. 자본가는 10만 원을 지급했는데 노동자에게 받은 것은 20만 원 상당의 가치다. 10만 원 주고 20만 원을 받았으니 자본가는 10만 원을 번 것이다. 만약 노동자가 공장에 취업하지 않고 자기 집에서 일을 했다면 20만 원은 모두 노동자의 몫이다. 취업했기 때문에 10만 원만 자기 몫으로 받고 10만 원은 자본가에게 바친 꼴이다. 이게 자본가가 돈을 버는 방법이다. 20만 원을 생산할 수 있는 노동력을 10만 원만 주고 구매한다. 이 10만 원이 임금이다.

결국 임금의 의미는 두 가지다. 하나는 노동력의 가치, 다른 하나는 20만 원을 생산할 수 있는 8시간 노동의 가치. 흔히 임금을 노동의 대가라고 부르는데, 이것은 그냥 8시간 노동의 대가라는 뜻이다. 이렇게만 정의하면 착취가 사라져버린다. 10만 원 받고 8시간 노동하기로 했으니 제값을 다 지불한 것처럼 보이기 때문이다. 하지만 노동자는 분명 10만 원의 이윤을 무상으로 양도했다. 노동이 생산한 가치와 자본가가 지급한 노동력 가치의 차이가 바로 이윤인 것이다.

내가 사과를 한 상자 사서 보관해두었다가 사과를 구하기 어려워졌을 때 팔아서 이윤을 얻었다면 뭐 이걸 수완이라고 부를 수도 있다. 하지만 자본가가 돈을 버는 방식은 이런 게 아니다. 노동력을 사면 되지 않느냐고? 노동력은 아무나 못 산다. 임금을 주었으면 일을 시켜야 할 텐데 생산수단이 없으면 일을 시킬 수 없지 않은가. 공장을 가지거나 사업을 하는 사람은 자본을 가진 사람, 즉 자본가뿐이고 오직 자본가만이 노동력을 구매해서 이윤을 번다. 노동력은 누구나 살 수 있는 보통의 상품이 아니라 특별한 상품이다. 노동력은 이윤을 생산하는 독특한 성질을 가지고 있기 때문이다. 자본가의 사업 수완이 뛰어나서 돈을 벌었다? 그렇지 않다. 이윤은 착취의 결과다. 자본가들이 상품을 싸게 사서 비싸게 팔아 돈을 번다는 주장은 자본가들을 변호하는 경제학자와 이론가들의 기만적인 언사에 불과하다.

7장

노동조합 조직활동, 어떻게 할 것인가

노동조합에 가입할 때 대부분의 노동자는 가입할지 말지를 두고 한참을 망설이다 힘들게 가입하는 게 보통이다. 그리고 시간이 지날수록 노동조합은 만드는 것보다 유지하고 발전시키는 게 훨씬 어렵다는 걸 느끼게 된다. 노동조합은 혼자 하는 활동이 아니라 여럿이 함께하는 운동, 노동자를 단결시키는 운동이기 때문이다. 생각도 다르고 목적도 다른 각양각색의 노동자를 하나로 묶어내는 게 얼마나 힘든 일인지는 임금교섭·단체협약교섭을 한 번이라도 해본 조합원이라면 누구나 느낄 것이다. 노동조합 활동은 조합원 내부의 다양한 생각과 더불어 자본가의 회유와 분열 공작이 늘상 존재하는 조건에서 이루어지기 때문에, 조합원 사이에도 많은 분열과 갈등이 뒤따른다. 이를 하나로 모아 한 방향으로 나아가는 게 쉽다면 아무나 노동운동을 할 수 있지 않을까.

노동조합운동의 상대방은 한둘이 아니다. 자본가와 교섭하고 투쟁하다 보면 경찰도 만나고 노동부 관료도 만나게 된다. 차츰 정부의 성격도 알게 된다. 노동조합은 자본가와 자본가를 돕는 정부와 부딪히면서 때로는 평화적으로 활동하지만, 때로는 파업과 같은 폭력적인(?) 방법을 동원한 투쟁을 필연적으로 맞이해야 하는 조직이기도 하다. 그렇지 않으면 노동조합의 발전은커녕 유지도 힘들 때가 많다. 노조를 파괴하려는 것은 자본가의 본능에 가까운 속성이며, 따라서 노동조합은 만들기보다 지키기가 훨씬 어렵다.

노동조합 '조직활동론'은 자본가와 자본가의 이해관계를 지지하는 정부, 나아가 자본주의 자체와의 투쟁에서 노동조합을 어떻게 지키고 강화할 수 있을지를 숙고하기 위해 제안하는 과목이다. 노동조합 활동을 잘 해내려면 우선 조직이 무엇이고, 특히 노동조합이라는 조직이 무엇인지를 있는 그대로 이해해야 한다.

보통의 경우 노동조합은 기업별로 조직되어 있고, 따라서 대부분의 교육은 조합 내의 일상적인 사업이나 조직활동만을 다루기 십상이다. 그러니 산별 노조나 일반노조처럼 기업의 외부에서 활동하는 노조에 대해서는 특별히 배우거나 고민해본 경험이 거의 없는 게 당연하다. 하지만 산별 노조, 특히 일반노조의 조직활동은 기업의 외부에서, 부산·경남과 같은 일정한 지역을 대상으로 더 나아가 전국을 대상으로 이루어진다. 기업별 노조와는 조직의 형식이 다른 만큼이나 활동의 대상과 영역이 다른 것이다. 이걸 무시한다면 제대로 된 조직활동이 이루어질 수 없을 것이다.

그럼 노동조합 조직이란 무엇인가? 〈노동조합 및 노동관계조정법〉에 명시되어 있는 노동조합 조직의 정의에 대해 한번 읽어보면서 노동조합 조직에 대해 생각해보기로 하자. 이 법은 "'노동조합'이라 함은 근로자가 주체가 되어 자주적으로 단결하여 근로조건의 유지·개선 기타 근로자의 경제적·사회적 지위의 향상을 도모함을 목적으로 조직하는 단체 또는 그 연합단체를 말한다"(제2조 4항)고 규정하고 있다. 주체가 누구인가, 목표와 지향이 무엇인가, 규율이 있는가가 법이 인정하는 노동조합의 조건인 셈이다.

그러면 노동조합과 노동조합이 아닌 조직의 구별에서 가장 중요한 것은 무엇인가? 바로 이 구절이다. "근로조건의 유지·개선 기타 근로자의 경제적·사회적 지위의 향상을 도모함을 목적으로 조직하는 단체 또는 그 연합단체" 이것만이 노동조합이다. 즉 계나 친목단체처럼 노동자 상호 간의 친목 도모나 상호부조를 목적으로 하는 단체는 노동조합 조직으로 인정하지 않는다. 반드시 '노동자의 삶의 질 향상'이라는 목적과 지향이 있을 때만이 노동조합 조직으로 인정받는 것이다.

그런데 만약 단체협약의 전문에 노동조합이 '경제적·사회적·정치적 지위의 향상을 도모함을 목적으로 한다'고 명시하면 어떻게 될까? 아마도 자본가들은 눈에 쌍심지를 켜고 반대할 것이다. '정치적'이라는 말 때문이다. 분명히 노동조합을 결성하려면 선언과 강령 그리고 규약을 통해 목적과 지향을 명시해야 하고, 그렇게 하지 않으면 노동조합으로 인정받지 못한다. 하지만 '정치적 지위 향상의 도모'를 목적으로 명시해도 노동조합으로 인정받을 수 없다. 왜 그런가? 자본가들은 '정치적'이라는 말을 '자본주의에 대한 도전'이라는 의미로 받아들이기 때문이다. 노동조합 활동은 자본주의 체제 내에서 이루어져야 하는 것이고, 자본주의를 벗어나는 활동을 해서는 안 된다는 것이다. 법 자체에 그렇게 쓰여 있다. 노동조합의 목적을 '노동자의 경제적·사회적 지위 향상의 도모'라고 명시한 것은 정치적 활동을 저지하려는 의도를 보여주는 것이며, 노동해방이라는 목표와 지향의 싹이 자라지 못하게 애초부터 차단하려는 것이다. 아무튼 법이 노동조합에게 목표와 지향을 명시하라고 요구한다는 사실은 노동조합의 목표와 지향이 얼마나 중요한가를 반증하고 있다. '반드시 목표와 지향을 제시해라. 다만 정치적이면 안 된다.'

노동조합 활동을 해본 사람이라면 아마도 노동조합 설립 초기에 단체협약을 체결하거나 갱신할 때 이 문제로 어려움을 겪은 경험이 한 번씩은 있을 것이다. 조합의 정치적 활동에 대해서는 회사도 알레르기 반응이지만, 조합원들 가운데도 그 못지않게 알레르기 반응을 보이는 사람이 있기 때문이다. 노동조합의 목표와 지향이 굳이 법과 회사의 요구와 달라야만 하는가? 다시 말해서 노동조합이 꼭 '정치적' 행위를 해야만 하는가?

법에 명시된 '사회적'이라는 말에는 '정치적'이라는 의미도 포함된다. 노동조합을 자유롭게 조직하고 자유로운 노동조합 활동이 이루어지기 위해서는 입법 활동이 필수적이기 때문이다. 결사금지법이 노동법으로 바뀐 것은 노동자가 정치적 행위를 했기 때문에 얻은 결과이고, 노동자들의 정치적 지위는 향상되었다. 반대로 노동자가 자본가와 법이 요구하는 대로 정치적 행위를 포기했다면 노동조합 결성 자체도 불가능했다.

그래도 결국은 같은 노동조합 아닌가. 굳이 노동조합의 조직형태를 바꿀 필요가 있을까? 기업 내에서만 활동하면 안 되나? 그렇다. 노동조합의 목표와 지향은 회사가 요구하고 법이 제한한 것과는 달라야 한다. 그리고 목표가 다르면 조직의 형태도 달라질 필요가 있다.

우선 목표와 지향이 다르면 투쟁의 방식이 달라진다. 임금인상투쟁은 임금을 올리기 위한 경제적 투쟁이고, 직접적인 상대방은 회사다. 하지만 늘 그렇듯 회사는 노동자의 합리적인 요구조차 무시한다. 뭐라고 제안을 하든 무리한 요구라고 일축한다. 그다음은 정해져 있다. 파업·진압·소송 등등 목표와 지향이 회사 안에만 갇혀 있으면 더 이상의 진행은 없다. 임금은 안 오르거나 쥐꼬리만큼 오른다. 목표와 지향이 제한되어 있으니 활동도 더 변하지 않는다. 그게 대부분의 영세·중소 사업장과 비정규직 노동자가 부딪히는 현실이다.

목표와 지향이 회사를 넘어 사회로 확대되어 있으면 상황이 바뀐다. 파업이 진압되고 손배가압류가 들어와도 투쟁은 계속된다. 회사 안에서 안 되면 회사 밖으로 확대된다. 정부의 탄압에도 꺾이지 않는다. 순수한 경제적 투쟁이 정치투쟁으로 발전한다. 임금인상 투쟁위원회로 정부와 투쟁할 수는 없다. 새로운 조직이 필요해진다. 목표와 지향이 다르면 투쟁의 형태도 달라지고, 투쟁의 형태가 다르면 조직의 형태도 달라지는 게 당연하다.

우리 회사 사장과 적당한 선에서 타협하려고 마음을 먹었다면 굳이 다른 회사 노동자들과 연대할 필요가 없지 않을까? 그렇다. 회사 밖의 조직인 일반노조에 가입할 필요는 더더욱 없다. 가입을 했다고 해도 사장과의 관계가 원만하면 탈퇴하고 싶어질 것이다. 가입 상태를 계속 유지한다고 해도 아마 그건 보험 정도의 의미일 것이다. 사장의 변심에 대비한, 아마 사장의 마음을 믿지 못하겠다는 뜻일 것이다.

역사적으로 노동조합이 조직되는 형태는 기업별 노조(직업별 노조), 산업별 노조, 초기업 노조(일반노조) 순으로 발전해왔다. 노동자의 연대에는 그토록 반대했으면서도 자본가들은 결코 혼자 노동자를 상대하지 않는다. 자본가들은 항상 연합해서 노동자들과 맞선다. 개별 자본가를 상대로 한 노동자들의 교섭과 투쟁은 항상 해당 산업자본가의 담합과 탄압에 부딪혔고, 그에 맞서 노동자들은 산업별 노조를 결성했다. 신자유주의의 공격으로 산업별 노조가 무력화되자 노동자들은 다시 민주노조운동의 총단결을 외치며 일반노조를 결성했다. 신자유주의라는 자본가들의 지구적 연합과 탄압에 맞서 세계 노동운동은, 다소간의 합종연횡을 거치기는 했지만 일반노조로 방향을 잡은 것이다.

운동의 내용도 마찬가지다. 임금인상과 근로조건 개선을 요구한 노동자들의 투쟁이 노동악법과 정부의 탄압에 부딪히자, 투쟁은 자연스럽게 노동악법 철폐투쟁, 노동운동 탄압분쇄투쟁, 심지어 정권퇴진투쟁으로 발전했다. 이 투쟁은 신자유주의 초국적 자본에 의해 무력화되었지만, 노동운동은 다시 반신자유주의투쟁, 반자본주의투쟁 그리고 새로운 사회를 향한 투쟁을 자기의 전망으로 삼으려 하고 있다. 결국 노동조합의 조직형태는 투쟁의 전망, 그러니까 어떤 목표와 지향을 가지고 투쟁에 나설 것인가에 따라 변한다. 조직의 형태는 투쟁형태의 반영이다. 조직은 투쟁을 담는 그릇이기 때문이다.

그렇다고 조직 자체가 목적이어서는 곤란하다. 운동의 지향과 방향 없이 조직 그 자체가 목적이 되어버리면 노동조합은 관료화된다. 조직 강화, 조직 강화를 외치면서도 정작 조직을 강화해서 무엇을 할 것인지를 고민하지 않는다면 조직이 어떻게 되겠는가?

많은 노동조합이 임금인상과 단체협상을 마치고 나면 1년 농사 다 지었다며 아무것도 하지 않는다. 조합원 수가 줄지 않고 유지되는 것, 한마디로 조직 그 자체가 목적이 되어버린다. 조직 자체가 목적이 된 순간 그 조직은 세상이 어찌 돌아가든 판단을 멈춘다. 사회적으로 어떤 모순이 드러나든, 다른 회사 노동자들이 어떤 처지에 놓이든 관심이 없다. 눈앞에 닥친 과제의 해결, 당면한 투쟁을 무시하고 회피하면서 오직 조직을 보존하는 데만 관심을 쏟는다. 조직 보존주의의 특징은 관료주의다. 그리고 관료주의는 엘리트주의의 온상이다. '내가 아니면 안 된다. 이 집행부가 아니면 안 된다. 오직 나와 이 집행부만이 이 조직을 보존할 수 있다.'

대체 왜 노동조합 활동을 하는가? 왜 조합원을 조직하려 하는가? 조직을 보존하고 늘려서 무엇을 하려는가? 곰곰이 생각해볼 문제다.

목표가 다르면 활동도 달라진다. 목표를 달성하기 위해서는 활동의 방식도 달라진다. 활동과 활동 방식을 규정하는 건 목표다. 군부독재 시절의 영향이겠지만, 당시의 엄중한 상황에 비추어 보면 당시 활동가들이 군사적 용어를 일상적으로 사용한 것도 어찌 보면 당연했다. 그 영향이 남아서겠지만, 이런 문제에는 보통 전략과 전술이라는 표현이 많이 쓰인다. 선전과 선동, 최대강령과 최소강령도 비슷하다. 나도 연식이 꽤 된 사람이라 이런 단어가 익숙하고, 다른 단어는 잘 생각나지 않는다. 양해를 부탁드린다.

아무튼 전략은 뭐고 전술은 뭔가. 뭐가 다르고 어떤 연관이 있을까. 단순하게 말해 전략이란 궁극적 목표 또는 그것에 도달하기 위한 수단을 가리킨다. 전술은 전략을 실현하기 위해 설정한 당면한 목표 또는 그것을 달성하기 위한 수단을 가리킨다. 노동운동에서 전략적 목표와 전술적 목표는 뭘까? 임금협상이나 단체협상은 전략일까 전술일까? 만약 임금협상이 전술이라면 임금인상은 어떤 목표에 도달하기 위한 과정이다. 그게 뭘까? 당연히 자본주의적 모순의 근본적 해결, 임금제도의 폐지. 앞에서 말한 대로 임금제도란 인간의 본성은 이기심이며, 노동자나 자본가나 돈 버는 데만 관심이 있기는 마찬가지라고 설파하면서 자본주의적 착취를 정당화하는 수단이기 때문이다.

반대로 임금인상이 전략이라면 여기에만 목숨을 걸면 된다. 임금인상과 근로조건 개선만이 목적인 노동조합은 자기들의 처지가 개선되는 순간 다른 활동에는 관심을 두지 않을 것이다. 조합원의 의식을 끌어올릴 필요도 없고, 다른 노동조합·다른 노동자의 상황에 눈길을 두지도 않을 것이며, 연대활동도 소홀하게 될 것이다.

하지만 임금인상과 단체협약을 둘러싼 투쟁의 과정에서 노동자들은 항상 자본과 정부의 실체를 보게 된다. 자연스럽게 사회가 직면해 있는 문제점, 자본주의의 궁극적 모순도 접하게 된다. 비정규직의 저임금과 장시간 노동이 없다면 정규직의 고임금과 좋은 일자리도 보장될 수 없다는 것, 한편에서 이루어진 부의 축적은 다른 편에 누적된 빈곤의 결과라는 것도 깨닫게 된다. 이걸 극복하려고 노력하는 게 노동자가 갖추어야 할 의식이다. 노동자의 의식을 갖춘 노동조합이 자본주의의 모순을 극복하고 인간다운 세상을 만들려는 투쟁을 지향하는 건 당연하지 않을까?

목표가 다르면 활동이 달라진다고 했다. 노동조합의 전략이 달라지면 전술도 달라진다. 전략적 목표를 최대강령이라고 부른다면, 전술적 목표는 최소강령이라고 부를 수 있다. 예를 들어 최대강령이 사유재산제도의 폐지라면, 최소강령은 주 30시간 노동제의 쟁취 등으로 설정할 수 있다. 최소강령은 당면한 대중적 투쟁의 슬로건으로 사용될 수 있지만, 최대강령을 슬로건으로 삼는 건 곤란하다. 주 30시간제를 선동하는 거야 아무런 문제가 되지 않겠지만, 사회주의를 선동하는 건 대중들이 먼저 알레르기를 일으키고 경찰에 잡아다 바치지 않을까? 최대 강령에 대한 이해에는 학습이 필요하다. 아마도 누군가 먼저 공부를 시작한 사람이 있고, 또 다른 사람들이 그것을 배우고 이해하고, 뭐 그런 식으로 퍼져나갈 것이다.

꼭 맞는 얘기라고 할 수는 없지만, 예전에는 학습이 필요한 내용을 알려 나가는 활동, 그러니까 의식의 발전을 촉구하는 활동을 선전이라고 불렀고, 행동을 요구하는 활동을 선동이라고 불렀다. 여기에 따른다면 최대강령은 선전의 내용이고, 최소강령은 선동의 내용이 된다. 사실 이것도 전제적이고 폭압적인 탄압 때문에 생겨난 구별이지만, 이 구별도 어느 정도의 의의는 있다. 선전의 내용과 선동의 내용을 구별하지 못한 활동은 때로는 모험주의로, 또 때로는 기회주의로 빠질 것이기 때문이다.

최대강령처럼 당장 이룰 수도 없고, 대중에게 받아들여지지도 않을 내용을 함부로 선동하고 다니는 게 모험주의다. 멋있어 보일지는 몰라도 책임 못 진다. 반대로 노동조합이 선동의 내용, 그러니까 당장 인정받을 수 있고, 노력하면 이룰 수 있는 내용을 궁극의 목표, 학습의 내용으로 삼는다면 조합원들의 의식은 더 이상 발전하지 못한다. 그들은 임금이 오르고, 근로조건과 생활상의 처지가 개선되는 순간 노동조합의 필요성을 느끼지 못하거나, 노동조합의 역할을 그런 정도로 한정하고 말 것이다. 이게 기회주의다. 1987년 노동자대투쟁의 주역은 대공장 정규직 노동자들이었다. 하지만 지금 그들의 모습은 목표가 달라진 노동조합의 활동이 어떻게 변질되는지를 잘 보여주고 있다.

이건 한국만의 문제가 아니라 모든 나라의 공통된 현상이었다. 다른 나라들의 사례를 통해 목표와 지향이 달라진 노동조합의 활동이 어떻게 변질되었는가를 살펴보기로 하자.

1. 다른 나라의 사례들

1) 영국의 노동조합운동

영국의 노동조합운동은 노동조합을 근로조건 개선을 위한 경제적 투쟁을 위한 조직이라고 보는 협소한 시각을 가지고 출발했다. 역사적으로 영국 노동조합은 숙련공이 중심이었고, 그들은 자기들의 배타적인 경제적·직업적 이해를 증진시키는 데 노동조합의 목적을 두었다. 이를 경제적 노동조합주의라고 부른다.

영국에서 노동조합이 경제적 투쟁을 위한 조직이라고 협소하게 이해된 것은 노동조합의 기원이 길드적 전통에서 비롯되었고, 높은 임금을 받는 숙련공들은 자신들과 미숙련·반숙련 노동자를 차별하는 자본가에게 강한 영향을 받았기 때문이다.

영국의 노동조합들이 자본가의 탄압에 맞서 차티스트운동이라고 알려진 보통선거권 쟁취투쟁을 힘차게 전개한 건 사실이지만, 그것은 자본의 공격을 막기 위한 정치적 필요에 따른 것이었을 뿐 자본 자체와의 투쟁에 나선 것은 아니었다. 그들은 국회 청원을 통해 단결금지법의 폐지, 노동시간 단축, 노동조합법 등을 통과시켜 자기들의 직업적 이익을 지키고자 했을 따름이다.

영국의 노동운동이 국제노동자협회(제1인터내셔널)에 가입했던 것은 자기들의 높은 임금을 지키기 위해선 임금이 낮은 다른 나라에서 유입되던 파업파괴단을 막아야 할 필요성 때문이었고, 사회혁명에는 아무런 관심도 없었다.

영국 노동조합운동의 특징은 노동조합의 역할을 노동력의 매매라는 경제적 요구로 한정하고, 정치적 요구를 불온시한 데 있다. 물론 1889년 런던 부두노동자 파업의 승리를 계기로 신노조주의운동이 전개되면서 미숙련·반숙련 노동자들이 대거 노동조합에 가입하자 숙련공 중심이던 노동운동에 정치화 움직임이 일어나기도 했다. 그러나 영국 노동조합들은 조합의 역할을 조합원의 경제적 이익 옹호로 한정하면서 물가 상승이나 사회복지 같은 문제를 정치투쟁으로 해결하기보다, 협동조합이나 공제조합을 통해 조합원들의 집단적 이익을 관철하는 데 더 관심을 두었다. 심지어 영국 노동조합은 경제공황에 대응하기 위해 정부가 추진한 사회보험의 확대가 노동조합의 단결을 깨트리려는 자본가의 공격이라고 반대하기도 했다.

신노조주의운동의 결과 58만 명 수준이던 조합원 수가 5년 만에 147만 명으로 증가해 새로운 지평이 열리던 시점에도 영국 노동운동은, 여전히 노조의 정치활동을 조합원을 분열시키는 무용한 전술이라고 평가하며 독자적인 정치세력화를 꾀하기보다, 자유당과 연대해 의회에 진출하거나 각료로 등용되는 길을 고집했다.

영국 노동운동으로 하여금 노조의 정치활동이 갖는 중요성과 노동자계급의 독자적인 정치세력화의 필요성을 인식하도록 만든 계기가 1900년에 일어난 테프베일 사건이다. 테프베일 사건이란 1900년 8월 사우스웨일스의 테프베일 철도회사 파업에 대해 법원이 노조의 손해배상을 판결한 사건을 가리킨다. 이후 노동운동은 노동조합을 기초로 한 정당을 결성해 법적·정치적 투쟁에 나설 필요를 절실히 깨닫게 된다.

이 사건을 계기로 1900년 영국 노동당이 탄생했다. 영국 노동당의 정치 이념은 선거득표주의와 무이념주의로, 이념적 원칙보다는 노동조합의 대중적 참여를 통해 노동자계급의 이익을 관철하는 데 목적이 있었다. 자본주의 사회를 인정하고 더 많은 의원을 의회에 진출시켜 노동자에게 유리한 정책을 펴나가야 한다는 것이다. 영국 노동당의 조합주의 정치는 이렇게 탄생했다.

2) 독일의 노동조합운동

독일의 노동조합운동은 노동자정당이 먼저 생겨난 뒤 노동자정당의 지도하에 발전했다. 독일의 초기 노동조합운동은 1863년 전독일노동자협회(독일사회민주당의 전신)를 조직해 노동운동을 이끈 페르디난트 라살레의 영향을 많이 받았다. 라살레주의란 노동조합의 무용론을 주장하고, 심지어 임금인상투쟁도 부정하면서 오로지 국가가 보조하는 협동조합운동을 통해 사회주의 사회를 건설하자는 이론이다. 라살레는 국가에 영향력을 행사하기 위해서는 제국의회에 진출하는 것이 중요하다고 보았고, 노동자의 보통선거권 획득을 중요한 과제라고 생각했다.

마르크스와 달리 그는 국가를 계급지배의 도구가 아니라 중립적인 기구라고 생각했으며, 국가의 재정과 도덕적인 자본가의 재원을 이용해 협동조합들이 연합된 사회로 이행할 수 있다고 생각했다. 라살레는 오늘날 국가주의 이론의 출발점이 되었을 뿐 아니라, 국가를 이용해 계급적대를 해소할 수 있다고까지 생각했다.

19세기 중후반 제2차 산업혁명이 발생하자 후발 자본주의 국가였던 독일에서도 급속한 공업화와 더불어 생산력이 비약적으로 발전하면서 곳곳에 노동조합이 탄생했고, 사회민주당(사민당) 좌파의 지도에 따라 노동조합 수가 급격히 증가했다. 이에 위기를 느낀 비스마르크는 사회보험제도를 통해 노동자를 유혹하는 한편 '사회주의자탄압법'(1878년)을 제정해 사민당을 불법화하고, 노동조합을 탄압하기 시작했다.

다만 비스마르크는 사회민주당을 체제 내로 끌어들이기 위해 제국의회 내의 사민당 활동은 예외적으로 인정했다. 이후 제국의회 진출에 사활을 건 사민당은 의회 내에서의 활발한 정치활동을 통해 적어도 1,500명 이상이 체포·투옥되고, 수많은 활동가가 해외로 추방되는 탄압을 뚫고 1890년 드디어 사회주의자탄압법을 폐지하는 데 성공한다. 이 투쟁으로 1878년 5만 명에 불과했던 독일의 노동조합 조합원 수는 12년 뒤 30만 명으로 늘어나게 되며, 독일 사민당의 득표 역시 49만 3,000표(의석수 9)에서 1890년에는 142만 7,000표(의석수 35)로 300퍼센트 가까이 증가하게 된다.

여기서부터 문제가 꼬이기 시작했다. 노동운동이 12년간에 걸쳐 비약적인 성과를 이뤄내고, 제국의회에 다수 의원이 진출하면서 독일 사민당 내에서 '노동자는 모든 생활 문제를 자본주의 제도의 틀 내에서 해결할 수 있고, 따라서 혁명을 위해 투쟁하는 것은 어리석고 불필요하다'는 주장이 등장한 것이다. 제2인터내셔널의 수정주의 논쟁이다.

수정주의자들은 '자본주의의 구조적 위기와 사회주의 혁명은 전혀 임박하지 않았으며, 영국과 다른 나라들에서 노동자가 보통선거권을 쟁취한 것은 물론, 각국 사회주의 정당들의 득표가 빠르게 늘고 있다'는 점을 근거로 들면서 이른 시간 안에 노동자가 의회의 다수를 차지해 지배세력이 될 수 있으리라는 환상을 품었다.

그들은 또 식민지에서 벌어들인 초과이윤을 바탕으로 노동자의 물질적 풍요와 상대적 고임금을 보장한다면, 노동자의 경제적 여건이 개선되어 궁핍화를 피할 수 있다고 보았고, 자본가의 수 또한 감소하는 대신 증가하고 있다는 주장을 폈다. 노동자와 서민들이 주식을 보유하면 자본가가 될 수 있다고 생각한 것이다.

이후 독일 사민당은 공식적으로 혁명적 방식을 포기하고 의회주의적인 방식으로 사회주의 혁명이 가능하다고 주장하게 된다. 1919년 독일혁명 이후 자본가와의 대타협으로 바이마르공화국이 탄생했는데, 오늘날 사민주의 복지국가 모델은 여기에서 탄생했다. 그 뒤 독일 사민당은 노동조합은 경제적 개량을, 사민당은 정치적 개량을 담당한다는 소위 양날개론을 정식화하고 현재까지 이 노선을 견지하고 있다.

3) 프랑스·스페인·이탈리아 등 남부유럽 노동조합운동의 경향

프루동·바쿠닌·마치니 등 무정부주의자의 영향을 받은 프랑스·스페인·이탈리아 등 남유럽 노동조합운동은 상당한 기간 동안 노동조합의 역할과 파업을 부정하는 경향이 강했다. 자본주의의 발전 경로가 영국과 달랐던 남부유럽에서는, 공업의 발전이 상대적으로 더뎠던 탓에 농민층이 공업 노동자로 전환되는 대신, 비교적 긴 기간 동안 소생산자로 남아 소농경제가 광범위하게 유지되고 있었기 때문에, 노동자가 아니라 농민과 소생산자계급이 사회개조와 혁명을 주도할 세력이 될 것으로 보는 경향이 강했다. 그들이 생각한 혁명의 수단은 상호부조와 경제적 협동조합이다. 그들이 목표로 삼은 것은 자유로운 생산자들이 연합한 사회였기 때문이다.

무정부주의자들은 국가만을 부정한 것이 아니라 그 어떤 조직적인 권위도 거부했고, 노동조합의 역할과 파업의 의미까지도 부정했다. 공업이 발전하고 농민층이 분해되어 공업 노동자의 수가 증가하고 노동조합이 결성되면서 아나키즘은 아나코생디칼리즘으로 변형된다. 아나코생디칼리즘이란 협동조합 또는 노동조합이 사회의 지배권을 장악하고, 나아가서는 산업을 운영해야 하며, 노동조합의 총파업을 통해 사회혁명이 가능하다고 생각하는 이론이다.

이들은 사회를 개량하기 위한 모든 일상적인 투쟁을 부정하고 경멸했으며, 한 번의 무장봉기를 통해 국가를 폐지하고 소생산자들의 연합사회를 이루고자 했지만, 자본주의의 발전은 소생산자가 지배적인 생산양식은 존립이 불가능하다는 사실을 증명했다. 하지만 프랑스와 스페인, 이탈리아 등 남부유럽의 노동조합운동에는 아직도 아나키즘의 영향이 남아 있고, 정파적 노조의 색채가 짙은 편이다.

4) 미국과 유럽의 신노동조합운동

신노동조합운동이란 소위 사회운동적 노조주의라고 일컬어지는 미국과 유럽 선진국 노동운동의 새로운 흐름으로, 1970년대 신자유주의 공격 이후 노동운동의 위기를 극복하기 위한 고민에서 시작되었다. 사회운동적 노조주의는 노동운동의 위기 원인을, 1945년 이후 케인스주의(복지국가) 시대를 거치며 체제 내로 흡수되어 보수화된 노동운동이, 계급적 요구 대신 주로 백인으로 이루어진 굴뚝산업 노동자의 집단이기주의적 요구에 매몰되어 노사협조주의가 고착화된 데서 찾는다. 신자유주의에 굴복한 유럽의 사민당이 코포라티즘 혹은 노사합의주의를 받아들인 뒤, 양보교섭이 일반적인 교섭 방식으로 정착되면서 노동조합의 조직률이 급격히 하락하는 등 노동운동이 위기를 맞았기 때문이다.

사회운동적 노조주의는 노동운동의 위기를 극복하기 위해 시작된 노동조합 혁신운동이라고 이해할 수 있다. 미국의 경우 조직률을 끌어올리기 위해 조합 내부의 민주주의 강화와 내부 혁신을 내용으로 한 조직화 전략을 마련하기도 했다.

미국 전미서비스노조가 10년간 수억 달러를 들여 조합원을 8만 명 이상 조직한 게 좋은 사례다. 한국에서 지역일반노조가 창립되고 조직이 확대된 뒤에 한동안 유행했던 민주노총의 조직화 전략이 '기금 50억 원 조성'이었던 것도 미국 전미서비스노조의 사례를 벤치마킹한 것이다.

유럽의 경우에는 신자유주의에 대항할 수단으로 노동자국제주의와 대산별주의를 채택해 산별 노조들의 통합운동과 국제적 차원의 노동시간 단축투쟁을 전개하기도 했다.

사회운동적 노조주의는 노동운동의 중심성을 주장하지 않는다. 노동운동도 사회운동의 한 부문이라는 인식을 바탕으로, 사회적 해방의 중심에 시민사회를 두어 신사회운동과의 수평적 연대에 주력하고 있다. 그러나 사회운동적 노조주의 역시 실리적 노선과 코포라티즘에서 벗어나지 못하고 있는 것이 현실이고, 노동운동이 시민사회운동의 한 부문으로 하향 평준화되면서 노동자 계급성이 약화되고 있다.

5) 마르크스-레닌의 혁명적 노동조합운동

마르크스는 자본주의가 아직 성숙하지 못했던 19세기 초반 노동조합운동의 이론적 혼란을 극복하고, 노동조합을 부정하는 무정부주의와 협동조합운동에 맞서 노동조합운동의 중요성을 정식화했다.

노동자 사이의 취업 경쟁을 해소하고 고용주에 맞서 단결해야 할 필요성을 역설했으며, 노동조합의 경제투쟁을 지지하고, 경제투쟁은 '노동자계급이 노동자의식과 정치의식을 깨우치는 학교'라고 의의를 부여했다. 그러면서도 마르크스는 노동조합이 눈앞의 이익에만 집착해 경제투쟁에 머물러서는 안 되며, 정치권력을 목표로 한 투쟁에 나서야 하고, 노동자의 깃발에 '임금노동의 폐지'라는 혁명적 구호를 써넣어야 한다고 주장하는 등 노동조합운동의 방향과 목표를 분명히 제시했다. 또한 그는 노동조합의 정치적 중립화론을 비판하고 "경제투쟁으로 성취한 노동자계급의 연합된 세력은 착취자들의 정치권력에 대한 투쟁의 발판으로 이용되어야 한다"고 역설하며 노동조합의 경제투쟁과 정치투쟁의 결합을 강조했다.

마르크스의 노동운동론이 영국·독일·프랑스 등 다른 나라의 노동운동론과 결정적으로 구별되는 점 가운데 하나가 '혁명의 주체'를 부르주아가 아닌 '프롤레타리아'라고 명시한 것이다. 자본주의 초기에 노동조합과 노동운동을 이끌었던 대부분의 지도자는 모순으로 가득 찬 자본주의를 변혁할 주체를 부르주아계급 내부에서 찾으려고 했다. 미성숙한 초기 자본주의에서 그 눈부신 성장에도 불구하고 노동자계급의 역량이 아직은 초라해 보였고, 농민과 소생산자 그리고 지식인이 혁명의 주체가 되어야 한다고 생각했기 때문이다. 공상적 사회주의를 추종

했던 소부르주아 지식인들은 지나치게 가난하고 못 배운 노동자와 농민은 혁명의 주체가 될 수 없다고까지 망상했다. 그들은 대중 속으로 들어가 대중을 계몽하는 것만이 문제를 해결할 유일한 방법이라고 공상했다. 가난한 대중을 가르치고, 그들을 대신해서 혁명을 완수한다는 대리주의가 움튼 것이다. 대리주의는 끝내 엘리트주의와 관료주의로 귀결되었고, 운동은 실패했다.

마르크스는 대리주의적 운동관과 엘리트주의를 비판하고, 발전이 진행되면 될수록 자본주의는 자기의 무덤을 팔 인부들, 즉 노동자계급을 스스로 더 대규모로 만들어낸다고 주장했다.

> 노동자계급의 해방은 반드시 노동자계급 자신이 쟁취해야 한다. 노동자계급의 해방을 위한 투쟁은 계급 특권과 독점을 위한 투쟁이 아니라 권리와 의무의 평등을 획득하고, 모든 형태의 계급지배를 뿌리 뽑기 위한 투쟁이다.
> -칼 마르크스, 〈국제노동자협회 임시 규약〉

자본주의의 변혁은 노동자계급이 주체가 될 때만 이루어질 수 있고, 노동자계급은 특권을 독점하는 대신 계급지배 일체가 폐지된 평등한 사회를 목표로 삼아야 한다. 이것이 마르크스-레닌의 혁명적 노동조합운동 노선이다.

2. 노동조합 조직활동의 과제

앞에서는 목표와 지향에 따라 노동조합운동이 어떻게 달라지는지를 다른 나라의 노동운동 사례를 통해 살펴보았다. 자본주의의 변혁이라는 공통의 목표를 가지고 출발했지만, 운동을 주도한 세력이 처한 물질적 조건의 변화는 그들이 세계를 바라보는 방식에도 반영되어 인식의 변화를 가져왔다. 노동조합운동과 노동운동은 자본주의에 포섭되어 변질되었고, 그 과정은 지금도 계속되고 있다.

현재 민주노총을 주도하고 있는 대공장 정규직 노동조합들도 마찬가지다. 30년 전 이들은 1987년 노동자대투쟁의 주역들이었다. 그때 그들은 세상을 뒤집어 '평등세상'을 만들어야 한다고 생각했고 '노동해방'을 외쳤지만, 현재 그들의 목표와 지향은 완전히 변했다. 자기들의 높은 임금과 안정된 고용을 지키기 위해서라면 비정규직 노동자를 희생양으로 삼는 일도 서슴지 않는다. 민주노총과 대기업 노동조합이 비난받는 이유다.

노동조합운동의 목표와 지향은 분명해야 한다. 다만 그것을 끊임없는 현실의 변화에 맞게 적용해 현실을 새롭게 해석하고 이해하려는 의식적인 노력이 필요하다. 그런 노력을 기울이는 노동조합은 얼마나 될까? 자본가들과 비교하면 또 어떨까? 자기들의 자산을 지키고 증식시키는 데 쏟아붓는 자본가들의 열의는 어마어마하다. 노동자를 탄압하고, 노조를 파괴하기 위해 전문가를 고용하는 데 드는 비용은 결코 적지 않다. 그들이 연구하는 만큼 노동조합도 그 대응책을 연구하는 데 노력을 기울이고 있을까? 노동조합의 조직활동이 그렇게 이루어지고 있을까? 아닐 것이다. 만약 그런 활동이 정말로 있었다면 우리의 노동현실은 많이 달라졌을 것이고, 양당정치의 두 주역인 국민의힘과 민주당이 교대로 정권을 맡으면서 재벌의 이익만을 대변하는, 얼굴이 둘 달린 한 몸뚱이의 정치구조에서 벗어나 있었을지도 모른다.

노동운동이 위기에 처했다는 것, 자본가의 탄압과 공격 앞에서 노동조합운동이 아무런 대책과 대안을 가지고 있지 못하다는 데 모두가 동의한다. 산별 노조는 실패했고, 자본가가 마음만 먹으면 와해시키지 못할 노동조합이 없을 정도로 힘이 없다. 노동조합의 조직활동에 대체 어떤 문제가 있는 건가?

노동조합이 어려움에 처할 때마다 "조합원들이 단결이 안된다"며 책임을 조합원에게 돌리는 간부들이 적지 않다. 단결력 부족이 조합원의 의식 수준이 낮기 때문이라고 말하면서도 의식의 수준을 높이려는 활동은 거의 하지 않는다. 이거 다 핑계다.

솔직히 말해서 노동조합의 조직활동이 잘 안되는 이유는 간부들의 목적의식이 없어졌기 때문이다. 노동조합 활동을 앞장서서 하는 사람들이 노동조합 활동의 목적과 지향을 잊어버리고 슬그머니 바꾸어 현실과 타협하고 굴복하기 때문이다.

우리나라의 노동조합 조직률이 가장 높았을 때는 1989년 이후, 그러니까 전노협 출범 전후의 시기였다. 1987년 노동자대투쟁 이후 노동운동이 확장되던 시기인 만큼 노동조합 활동의 목표와 지향은 분명했다. 지도노선과 조직노선도 갖추고 있었다.

상당수의 활동가들이 전노협 시절과 달리 30년이 지난 지금 민주노총 시대에는 조직활동이 어렵고 잘 안된다고 푸념을 늘어놓는다. 간부들이 아무리 열심히 움직여도 월급이 올라 자기 집, 좋은 차를 가진 조합원들에게 팽배해진 개인주의를 극복하기 어렵다고 한탄한다. 결국 운동이 잘 안되는 게 상황이 변했고, 개인주의에 물든 조합원의 탓이라는 말이다. 정말 그런가?

아니다. 노동운동이 부닥친 위기는 간부들, 지도부의 변화 그리고 운동노선의 변화에서 비롯되었다.

"질 싸움을 왜 합니까?" "질 게 뻔한데 이 투쟁을 왜 해야 합니까?" 요즘 정말 많이 듣는 소리다. 그리고 이런 말이 나오는 곳은 모두 조합활동의 목표와 범위를 자기 사업장의 임단투 승리로 한정한 노동조합이다. 물론 우리는 이기기 위해 조합활동을 하고, 조합원이 단결할 수 있게 만들려고 조직활동에 나서는 것이다. 하지만 노동조합은 눈앞의 임단투에서만 승리해야 하는 것이 아니라 자본주의의 모순과의 투쟁, 임단투가 생기게 만드는 근본적 원인과의 투쟁에서도 승리해야 한다. 노동조건의 향상을 위한 투쟁에서만이 아니라 궁극적으로 임금노동을 폐지하는 투쟁에서도 승리해야 하는 것이다. 그러려면 지는 싸움에 나설 수도 있어야 한다. 항상 그렇게 할 수야 없겠지만, 결사항전의 자세가 필요할 때도 있다. 질 게 뻔하고 승리가 아주 멀리 있어도 옳지 않기 때문에, 불평등해서, 정의롭지 않기 때문에 벌어지는 투쟁도 있는 것이다. 그것이 노동운동이고, 노동조합이 조직활동에 나서는 이유다.

많은 수의 노동조합이 활동의 범위를 자기 사업장·자기 업종·자기 지역으로 국한하는 경향이 있고, 조합원들이 사업장 이기주의·업종 이기주의에 빠지거나 협소한 지역적 관점을 넘어 전국적으로 시야를 넓히지 못하는 데는 분명히 그 영향이 있다.

주로 비정규직을 고용하는 중소·영세 사업장의 대부분은 최저임금이 오르지 않으면 임금을 인상할 수 없는 게 현실인 상황에서, 이 사업장의 노동조합들이 벌이는 사업장별 교섭·업종별 교섭·지역별 교섭은 큰 의미를 갖기 어렵다.

대기업과 원·하청 관계로 묶여 있는 중소자본가만을 상대로 투쟁한다고 이룰 수 있는 게 얼마나 되겠나. 거의 없을 것이다. 이 나라의 돈은 재벌이 모두 쥐고 있기 때문이다. 중소·영세기업 비정규직 노동자의 임금이 오르려면 재벌이 하청기업에 더 많은 금액을 지급해야만 한다. 헐값에 하청을 맡기는 관행이 사라져야 하는 것이다. 일단 최저임금을 올리고 중소기업이 지급할 수 없는 부분을 정부가 보조한다? 얼마나 올릴 수 있겠나? 결국 전국적인 관점, 또 정치적인 관점에서 정부와 자본을 상대로 투쟁하지 않으면 최소한의 인간다운 삶도 보장되지 않는다. 재벌이 독식하는 사회구조를 바꾸는 투쟁, 재벌기업의 이윤이 재벌기업 노동자들에게만 분배되는 것이 아니라 전체 노동자에게 분배되는 투쟁, 전체 노동자들이 정치투쟁과 재벌해체투쟁에 나서야 대공장 정규직 노동자만 인간답게 사는 세상을 모든 노동자·민중이 인간답게 사는 세상으로 바꿀 수 있다. 노동운동은 다람쥐 쳇바퀴 돌 듯 매년 반복되는 임단협에 갇힌 조직활동이 아니라, 이와 같은 목적의식과 전국적 전망을 바탕으로 조직활동에 나서야 한다. 조합활동의 목적의식적인 혁신이 필요한 것이다.

뚜렷한 목표도, 목적의식도 없는 노동조합은 일상적인 활동도 거의 하지 않는다. 해도 별 의미가 없다. 1년 내내 아무것도 하지 않고 가만히 있다가 3~4월 임단투 시기가 되면 간부회의나 몇 번 하고, 유명강사 불러서 교회 부흥회처럼 임단투 결의대회를 한 다음 얼렁뚱땅 교섭을 마무리하는 게 보통이다. 이런 노동조합들은 자기 사업장·자기 업종·자기 지역에서 진행되는 임단투 외에는 별 관심이 없고, 임단투가 마무리되기 전에는 사업장 밖으로 눈길도 주지 않는다. 당연히 전국적 규모의 회의나 사업에 거의 참가하지 않는다. 자기들 싸움이 어려울 때는 연대를 호소하려 참가하기도 하지만, 그런 특별한 경우가 아니면 다른 사업장·다른 업종과의 연대에는 무관심하다. 이게 우리 노동조합운동의 현실적인 모습이다. 하지만 전노협 시절에는 자기 사업장·자기 지역의 임단투가 곧 전국적 투쟁의 시작이고 발판이었으며, 노동자 전체를 연결하는 고리였다.

차이는 목적의식에 있다. '전국적 투쟁을 통해 전체 노동자가 승리해 우리 사회의 부를 재분배한다. 그것을 발판으로 자본주의의 사회적 구조를 바꾸기 위한 더 큰 투쟁을 준비하고 조직해나간다.' 그러려면 조직형태도 달라져야 한다. 앞에서 말한 대로 조직형태는 투쟁형태의 반영이다. 어떤 투쟁을 할 것인지가 조직의 활동 방향을 좌우하는 것이다. 조직의 목적의식에 따라 간부들의 의지와 열정에도 차이가 생긴다. 간부들의 활동 방향이 달라지면 조합원의 의식에도 변화가 시작된다.

노동조합의 조직활동에서는 활동가의 원칙과 관점이 중요하다. 그것은 조합원에 대한 올바른 이해에서 시작된다. 이것을 '대중관'이라고 부른다. 사실 인간은 이중적이고, 당연히 조합원도 이중적이다. 이걸 이해해야 한다. 대중관을 올바르게 정립하지 못한 활동가는 목적의식을 잃어버리고 조합원들의 꽁무니만 따라가거나, 그들에게 실망해 운동 자체를 포기해버리기도 한다. 실망을 넘어 대중의 이기심을 비난하며 아예 자본가의 편으로 돌아서기도 한다. 안타까운 일이지만, 노동운동에 열심이던 활동가들이 자본가의 앞잡이가 되어 노동운동 탄압의 제일선에 서는 일도 매우 많다. 저 유명한 노조파괴 전문회사 '창조컨설팅'도 노동운동가 출신이 만든 것이다.

모든 인간은 이중적이다. 이기적인 면도 분명히 있지만, 혁명적인 면도 있다. 대부분의 노동자는 노동조합에 가입할 것인지를 두고 심각하게 고민한 끝에야 가입 결정을 내린다. 즉 조합에 가입하는 과정 자체가 이 두 측면의 대립을 보여준다. 무언가를 바꿔야 한다는 열망이 개인적인 손해와 위험을 감수하고 노동조합에 가입하게 만든 것이다. 좀 살벌하게 말하면 그에게 내재되어 있던 혁명적 의식이 나약한 개인주의를 극복하고 그를 변하게 만든 것이다. 하지만 가입한 이후에도 갈등은 계속된다. 사실 가입하지 않은 사람에게도 변화에 대한 열망은 있을 수 있고, 반대로 개인적인 이기심이 노조에 가입하는 동기일 수 있다. 그러므로 파업이나 집회에 참가할 때는 물론이고 교육을 받는 과정에서도 대립은 있게 마련이다. 활동가들은 조합원 개인이 가지고 있는 의식을 깨우기 위해 어떤 조건과 환경을 만들 것인지를 진지하게 고민해야 한다.

조합원들의 의식이 균등하지 않다는 것도 유념해야 한다. 변화와 발전의 과정도 마찬가지다. 똑같은 교육을 받고도 먼저 깨우치는 사람이 있는가 하면, 나중에 따라오는 사람도 있다. 파업이 길어지면 먼저 떨어져 나가는 조합원이 있고, 마지막까지 남아 투쟁하는 조합원도 있다. 그것을 고려해 교육프로그램을 만들어야 하고, 파업계획도 세워야 한다. 모든 조합원이 똑같을 것이라 지레짐작하는 순간이 곧 조직에 실패하는 순간이다.

노동조합은 조합원들의 불균등성을 염두에 두고 교육계획·투쟁계획을 세워야 하고, 파업을 마무리하고 협상을 타결할 때도 이를 고려해 조합원 전체가 납득할 수 있는 합의안을 만들어야 한다. 파업에서 이탈한 조합원을 배신자라고 비난하면서, 끝까지 투쟁의 대열에 남은 조합원에게만 혜택이 돌아갈 수 있는 합의안을 만드는 것은 조합원의 불균등을 이해하지 못한 처사다. 과거 한진중공업이나 쌍용자동차 투쟁에서 볼 수 있듯, 결사항전이라는 이름에 걸맞은 투쟁으로 나름대로 성공적인 마무리를 지어놓고도, 조합원이 하나가 되지 못했던 것은 마지막까지 투쟁의 대열에 남은 조합원에게만 합의안을 적용했기 때문이었다. 감정에 치우쳐 전체 조합원을 끌어안지 못한 결정은 결국 부메랑이 되어 조합의 조직력을 약화시키고, 끝내 노노갈등의 원인이 되었다는 사실을 교훈으로 삼아야 한다.

이를 해결하려면 조합원의 결의를 한데 모으고 지키려는 노력이 있어야 한다. '합의'와 '규율'이다. 앞장선 사람이 있다면 뒤따르는 사람도 있게 마련이다. 하지만 뒤따르는 사람이 자기의 처지나 수준에서 할 수 있는 다른 무언가를 찾을 수 있도록 합의하고 지켜나가는 규율을 만들 때 노동조합은 하나가 되고, 한 사람이 걷는 열 걸음 대신 모두가 함께 걷는 한 걸음만큼 운동이 전진하는 것이다.

노동조합의 조직활동은 발전한 의식을 가진 사람을 먼저 조직하고 덜 발전한 의식을 가진 사람을 이끌고 가는 쉽지 않은 과정이다. 조합원이 100명이면 조합에 관심 있는 사람은 30명쯤 되고, 40명은 결정을 못 하는 사람들, 나머지 30명은 아예 회사 편을 드는 사람이라고 해도 무리는 아닐 것이다. 조합에 관심을 가진 30명 가운데 간부까지 하겠다고 나설 사람이 몇 명이나 되겠는가. 잘해야 3명 정도일 것이다. 노동조합 활동은 이 사람들이 의기투합하면서 시작된다. 이들이 전체 조합원을 노동조합으로 조직해야 하는 것이다. 먼저 생각하고 먼저 시작하는 활동가의 역할을 강조하는 건 이 때문이다. 활동가를 중심으로 노조에 관심이 있는 사람들이 단결하면 결정을 미루던 40명도 관심을 보이게 되고, 그러면 회사 편을 들던 30명도 노동조합의 편에 설 수 있을지 모른다. 이게 조합활동의 원리다. 가장 먼저 관심을 보인 사람들이 감동할 수 있도록 모범을 보여 노동조합으로 단결시키고, 그들의 의식이 발전할 수 있는 상황과 조건을 만들어 주는 것, 그것이 노동조합은 물론 사회의 변화까지도 이끌어내는 열쇠라는 사실을 잊어서는 안 된다.

발전한 의식을 가진 선진적 노동자·활동가·간부의 중요성이 여기에 있다. 노동조합 내의 선진적인 노동자·활동가의 조직이 모래알처럼 흩어져 있는 조합원을 하나로 모으는 시멘트 역할을 한다는 사실을 이해하고 노동조합의 활동에 나서야 할 것이다. 이제 노동조합의 일상활동과 조직활동에 대해 알아볼 차례다.

일상활동의 첫째는 회의다. 회의는 노동조합 활동의 기초이며, 조합원의 회의 참가는 민주주의 훈련이 이루어지는 매우 중요한 과정이다. 노동조합의 결의는 회의를 통해 이루어지고, 결의를 기초로 사업이 집행되며, 집행된 사업에 대한 평가도 회의에서 이루어진다. 회의를 통해 조합원들은 각자가 가진 의견과 인식의 차이를 좁히고 서로를, 때로는 자기를 비판하면서 선진적인 조합원으로 거듭난다. 조합원 각자의 지위와 역할이 분명히 드러나는 결의를 이끌어냄으로써 조합원을 조합활동의 주체로 만드는 것은 매우 중요하다.

일상적인 조합활동의 두 번째 요소는 교육이다. 교육은 선진적인 노동자·활동가를 조직하는 핵심적인 요소다. 일상적이고 정기적인 학습을 통해 조합원의 의식을 고양하고, 사업장 안팎에서 일어나는 여러 사건과 사고를 노동자의 관점에서 해석하고 적절하게 대응하는 것은 물론이려니와, 노동조합이 전하는 소식과 간부들의 말을 '진짜'라고 믿는 신뢰와 유대감을 조성해 회사의 문화를 주도해야 한다.

중요한 것은 교육을 지식 전달의 수단으로 여겨서는 절대로 안 된다는 점이다. 교육은 노동조합과 노동운동의 방침을 이해하고, 그것을 실천할 방안을 모색하는 훈련의 장이어야 한다. 교육은 단순한 학습이 아니라 노동조합이 선언한 내용과 방침을 숙지하고, 이를 다른 사람에게 전달할 수 있도록 훈련하는 과정인 것이다. 사람은 단순히 배우기만 할 때보다 자기가 배운 것을 다른 사람에게 전달할 때 더 많은 것을 배우고 익힌다. 이처럼 내용을 자기 것으로 체득함으로써 훌륭한 활동가로 성장하게 하는 것이 노동조합 교육활동의 의의이다. 노동조합의 교육활동은 그 자체가 교육활동가를 양성하는 과정이며, 선진적인 노동자의 조직을 형성하는 과정이다. 노동조합은 유능한 한 사람이 아니라 조합원 자신이 조합원을 교육하고, 훈련시키는 체계를 갖추도록 노력해야 한다.

이런 관점이 결여되면 교육은 잘해야 조합원을 순간적으로 단결시키는 수단, 당면한 투쟁의 승리를 위한 방편이 되고 만다. 그렇게 되는 순간 이제 교육은 일상적이지도 정기적이지도 않은, 지속성이라고는 없는 이벤트성 행사가 되고, 행사를 개최하는 사람과 그저 참가할 뿐인 사람이 분리되는 구조가 정착된다. 지금은 많은 수의 노동조합이 규약과 강령에 대한 해설이나 나름의 교과과정도 갖추지 못한 실정이고, 그 결과 1년에 한 번 정도 임단협을 앞둔 시점에 유명한 외부 강사를 초청해 전 조합원이 참가하는 일회성 교육을 하는 게 교육활동을 대체하게 되었다.

이론과 실천이 결합하지 않는다면 의식도 바른 방향으로 성장하지 않는다. 교육을 통해 성장한 의식은 실천과 결합해 세상에 문제를 제기한다. 그것이 선전활동이다. 선전은 교육을 통해 확립한 관점에서 현실을 해석해서 그 내용을 전파하는 것이다. 사업장 안팎에서 벌어지는 각종의 사건과 사고를 노동자의 계급적 관점에서 이해하고, 선전하지 않는다면 직장 내의 민주주의는 요원할 것이며, 세상을 바꾼다는 구호도 공염불에 그치고 만다. 선전의 축적이 곧 자본가의 이데올로기를 거부하고 노동자의 이데올로기를 확대하는 과정인 것이다. 노동자의 관점·노동자의 문화·노동자의 이데올로기로 사업장을 가득 채우고, 자본주의적 모순으로 가득 찬 세상에 돌을 던져야 하는 것이다.

선전이 노동자의 문제의식을 글로 전달한다면 조직활동은 말, 즉 조합원과의 직접적인 대면을 통해 내용을 전달한다.

교육과 선전은 정기적으로 하더라도 한계가 있다. 한 번의 교육, 한 장의 유인물에 담긴 내용을 곧바로 이해하고 그것을 꾸준히 고민하는 노동자가 몇이나 되겠는가. 조직활동은 교육과 선전의 빈틈을 메우고 보충한다. 교육과 선전의 내용을 먼저 이해하고 앞장설 수 있는 3~10명의 노동자를 조직하는 게 첫걸음이다. 그들과 함께 30명의 노동자를 일상적으로 만나고 대화하며 노동자의 관점에서 본 내용, 노동자의 철학을 설득하고 조직해야 한다. 조직활동이 계속될수록 노동조합의 강령과 방침은 더 널리 전달되고 숙지되며, 조합원의 이해도 높아진다. 조직활동이 원활할수록 노동조합의 투쟁 목표와 방향도 조금씩이나마 상향되고, 선진적인 노동자도 늘게 된다. 노동조합의 조직활동은 선진적인 노동자를 양성하는 과정이자, 조합원을 교육하고 단결시키는 과정이며, 자본주의의 모순을 폭로하고 자본주 자체에 도전하는 토대를 쌓는 과정인 것이다.

노동조합은 집행부만 바라보며 지침을 기다리는 조합원이 모여 있는 수동적인 조직이 아니라, 선진적인 노동자의 능동적인 연합조직으로 발전해야 한다. 선진적인 노동자는 자기 사업장의 조합원과 함께 사업장과 업종·지역을 넘어 전국적인 조직의 건설에 나서야 한다. 선진적 노동자들이 연합해 건설한 전국적 규모의 노동조합은, 임금과 단체협약투쟁에 머무르지 말고 노동운동을 탄압하는 자본과 정부에 맞서 투쟁을 이끌어야 한다. 비정규직과 저임금을 구조화하려는 자본의 욕망을 깨트리고, 임금노동을 통한 자본주의적 수탈을 항구적인 것으로 만들려는 자본가와 그들의 정권에 맞서 '노동해방·인간해방의 세상'을 건설하려는 투쟁에 나서야 하는 것이다.

지속적인 교육과 일상적인 선전, 목적의식적인 조직활동은 노동조합 활동의 토대다. 그리고 노동자의 의식은 노동조합의 회의를 통해 민주주의를 훈련하고, 서로와 자기에 대해 성찰하고 비판하면서 선진적으로 고양된다. 노동자의 조직은 살아 움직이는 조직이 되어야 하며, 그것이 자본가의 조직과 구별되는 결정적인 지점이다.

8장

노동운동이란 무엇인가

이제 노동운동에 대해 생각해보아야겠다. 노동운동사가 어떤 시대의 노동운동 조직들, 그 조직의 사상 그리고 그 사상에 근거한 투쟁들을 역사적으로 고찰한다면, 노동운동론은 자본주의 자체가 가진 모순을 해결하기 위해 노동자가 무엇을 해야 하는지를 이론적으로 검토한다. 과연 노동운동의 목표는 무엇인가. 그리고 노동조합운동과 노동운동은 어떻게 다른가.

평소 노동조합 활동을 열심히 하는 노조 간부들로부터 "나는 노동조합을 하고 있지만 노동운동을 할 생각은 없다"는 말을 들을 때가 가끔 있다. 그런 말을 들으면 노동조합운동과 노동운동은 하나의 운동이 아니라든가, 비록 연결되어 있기는 하지만 노동조합운동은 좀 쉽고 노동운동은 더 어려운, 그래서 뭔가 특별한 사람이 하는 활동처럼 여기기 쉽다. 또 노동조합은 경제적 이익을 위한 투쟁을, 노동운동은 정치적 목적을 관철하기 위한 투쟁을 담당하는, 서로 다른 주체에 의해 수행되는 운동처럼 느껴지기도 한다. 오해다.

노동조합운동은 노동운동의 한 부분이며, 두 운동의 목표는 같다. 노동운동은 노동조합운동·노동자 정치운동·노동자 문화운동의 세 부분으로 이루어지고, 각각의 부문은 경제투쟁·정치투쟁·이데올로기투쟁을 담당한다. 예컨대 노동조합과 노동자정당은 각자가 담당하는 투쟁의 형태에 조응한 조직형태일 뿐이다. 노동조합만으로 정치투쟁을 할 수 없듯이 노동자정당이 임금이나 단체협약투쟁을 할 수는 없다. 하지만 두 조직은 노동운동을 통해 유기적으로 결합되어 있다. 앞에서 본 것처럼 노동조합도 정치투쟁에 나설 수 있고, 노동자정당 또한 노동자계급의 임금이나 노동조건에 대한 입법 활동을 수행한다.

사실 노동조합운동과 노동운동을 분리하려는 자들의 의도는 노동조합의 투쟁이 자본주의를 넘어서는 투쟁으로 발전하는 것을 막고, 노동조합의 역할을 자본주의 체제 내에서 경제적인 문제를 해결하는 것으로 제한하려는 데 있는 것이다.

평등한 세상을 만들려는 열망은 동서양, 시대를 막론하고 항상 있었다. 기원전 73년 검투사 스파르타쿠스가 일으킨 반란은 곧 노예들과 하층민의 열렬한 지지를 얻었다. 검투사 양성소의 가혹한 대우에 대한 반발에서 시작된 소규모 반란이 대규모 노예해방 전쟁으로 발전한 것이다. 직접적인 원인이 무엇이었든, 이 반란은 계급의 철폐와 자유를 위한 투쟁의 상징으로 역사에 남게 되었다. 기원전 3세기에 진승과 오광이 난을 일으키면서 한 "종놈의 씨가 따로 있고 왕후장상의 씨가 따로 있느냐"는 말도 계급 철폐의 상징이 되었다. 1198년 최충헌의 가노家奴

였던 만적이 노비해방운동을 일으키면서 이 말을 다시 꺼냈기 때문이다. 조선 말 삼정의 문란이 극심했던 19세기는 농민반란의 시대였다. 1811년에 홍경래의 난이 일어났고, 1862년에는 진주민란이 발생했다. 그리고 마침내 1894년 동학혁명이 발생했다. 동학은 인내천人乃天, "사람이 곧 하늘"이라고 외쳤다.

오늘날 자본주의의 모순은 '삼정의 문란'으로 민란이 그치지 않았던 19세기 조건보다 더 심각한 빈부 격차와 불평등을 낳았다. 하지만 노동자들은 해방을 꿈꾸지 않는다. 그저 임금인상과 고용안정만 보장되면 군말 없이 자본의 지배에 순응한다. 잘 설계된 기계이기라도 한 듯. 왜 그럴까? 어째서 노동조합운동은 자기 사업장·자기 업종의 임금인상과 단체협약에만, 자기 조합원의 이익과 관계된 문제에만 관심을 가지고 정치, 즉 계급의 폐지에는 마치 남의 일이라도 되는 양 관심을 두지 않는 것일까?

이유가 있다. 고대와 중세, 노예제와 농노제에서는 착취관계가 눈에 보였다. 하지만 현대 자본주의에서는 착취관계가 직접 눈에 들어오지 않는다. 임금 계약 때문이다. 이유가 있다. 노동자는 한편에서는 인간이지만, 다른 한편에서는 인간이 아니라 자본의 현상형태이기 때문이다. 무슨 말 같지도 않은 소리냐고?

자본가는 자기 돈, 즉 자본을 들여 공장·기계·원료와 노동력을 구매한다. 자본가에게 이것들은 자기 돈이 모습을 바꾼 것으로 보인다. 사실이 그렇다. 200원을 들여 100원의 생산수단과 100원의 노동력을 구매했다면, 이 생산수단과 노동력은 자본가의 돈 200원의 모습이 바뀐 것일 뿐이다. 생산수단은 불변자본, 노동력은 가변자본이다. 노동자는 이제 가변자본, 즉 자본의 현상형태에 지나지 않는다. 노동자는 평생을 가변자본으로 살아간다. 노동력이 상품으로 팔리는 순간, 즉 자본가에게 고용되어 근로계약을 맺는 순간, 그는 인간이 아니라 자본의 한 부분인 가변자본이 되는 것이다. 그런데 가변자본은 뭐고 불변자본은 또 뭐람?

자본가는 화폐를 투자해서 생산수단과 노동력을 구입해 상품을 생산하고, 이 상품을 팔아 이윤을 남긴다. 자본가가 투자한 금액과 상품을 판매한 금액의 차이가 이윤이다. 그러면 이윤은 어디에서 생겼을까? 생산수단? 노동력? 당연히 노동력이다. 노동자는 100원을 받고 10시간을 노동한다. 10시간의 노동이 끝나서 생산된 상품에는 생산수단의 가치 100원과 100원의 임금, 100원의 이윤이 포함되어 있다. 생산수단은 자기가 가진 가치를 그대로 상품에 이전한다. 상품을 판매하면 공장과 기계의 감가상각비와 원재료비는 원래대로 회수된다. 생산이 시작되기 전에 가지고 있던 가치가 아무 변화 없이 그대로 회수되는 것이다. 변화가 없다. 그래서 '불변자본'이다. 하지만 상품의 가치에는 임금과 이윤도 포함되어 있다. 노동자가 10시간을 노동하면 불변자본의 가치는 저절로 이전된다. 하지만 노동자는 이 10시간 동안 200원의 가치를 생산한다. 100원의 가치를 가진 노동력이 200원의 가치로 변하는 것이다. 그래서 '가변자본'이다. 200원 가운데 100원은 자본가의 몫, 이윤이다. 현대그룹 정주영, 삼성그룹 이병철, LG그룹 구인회, SK그룹 최종현, 한화그룹 김종희가 다 이렇게 돈을 벌고 재벌이 되었다. 재벌이 되지 못한 중소기업의 자본가도 돈 버는 방식은 다 똑같다. 불변자본과 가변자본이라는 개념은 마르크스가 처음 도입했다.

자본주의에서 노동자는 자본의 현상형태인 가변자본으로 살아간다. 자기가 착취를 당하는 것도 모르는 채로. 노동해방이란 가변자본으로 살아가야 하는 노동자가, 자본의 속박에서 벗어나 자본이 아닌 자유로운 인간으로 사는 세상을 상징한다. 그러면 노동자는 어떻게 해야 가변자본이라는 불명예를 벗고 자유로운 인간이 될 수 있을까? 노동해방이 달성되려면 무엇이 필요한가? 자본주의의 모순을 극복하면 된다. 자본주의의 모순을 극복하고 새롭게 등장하게 될 자본주의 이후의 사회를 '노동해방'이라고 표현하는 것이다. 간단히 말하면 사회주의다. 1991년 소련이 해체된 이후 동유럽 국가들이 자본주의로 회귀하는 통에 사회주의라는 말을 사용하는 게 좀 불편하기는 하지만, 어쨌든 노동해방이 의미하는 것은 사회주의다.

    인간은 사회적 동물이다. 인간의 활동은 언제나 사회적 행동이었다. 그것은 자본주의도 마찬가지다. 상품은 자기가 쓰기 위해 만든 물건이 아니다. 남들 쓰라고 만든 것이다. 이것이 자본주의적 생산의 사회적 성격을 나타낸다. 하지만 생산수단은 자본가가 사적으로 소유하고 있다. 생산의 '사회적 성격'과 소유의 '사적 성격'이 충돌한다. 주기적으로 발생하는 공황은 이 모순의 표현이다. 산업혁명과 대공업이 등장해 자본주의의 본격적 출발을 알린 19세기 초반부터 공황은 늘 발생했다. 그 가운데 특히 기억에 남는 것이 1876년 대불황, 1929년 대공황, 1970년 이후의 구조적 장기불황 그리고 2008년 미국 서브프라임모기지 사태였다. 만성적이고 구조적인 침체국면을 벗어나지 못한 것은 지금도 마찬가지다. 자본주의는 이런 국면을 항상 노동자에 대한 공격을 통해, 즉 노동자와 서민에게 위기를 전가하면서 유지되고 있다.

    마르크스는 자본주의의 모순이 과잉생산과 주기적 공황이라는 형태로 발현되며, 이 모순을 피할 수는 없다고 보았다. 모순이 누적되면 위기는 구조화된다. 이것은 자본주의가 영원할 수 없다는 말이다. 이전의 모든 사회형태들과 마찬가지로 자본주의 또한 필연적으로 붕괴할 수밖에 없다. 그렇다고 내일 당장 망한다는 소리는 아니지만. 다른 한편 자본주의의 발전은 부익부 빈익빈을 가속화한다. 물론 노동자 전체가 빈민으로 전락하지는 않을 것이다. 그러나 궁핍은 해결되지 않을 것이고, 특히 공적부조에 의존해야만 생계를 유지할 수 있는 빈민 문제는 해결되지 않을 것이며, 중간계층은 와해될 것이다. 자본가와 노동자 사이의 계급투쟁은 더욱 첨예화될 것이고, 자본주의는 자기의 무덤을 팔 계급을 더욱 큰 규모로 스스로 창조할 것이다. 마르크스는 프롤레타리아가 정치권력을 장악하면 사적 소유를 철폐해 생산수단을 사회화하고, 국가가 소멸되어 자유로운 생산자들이 연합한 사회를 건설할 것이라고 보았다. 그것이 사회주의다.

하지만 독일 사민당은 마르크스가 주장한 과학적 사회주의를 수정하고 자본주의 붕괴론을 부정했다. 세계 노동운동의 분열을 낳은 제2인터내셔널의 수정주의 논쟁이다. 수정주의의 주장은 사회민주주의와 사회개량주의로 귀결되었고, 현재까지도 이어지고 있다.

국제노동자협회International Workingmen's Association의 별칭인 인터내셔널은, 자본주의가 발전하고 모순이 격화되면서 국제적인 연대의 필요성을 깨달은 각국 사회주의와 노동운동단체들이 마르크스의 주도하에 1864년 영국 런던의 세인트마틴스 홀에서 결성했다. 집회에서 자주 부르는 인터내셔널가는 파리코뮌이 진행되던 1871년에 가사가 쓰였고, 제2인터내셔널이 설립되기 한 해 전인 1888년에 작곡되었는데 한때 소련의 국가로 사용되기도 했다. 인터내셔널운동의 역사에 대해서는 다음 기회에 다루기로 하고, 여기서는 마르크스의 이론을 왜곡하고 개량주의 운동의 기원이 된 수정주의의 등장 과정에 대해 살펴보기로 하자.

프랑스대혁명 100주년 기념일인 1889년 7월 14일 프랑스 파리에서 제2인터내셔널 창립대회가 개최되었다. 대회는 8시간노동제 쟁취투쟁에서 다수의 노동자가 희생된 1886년 5월 1일 미국 헤이마켓 광장 사건을 추모하며, 이듬해인 1890년 5월 1일에 모든 나라의 사회주의 정당과 단체들이 참가하는 노동절 기념시위를 개최하기로 결의했다.

그러나 막상 노동절이 다가오자 제2인터내셔널을 주도하던 독일 사민당이 태도를 바꿨다. 평일인 5월 1일에 개최된 집회에 노동자가 참가하려면 파업을 해야 했기 때문이다. 사민당은 집회를 5월 첫째 일요일로 변경해버렸다. 파업이 발생할 경우 예상되는 자본과 정부의 탄압을 피하기 위해 결의를 위반한 것이다. 민주노총과 비슷하지 않은가? 1987년 노동자대투쟁을 계승한 노동운동은 1988년 11월 전국노동자대회를 개최해 노동절 부활을 선언했고, 1990년 전노협이 건설된 후에는 매년 5월 1일 노동절투쟁을 결의했다. 그러나 해산된 전노협의 후신인 민주노총은 5월 1일이 낀 주 토요일에 기념집회를 열기로 방침을 바꿨다. 그러나 평일의 집회가 어렵고 부담스러웠던 건 전노협도 마찬가지였다.

독일 사민당은 노동운동이 힘들여 이룩한 성과를 모험적인 전술로 잃어버릴지도 모른다는 두려움에 사로잡혀, 합법적인 테두리 안에서 현실적이고 온건한 방식의 투쟁으로 지배계급과의 충돌을 피해야 한다고 주장했다. 이른바 유연한 전술을 천명한 것이다. 유연한 전술이나 합법적 투쟁이 나쁜 것은 아니겠지만, 문제는 사민당이 이런 방식의 투쟁만을 고집하고 혁명적 실천을 배제했다는 데 있었다. 이를 개량주의라고 부른다.

독일 사민당이 이런 주장을 하고 나선 배경은 무엇이었을까? 1850~1860년대에 법적 금지에도 불구하고 자본주의적 산업의 발전과 더불어 다수의 노동조합이 우후죽순처럼 탄생했다. 1870년대에는 노동자계급의 숫자도 증가하고 노동운동도 급성장한다. 사회주의를 추구하는 노동운동이 자생적인 노동조합운동과 결합해 큰 세력을 얻게 된 것이다. 앞에서 말한 대로 마르크스의 주도로 설립된 제1인터내셔널은 이 시기인 1864년에 결성되었다. 그리고 한 해 전인 1863년 3월에는 독일 사회민주당의 전신인 전독일노동자협회가 결성되었다.

제한적인 보통선거제가 실시되자 독일 사민당은 비스마르크의 사회주의자 탄압을 뚫고 급성장해 많은 수의 제국의회 의원을 배출했고, 노동자계급의 지지를 얻기 위한 일상활동을 전개하는 한편 노동조합을 통해 임금인상투쟁, 노동조건 개선투쟁을 전개해 상당한 성과를 거뒀다. 의회주의 전술과 일상적인 개량적 전술이 유효하다는 주장이 사민당 내의 주류로 급부상했다.

한마디로 노동자들이 잘살게 되었고, 이에 따라 독일 사민당 또한 가진 게 많은 정당이 된 것이다. 이게 수정주의·개량주의 이론이 대두된 배경이다. 수정주의의 본질은 뭔가, 대체 무엇을 어떻게 수정했다는 거지?

산업혁명 이후 발생한 노동시간의 무제한 연장, 기아선상의 임금, 아동노동 및 여성노동의 만연, 인구 절멸이 우려될 정도의 노동자 수명의 단축 등과 같은 사회적 문제를 우려스러운 시선으로 바라보는 사람은 부르주아계급 내에도 있었고, 그들 가운데는 사회주의를 이상적인 사회라고 상상한 사람들도 적지 않았다. 이들은 자본주의의 문제점이 자본가 개인의 도덕적 결함에서 비롯되었다고 보고, 교육과 도덕적 각성을 통해 이성적으로 해결할 수 있다고 생각했다. 말 그대로 공상이었다. 그래서 이들을 공상적 사회주의자라고 부른다.

'자본주의의 필연적 붕괴와 사회주의로의 이행'을 처음으로 과학적으로 해명한 사람은 칼 마르크스였다. 마르크스는 자본주의적 생산양식을 과학적으로 분석해 자본주의의 사회악이 개인적인 문제가 아니라 사회구조적인 문제임을 증명했다. 《자본론》에서 마르크스는 자본주의가 발전할수록 상대적 과잉인구 가운데 일부가 항상적인 극빈층으로 전락하게 된다는 점, 끊임없이 되살아나기는 하겠지만 중간계층이 점차 분해되어 사회 전체가 소수의 자본가와 노동자계급으로 나뉘게 된다는 것, 자본주의의 모순이 주기적인 공황으로 표현된다는 점 그리고 모순의 누적으로 말미암아 자본주의가 몰락하고 사회주의가 도래하게 될 것이라고 주장했다. 노동자계급이 정치적 권력을 장악하고 생산수단을 사회화해 혁명을 완수한다는 것이다.

사민당 지도자들은 마르크스의 이론을 왜곡했다. 한국에서 1987년 노동자대투쟁의 주역이었던 대공장 정규직 노동자들이 연봉이 오르고 경제적 형편이 풍족해지자, 자본주의 내의 개혁만으로도 충분하다고 생각한 것과 비슷한 경향이 독일에서도 생겨났던 것이다.

"나는 사회주의를 포기했다. 자본주의를 개량하는 것만으로 충분하다." 이렇게 솔직하게 말하고 노동운동과 결별했다면 좋았겠지만, 사민당 지도부의 선택은 달랐다. 가진 게 많은 사람은 지도적 지위를 잃으면 모든 걸 잃는다고 생각하는 걸까? 사민당 지도부는 노동운동 내의 지도적 지위를 포기하는 대신 자기들의 행위를 정당화할 논리를 개발했다. 그것이 수정주의 이론의 본질이다.

수정주의자들은 마르크스가 말한 자본주의의 필연적 붕괴를 기계적으로 재해석했다. 마르크스가 말한 자본주의의 붕괴가 마치 자연의 진화처럼 저절로 이루어진다고 주장한 것이다. '붕괴의 날은 정해져 있다.' 수정주의를 다원주의적 마르크스주의라고 부르는 이유가 이것이다. 하지만 그것은 엥겔스가 쓴 《자연의 변증법》이 아니라 예정조화설에 더 가깝고, 종말론자들의 휴거와도 유사하다. 수정주의는 변증법이 갖는 역동적인 면, 주체적 실천의 의의를 무력화시켰고, 언젠가 저절로 도래할 붕괴의 날만 기다릴 뿐이다. 이제 노동운동이 해야 할 일은 체육대회 같은 일상적인 사업·임금인상·근로조건 개선으로 제한된다. 지금 우리 노동운동의 현실과 너무나 닮아있지 않는가?

그 뒤 수정주의자들은 자본주의는 붕괴하지 않는다고 태도를 바꿨다. 자본주의의 붕괴가 임박한 것이 아니라, 너무나도 멀리 있어서 사실상 붕괴하지 않는 것과 다를 바 없다는 것이다. 그 배경에는 자본주의 경제의 비약적 발전과 노동자계급의 실질임금 상승과 생활수준의 향상이 있었다. 하지만 그것은 서구 열강들이 아시아·아프리카·중남미에 보유하고 있던 식민지에서 얻은 초과이윤의 일부를 자국 노동자에게 분배했기 때문에 나타난 결과였을 뿐이다.

수정주의는 계급 구성의 단순화 테제도 잘못이라고 성토했다. 자본주의의 발전에도 불구하고 소규모상인과 중소자본가, 자영업자 등이 증가했기 때문이다. 하지만 계급 구성의 단순화 테제는 중간계급이 완전히 사라진다는 뜻이 아니다. 중간계급은 끊임없이 다시 나타난다. 다만 대자본과의 경쟁 때문에 중간계급이 성공할 가능성은 계속 낮아질 뿐이다. 경쟁에서 밀려난 대자본이 중소기업화하거나, 대기업 출신이 중소기업을 창업할 수도 있고, 실직한 노동자가 자영업을 시도할 수 있다. 그들이 사회적으로 성공할 가능성이 얼마나 되겠는가!

주식회사의 일반화도 수정주의에게는 좋은 구실이 될 수 있었다. 아이디어만 있으면 얼마든지 대기업으로 성장할 수 있다. 주식을 보유한 사람이 자본가라면 노동자도 자본가가 될 수 있다. 국민의 대부분이 자본가가 된다. 이제 수정주의는 자본주의의 붕괴를 전제로 한 혁명적 이행 전술의 폐기를 공개적으로 요구했다. 사회주의와 사회민주주의는 완전히 갈라섰다.

제2인터내셔널에서는 식민지와 제국주의 전쟁에 반대하는 논의도 있었다. 독일 사민당도 처음에는 식민지 건설과 식민지 재분할을 위한 전쟁, 제1차 세계대전에 반대했지만, 결국은 자국의 식민지 건설과 제1차 세계대전에 찬성하기로 결정했다. 오늘날의 사회민주주의 복지국가는 이런 양보와 타협의 산물이었다. 이걸 안타깝다고 해야 할까? 아니면 슬프다고 해야 할까? 그도 아니면 분노해야 하나? 독일 사민당의 결정은 20세기 노동운동의 비극 가운데 하나일지도 모른다.

오늘날 유럽 노동운동의 뿌리는 수정주의다. 최근 그들은 '인간의 얼굴을 가진 자본주의'를 표방하면서 "자본주의의 근본 문제는 노동자·민중의 빈곤이며, 빈곤 문제를 해결하기 위해서는 분배구조를 개선해야 한다"고 주장하고 있다. 정말 그럴까.

이윤은 수탈의 결과다. 계급사회는 한쪽에서 벌어지는 손실의 누적이 다른 쪽의 이익 축적인 사회이고, 자본주의도 마찬가지다. 그런데 공정한 분배라고? 하지만 이들은 비록 자본주의에 문제가 많더라도 국가권력을 장악하고, 자본주의의 문제점을 수정하면 그것이 곧 사회주의라는 주장을 내놓기도 했다. 후진국에 대한 선진국의 수직 계열화된 지배와 수탈 없이 선진국의 경제가 유지될 수 있을까? 이른바 아웃소싱, 노동자를 정규직과 비정규직으로 갈라쳐 얻는 추가이윤이 없다면 재벌의 부가 가능할까? 독점자본의 부가 곧 국가의 부인 자본주의에서 부의 재분배라는 단순한 수단만으로 평등한 사회를 만들어낼 수 있을까? 그들은 여전히 진보를 내세우고 자기들이야말로 '진보적'이라고 선언하지만, 사실은 자본주의의 동조자이며 우경화된 세력일 따름이다. 과거에는 은폐되어 있던 우경화가 진보를 가장해 노동운동을 지배하는 현실적인 이론으로 등장한 것이다.

이 우경화의 참모습은 한국 노동운동의 변화 과정에서 잘 드러나고 있다. 1995년 전노협이 청산되고 민주노총이 창립되는 과정 그리고 자신들의 정치적 출세를 위해 진보정당을 창당하고 정리해고를 받아들이는 과정이 정확히 그렇다. 1970년대와 1980년대 군사독재정권 시절부터 학생운동과 노동운동을 이끌었던 전설적인 선배 활동가들이, 1991년 소련의 붕괴 이후 노동운동을 포기하고 자본주의의 지지자로 전향했다. 자신이 지도했던 후배들에게 "상황이 변했으니 함께 전향하자"고 설득하거나, 아니면 노동운동을 포기하고 떠나는 게 선배 된 도리였을 것이다. 하지만 그들은 전노협과 민주노총에 남아 '정통파'를 자처했다. 처음 주장은 뭐 그럴듯했다. "전노협의 노선은 너무 투쟁 일변도이고, 현장에서 따라오지 못하는데 위에서 강요하면 안 된다. 이제는 바뀌어야 한다. 전노협을 해산하고 민주노총을 창립해서 현실에 맞게 운동하자"는 게 대략의 요지였다. 민주노총이 합법화되었을 때 그들이 노사정위원회에 들어가 가장 먼저 한 일은 정리해고제의 수용이었다. 경악스럽고 개탄스러운 일이었다. 그들의 주장이 노동운동의 투쟁 방향을 두고 가진 이견이 아니라, 자본의 사주를 받은 앞잡이의 술책이었다는 사실이 만천하에 드러나버렸다. 오직 자신의 출세만을 염두에 둔 그들은 자본의 편을 드는 양아치 정도가 아니라 아예 극우 보수 이데올로그로 변신했다. 세월호 희생자를 모독하고, 화물연대와 건설노조를 조직폭력배·건설폭력배로 몰더니 아예 자기들이 주도해서 만든 민주노총을 종북세력이라고 매도하는 선봉이 된 것이다.

노동운동의 우경화·개량화는 선진자본주의 국가가 누리는 물질적 풍요가 원인일 것이다. 임금이 상승하고 근로조건이 개선되었으며, 사회복지제도가 정착된 마당에 자본주의 체제에서도 풍요로운 삶을 누릴 수 있겠다는 생각이 드는 건 일견 당연하게 보일 수 있다.

하지만 조금만 더 생각해 보면 선진국 노동자가 누리는 복지의 이면에는 저임금과 장시간 노동, 심지어 21세기에 이르러서도 기아와 질병에서 헤어나지 못한 후진국 노동자와 민중이 있다는 걸 알 수 있다. 대공장 정규직 노동자의 높은 임금과 물질적 풍요의 배후에는 최저임금이 오르기만을 기다리는 비정규직 노동자와 최저임금이 올라서 가게 문을 닫게 될까 염려하는 영세한 자영업자의 고통이 있다. 그들은 어제의 대공장 정규직 노동자였으며, 정규직 노동자가 맞게 될 내일의 모습이기도 하다. 그런데도 노동운동의 지도자들은 사회주의는 대안이 될 수 없다며 자본주의 내에서의 개량을 조합원에게 설득한다. 사민주의 복지국가 모델만이 유일한 대안이며, 그것을 실현하기 위해서는 국가권력을 이용해야 하고, 그래서 노사정 대타협이 필요하다고 끈질기게 주장한다.

앞에서 사민주의는 자본주의의 근본 문제를 양극화, 즉 빈곤의 문제로 보고, 빈곤의 해결을 위해 분배구조를 개선해야 한다고 주장한다는 것을 설명한 바 있다. 분배구조를 개선하려면 국가의 역할이 중요하다. 그런데 국가는 사회가 가진 적대성의 표현이다. 국가는 지배계급의 통치를 위한 위원회, 계급지배를 위한 수단이다. 마르크스는 자본주의에서 국가는 사유재산을 보호하고, 자본의 증식을 옹호해야 하는 임무를 가진 자본가의 국가라고 주장했다. 이래서는 분배구조의 개선이란 불가능한 말장난이다. 이제 그들은 마르크스의 생각을 정면으로 부정한다. 사민주의는 국가의 중립성을 주장하면서 세제 개편을 통한 복지국가의 건설을, 노사정 대타협을 요구한다. 이른바 코포라티즘, 노사합의주의는 이렇게 현실에 파고들었다.

하지만 자본주의의 비약적 발전, 식민지 초과이윤, 그 때문에 얻은 노동자계급의 물질적 풍요만이 사민주의 복지국가의 성립 배경이었던 건 아니다. 공장법이 시행되고 나서도 혹시 모를 미래에 대비해 단결금지법을 포기하지 않았던 자본가들이 왜 갑자기 타협에 나섰겠는가. 1917년 10월에 발생한 러시아혁명 그리고 1918년 11월 킬 수병들의 반란으로 시작된 독일혁명이 없었다면 자본가들의 양보와 대타협이 가능했겠는가. 제1차 세계대전이 진행 중이던 1917년 10월 레닌이 이끈 볼셰비키가 러시아혁명을 일으켜 세계 최초의 사회주의 국가를 수립했다. 혁명의 불꽃이 독일로 튀었다. 1918년 10월 28일 군항 킬에서 수병들이 반란을 일으켰고, 독일 공산당, 일명 스파르타쿠스단이 중심이 된 독일혁명이 시작되었다. 노동자소비에트·병사소비에트가 조직되고 로자 룩셈부르크·칼 리프크네히트 등이 무장봉기를 호소했지만, 자본가들과 타협한 사민주의 우파들의 배신으로 노동자·병사소비에트가 무너지면서 독일혁명은 실패로 끝나고 만다.

독일혁명은 실패하고 말았지만, 빌헬름 2세가 통치하던 독일제국 또한 무너졌다. 노동자들의 혁명적 진출에 겁먹은 자본가들은 사민당에 주도권을 내주었고, 바이마르공화국이 탄생했다. 사민당이 주도한 바이마르공화국은 혼란의 연속이었다. 이 혼란을 틈타 집권에 성공한

히틀러는 독일을 제2차 세계대전 속으로 밀어 넣었고 패전했다. 미국이 전쟁으로 황폐화된 유럽의 복구를 지원했다. 그런데 미국은 자국에서와 달리 유럽에 사민주의적 복지국가 모델이 수립되도록 놔두었다. 최초의 사회주의 국가 소련 때문이다. 사민주의 복지국가는 노동자계급의 투쟁과 혁명을 배신한 사민주의자들과 혁명의 위기에 맞닥트린 자본가들이 맺은 타협의 결과였던 것이다. 코포라티즘 혹은 개혁을 위한 연대란 이 타협을 정당화하는 표현일 뿐이다.

유럽에서 코포라티즘이 가능했던 것은 자본주의적 모순의 격렬한 표현이었던 두 차례의 세계대전 과정에서 노동자계급이 혁명적으로 진출했고, 또 러시아에 사회주의 국가가 수립되었기 때문이었다. 그러나 또다시 모순이 드러난 1970년대 이후 신자유주의가 득세하고, 노동운동은 수세에 몰렸다. 2000년대 이후 남유럽을 휩쓴 공황, 2008년 미국발 공황 등 위기가 닥칠 때마다 노동운동은 더욱 수세에 몰렸고, 노동운동은 우경화되고 체제 안으로 끌려들어갔다. 그때마다 노동조합 조직률은 하락했고, 복지국가 모델도 위기를 맞고 있다.

한국에서는 1992년 김영삼 정권의 등장과 함께 신자유주의의 공격이 노골화되었다. 민주노총의 합법화와 정리해고제를 맞바꾸기 위한 수단으로 '노사관계위원회'가 설립되었고, 노동자계급의 참여를 유도했다. 참여 여부를 두고 노동운동 내부에 찬반양론이 격렬하게 대립했다. 김영삼은 1996년 정리해고를 날치기로 통과시켰고, 뒤를 이어 1996~1997년 노동법 개정을 위한 총파업이 일어났다.

1998년 IMF 경제위기라는 파도와 함께 등장한 김대중 정부는 또다시 정리해고와 민주노총의 합법화·노동자 정치활동 허용을 맞바꾸자며 노사정위원회 참여를 유도했다. 노사정위원회에 참가한 민주노총은 이전과 마찬가지로 정리해고와 민주노총 합법화·전교조 합법화·노동자의 정치활동 허용을 맞바꾸었다. 지금 우리가 겪고 있는 노동의 현실은 그때 결정되었다. 구조조정과 정리해고가 일상화되었고, 비정규직·불완전 고용이 우리 사회를 지배하고 있다. 이른바 제4차 산업혁명은 플랫폼노동을 기하급수적으로 증가시켰고, 노동자들은 누가 월급을 주는지도 모를 지경으로 내몰렸다. 노동과정이 불공정하고, 과도노동이 일상화되어도 누구에게 항의하고 누구를 상대로 투쟁할지 알기 힘든 지경이라는 소리다. 그에 비례해 자본의 순이익은 날로 증가했고, 한국은 모든 생산수단과 부가 상위 1퍼센트의 부유층에 집중되는 극단적인 양극화 사회로 전락했다.

1970년대부터 유럽과 미국을 휩쓴 신자유주의가 뒤늦게 한국 사회에 몰아닥친 건 무엇 때문인가. 1990년 소련의 붕괴와 동유럽 사회주의의 몰락이 계기였다. 유럽이 복지국가 모델을 수립할 수 있었던 것은 노동자의 혁명적 진출과 사회주의 국가의 존재 때문이었다. 냉전을 수행 중인 미국은 한국을 사회주의의 전진을 막기 위한 '쇼윈도'로 이용했다. 베트남 파병 이후 한국이 급속한 경제 발전을 이룰 수 있었던 배경이다. 사회주의가 몰락한 이상 미국이 한국에서 쇼윈도전략을 유지할 필요는 없었다. 신자유주의의 공세는 노골적이고 무차별적이었다.

1987년 노동자대투쟁으로 한국 노동자의 진출이 눈부셨다고 해도, 혁명을 시도했던 20세기 초의 유럽 노동자들만큼 힘이 강했던 것은 아니었다. 유럽의 자본가들이 사민주의적 타협에 나설 수밖에 없었던 것과는 조건 자체가 판이했던 상황에서, 민주노총의 안일한 노사정위원회 참여 결과는 너무나 혹독했다. 더구나 현재 노동자계급은 중심부 국가와 주변부 국가, 중심부 지역과 주변부 지역, 중심부 노동과 주변부 노동으로 분절화되어 단결조차 어렵다. 유럽의 복지국가 모델이 후퇴하고 있다는 사실 자체가 이미 수정주의적 전략으로는 자본주의의 문제를 해결할 수 없음을 입증하고 있다.

문제는 자본주의다. 역사상 존재했던 모든 계급사회와 마찬가지로 자본주의에서도 모든 계급이 평등하게 존재할 수는 없다. 불평등이야말로 계급지배, 이윤이 없으면 생존할 수 없는 자본의 속성이기 때문이다. 자본주의적 수탈은 역사상 모든 시대의 착취를 능가한다. 자본주의는 끊임없이 착취할 대상을 찾는 흡혈귀 같은 존재다. 비정규직은 자본주의의 필연적 귀결이다. 자본주의적 모순의 해결 없이 비정규직 문제는 해결되지 않는다. 실업과 불완전 고용이 자본의 존재를 위한 조건인데 어떻게 자본주의 내부에서 문제를 해결할 수 있겠는가!

유물론적 관점에서 세계를 해석한 마르크스가 던지는 질문은 간단하다. '자본가가 먹고 입고 향유하는 모든 것을 누가 생산했는가. 그들이 보유한 부의 원천은 누구의 노동에서 나왔는가.' 오늘날 서구 세계의 자본가가 향유한 부는 물론 미국과 유럽 노동자를 수탈한 결과다. 하지만 서구 노동자도 세계가 부러워할 만큼의 풍요는 누리고 있다. 그 풍요의 이면에는 16세기 이후 긴 세월에 걸쳐 식민지에서 자행된 직접적 약탈, 노예무역과 노예노동, 마약의 판매를 강요한 전쟁, 심지어 자기들끼리 벌인 세계대전 등 인류의 여러 문명을 말살하고 여러 인종을 학살한 전대미문의 야만이 도사리고 있다. 이 야만 없이 유럽과 미국의 자본주의는 존재할 수 없었다. 민주노총에 속한 대기업 정규직 노동자들이 받는 고액의 연봉 뒤에도 2,000만 노동자의 대부분을 차지하는 비정규직 하청 노동자들의 저임금과 장시간 노동이 녹아 있다.

분배구조를 바꾸는 투쟁만으로 노동자를 빈곤에서 구제할 수는 없다. 다른 계급과 계층이 어떤 상태에 있건, 그들이 어떤 가혹한 수탈에 노출되어 있든 나만 괜찮으면 된다고 생각하는 이들에게는, 설령 그들이 노동운동가를 자처하더라도 이 말이 귀에 들어오지 않을 것이다. 그걸 노동운동이라고 할 수는 없지 않은가.

이기심이 인간의 본성이라는 주장은 사유재산을 '신성한' 인권에 포함시킨 자본가계급의 저주받아 마땅한 사기다. 역사적으로 보든 이론적으로 보든 사유재산은 조금도 신성하지 않다. 노동운동은 사유재산의 신성함을 헌법에까지 명시한 그 체제를 바꾸려는 투쟁을 상징한다. 소수가 전유한 생산수단을 본래의 주인인 국민, 인간 자신에게로 되돌려주는 사회변혁이 노동운동의 진짜 임무다.

프랑스대혁명은 위대한 사건이었다. 그리고 대혁명은 자유와 평등이라는 두 원리가 투쟁하게 만든 원인이 사유재산에 있다는 사실을 노출했다. 노동운동은 이를 분명히 인식해야 하고, 그 투쟁을 이어가야 한다. 한국에서 이 인식은 1987년 노동자대투쟁의 결과물인 전노협이 평등사회를 외치며 수행한 투쟁의 계승·발전이기도 하다.

역사는 19세기 독일 수정주의자들의 생각이 완전히 틀렸다는 것을 보여주고 있다. 중산층의 몰락은 자본가들조차 인정하는 사실이 되었고, 계급 구성은 단순해지고 있다. 자본가계급과 노동자계급의 차이도 더욱 벌어지고 있다. 실업자가 넘쳐나고 비정규직은 급격히 증가하고 있다.

수정주의의 생각과 달리 자본주의는 저절로 붕괴하지 않는다. 당연히 노동운동도 자본주의 내에서 무엇을 할 것인지를 고민해야 한다. 1917년 10월 러시아혁명 이후 유럽의 노동자계급이 사회주의를 향해 혁명적으로 진출함으로써 복지국가라는 자본가의 양보를 받아냈듯이,

더 높은 수준의 요구를 걸고 혁명적으로 진출할 때만 자본의 일방적인 공격으로부터 노동자를 보호할 수 있고, 합당한 수준의 임금인상과 노동조건의 개선, 안정적인 고용도 달성할 수 있다. 물신숭배·황금물신은 유물론이 아니라 자본주의의 본성이다. 물질주의의 비인간성과 투쟁하면서 자본주의 이후의 사회를 합목적적으로 상상하고 전진하는 것, 그것이 노동운동의 정신이다.

학습하라! 선전하라! 그리고 조직하라!

1919년 1월 독일혁명 과정에서 살해당해 라인강에 던져졌던 스파르타쿠스단의 지도자 칼 리프크네히트가 남긴 말이다. 노동운동은 물신숭배가 지배하는 자본주의의 비인간성에 맞선 인간적인 운동이다. 눈앞의 물질적 유혹에 현혹되지 말자. 모두가 평등한 세상, 인간 자신이 목적인 세상을 향해 나아가자. 끊임없이 학습하고 선전하고 조직하자!

9장

자본주의 이후를 상상한다.

1. 우리가 바라는 사회는

자본주의를 넘어 우리가 바라는 사회는 한마디로 '사람이 사람답게 살 수 있는 사회'라고 할 수 있을 것이다. 경제적으로 평등하고 정치적으로 자유로운, 문화적 향유에서 아무런 경계도 없는 사회, 경쟁이 아니라 연대가 바탕이 되어 나만 잘사는 게 아니라 모두가 함께 잘사는 사회가 우리가 꿈꾸는 이상적인 사회 아니겠는가?

그런 사회의 토대는 생산수단의 공동소유, 사적 소유의 폐지다. 공동의 생산수단으로 생산한 생산물은 특정한 개인의 소유가 아니라 사회 전체의 소유물이다. 이 사회는 능력에 따라 일하고 일한 만큼 분배하는 사회를 넘어, 능력에 따라 노동하고 필요에 따라 분배하는 사회에

도달할 때 완성된다. 물질적 탐욕이 아니라 인간이 우선인 사회, 장애인을 비효율적인 존재로 간주해 생산으로부터 배제하는 자본주의와 달리, 날 때부터 가진 개인적 능력의 차이를 인정하고 동등한 인간으로서 함께 공존하는 사회, 이윤에 대한 탐욕 때문에 자연과 환경을 파괴하는 대신, 환경을 보호하고 자연과 어우러지는 사회는 인간의 이상이다. 이런 원리가 실현된 사회를 마르크스는 "자유로운 생산자들의 연합사회"라고 표현했다.

> 이에 비해 공산주의 사회에서는 아무도 하나의 배타적 활동의 영역을 갖지 않으며, 모든 사람이 그가 원하는 분야에서 자신을 수양할 수가 있다. 그리고 사회가 생산 전반을 통제하게 되므로 각 개인은 자신이 하고 싶은 대로 오늘은 이 일을, 내일은 저 일을, 즉 아침에는 사냥하고, 오후에는 낚시하고, 저녁 때는 소를 몰며, 저녁 식사 후에는 비평을 하면서, 그러면서도 사냥꾼으로도, 어부로도, 목동으로도, 비평가로도 되지 않는 일이 가능하게 된다.
> -칼 마르크스·프리드리히 엥겔스, 《독일이데올로기》(박재희 옮김, 청년사. 2007년), 64

《독일 이데올로기》에서 마르크스가 언급한 공산주의 사회의 모습이다.

국가는 소멸되고, 자본주의적 분업은 새로운 형태로 다시 조직된다. 국가와 자본주의적 분업은 사회적 적대성의 표현이며 무제한의 이윤욕을 위한 수단이므로, 그것을 전담할 집단을 필연적으로 만들어내고, 그에 따라 계획하는 집단과 실행하는 집단이 분리된다. 계획과 실행의 분리는 관료주의를 낳고, 관료가 지배하는 사회는 또다시 차별과 억압을 낳는다. 대안 사회에서는 국가나 자본주의적 분업이 필요치 않다.

우리가 꿈꾸는 사회는 어느 날 갑자기 하늘에서 떨어지는 것도 아니고, 땅에서 솟아나지도 않는다. 그 사회의 맹아는 자본주의 안에서 이미 자라나고 있다. 미래 사회는 '자본주의 안에서 자본주의를 넘어서는 투쟁'을 통해서만 실현될 수 있고, 그 투쟁은 매일 계속되고 있다. 이 투쟁은 미래 사회의 맹아를 경험하는 과정이다. 이 경험을 공유하고, 투쟁과 실험의 성과와 한계를 되짚고 실패의 원인을 찾아가면서 도래할 새 사회를 준비하고 실현해야 하는 것이다.

사회주의는 실패했다고 흔히 말한다. 학생운동과 노동운동에 청춘을 바친 동지들이 소련의 몰락이 곧 사회주의의 실패라고 단정하고 운동을 그만두거나, 거꾸로 철저한 자본주의자로 변신해 노동운동 탄압에 앞장서는 극우의 전사가 된 걸 보면 안타깝고 혼란스럽기도 하다.

"소련 사회주의가 실패한 원인이 규명되고 명확히 논증되지 않는 이상, 운동을 계속하는 것은 의미가 없다." 한국 노동운동 내에 사회주의에 대한 회의론이 유령처럼 떠돈 지도 벌써 35년이 다 되어가고 있다. 그러나 달라진 것은 아무것도 없다. 오히려 젊은 날의 우리를 학생운동과 노동운동으로 이끌었던 역사적 조건들은 그때보다 더 난폭하게 노동자·민중의 삶을 도탄에 빠뜨리고 있다.

두 차례의 세계대전이 끝나고도 세계 곳곳에서는 국지적인 전쟁이 멈추지 않았다. 전쟁은 지금도 계속되고 있다. 우크라이나에서도 팔레스타인에서도. 자본은 위기에 빠진 자본주의를 구출하기 위해 인류를 파멸의 구렁텅이로 몰아넣고 있다.

역사는 자본주의를 넘어서지 않고서는 아무런 대안이 없다는 사실을 명백히 보여주었다. 하지만 여전히 자본주의 내부에서 문제를 해결하려는 운동진영의 무능함과 기회주의적 태도에 실망한 대중들이 극우적인 파시즘에 기대를 걸고, 그에 편승한 극우 정당이 득세하는 현상이 전 세계적으로 나타나고 있다.

자본주의는 인류가 멸망하리라는 경고에 아랑곳하지 않는다. 200년간 진행된 자본주의의 횡포가 기후위기를 낳았고, 지구가 인류에게 가한 엄청난 보복을 보면서도 이윤을 향한 자본가의 갈망은 멈출 줄을 모른다. 시장을 독점하기 위한 경쟁의 격화로 제국주의 국가들은 이제 과거와는 비교도 할 수 없는 규모의 전쟁도 불사할 태세다. 핵전쟁에 대한 경고는 단순한 불안감의 표현이 아니다.

외면하고 손을 놓는다고 문제가 사라지는 것은 아니다. 소련과 동유럽의 사회주의가 실패했다고 우리가 상상한 미래 사회도 실패한다고는 말할 수 없다. 실패는 성공의 어머니다. 그게 대안을 모색하는 우리의 전제다. 다음 사회의 맹아는 어떻게 존재하고 자라났는지, 그 싹이 죽어버렸다면 왜 죽었는지를 역사를 통해 생각해보자.

2. 미래 사회를 향한 투쟁 – 역사의 증언

1) 1871년 파리코뮌

프로이센-프랑스 전쟁에서 패배한 보나파르트 3세와 제2제국 정부의 무능에 반발한 프랑스 민중들은 대규모 항쟁으로 대응했다. 파리 시민들의 농성에도 불구하고 1871년 1월 28일 휴전조약이 체결되었고, 2월 12일에는 강화조약을 토의할 국민의회가 보르도에 설치되어 임시 행정장관에 아돌프 티에르가 임명되었다.

국민의회는 굴욕적인 강화조약을 비준했지만, 조약에 불만을 품은 파리 시민은 항전의 뜻을 굽히지 않았다. 3월 1일 파리에 입성한 프로이센군은 파리 시민이 보인 무언의 적의와 소극적 저항을 받으면서 3일 후에 철수했다. 3월 3일 중앙위원을 보충한 국민방위대 중앙위원회는 티에르 정부에 대항하는 태도를 보였다. 그리고 보르도에 있던 의회는 구체제의 상징이자 이제 막 출범한 독일제국의 빌헬름 1세가 즉위식을 열어 프랑스 민중의 마음에 깊은 상처를 남긴 베르사유에 자리를 잡았다. 파리 시민의 고통과 불만에는 아무런 관심도 없었다.

3월 8일 티에르의 임시정부는 정규군에게 농성 중인 국민방위군이 보유한 대포 227문을 압수하라고 명령했다. 병사들은 명령을 거부했고, 장군 르콩트와 토마가 살해되었다. 정규군과 시민 사이에 마찰이 생겼지만, 병사들이 시민들과 손을 잡으면서 파리 시민들이 주도권을 행사하게 되었다.

3월 18일 야음을 틈타 몽마르트르 언덕에 있던 국민방위군 대포를 훔치려던 정부군의 도발을 저지한 국민방위군은 19일, 중앙위원회가 파리를 통치할 유일한 조직이라고 선포했다. 같은 날 중앙위원회는 포고문을 발표해 코뮌(인민의회) 선거가 실시될 것이며, 중앙위원회는 그때까지 업무를 담당할 잠정 기관임을 분명히 했다. 티에르 정부는 26일 실시된 선거의 투표율이 50퍼센트에도 미치지 못한다며 정부의 승리를 선언했지만, 15만 명 이상의 부유층이 파리를 탈출했고, 이 행렬은 3월 18일 이후에도 계속되었기 때문에 실제 투표율은 어느 때보다도 높은 편이었다. 선거 결과는 혁명파의 완승이었다. 85명의 당선자 가운데 공화파 20명을 제외하면 모두가 사회주의를 지향한 혁명파였다. 3월

28일 드디어 정식으로 파리코뮌이 선포되었고, 이후 5월 20일까지 파리를 통치하게 된다. 파리코뮌에 참가한 분파의 이념적 색채는 다양했지만, 대체로 자코뱅파·블랑키파와 같은 무정부주의자, 제1인터내셔널과 푸르동파 등 사회주의자가 주류를 이뤘다.

72일간이나 자치정부를 유지할 수 있었던 것은 인민들이 야간에 열린 이념학습을 통해 단결했기 때문이었다. 파리코뮌은 프랑스를 자유로운 코뮌들의 연맹체로 만들자며 다른 지역들도 코뮌을 수립하라는 호소문을 풍선에 매달아 날려 보냈다. 코뮌운동은 마르세유 등에서도 일어날 정도로 호응을 받았다. 코뮌은 10시간 노동, 노동자의 건강을 해치는 제빵노동자의 야간노동 철폐, 종교와 정치의 분리 같은 개혁에 착수했고, 코뮌이 유지되는 동안에는 민중들에 의해 질서가 유지되었다.

파리코뮌의 주요 정책

3월 19일 코뮌 선거(보통선거) 고시

3월 26일 코뮌 선포

3월 29일 전시의 삼사분기 집세를 면제하는 포고령 발표

3월 30일 상비군 폐지. 국민방위군을 유일한 무장세력으로 선언하는 포고령 발표

4월 1일 코뮌 의원과 공직자의 연봉 상한을 6,000프랑으로 제한하는 포고령 발표

4월 2일 모든 교회 재산의 국유화뿐 아니라 종교적 목적을 지닌 모든 국가 보조금을 폐지하는 포고령 발표

4월 8일 교육에 대한 종교의 개입을 금지하는 포고령 발표

4월 16일 공장주들에 의해 폐쇄되고 버려진 공장을 노동자들이 협동조합으로 조직

해 직접 관리·경영한다는 포고령 발표

4월 19일 공화정과 코뮌의 절대적 자치를 요구하는 〈프랑스 인민에게 보내는 선언〉 발표

4월 20일 제빵노동자의 야간노동을 금지하는 포고령 발표

4월 27일 고용주가 노동자에게 벌금을 징수해 임금을 삭감하는 행위를 금지하는 포고령 발표

이 외에 10시간 노동제·야간노동과 아동노동 금지·무상 의무교육·빈곤층 구제·공창제 폐지·도박 금지·여성과 외국인에게 시민권 부여·독신 여성과 자녀에 대한 연금 지급 등의 정책 도입

1871년 5월 21일 마크 마옹의 지휘를 받은 정부군이 코뮌을 진압하기 위해 파리로 진입했다. 독일제국·오스트리아-헝가리제국·네덜란드·벨기에·러시아제국·영국 등이 자국 국민을 향해 총을 든 프랑스 정부군을 지원했다. 당시 파리 시민들은 튈르리 궁전 정원에서 코뮈나르(코뮌 지지자) 전사자 가족을 지원하기 위한 대규모 음악회에 참석하고 있었다. 베르사유 정부군이 이 틈을 비집고 파리의 방어선을 돌파했다. 첩자가 하얀 손수건을 흔들어 생클루 문 인근에 수비대가 없다고 신호를 보내자, 베르사유군을 선발부대로 보내 일대를 장악했다. 코뮌 군사위원회의 대표 샤를 들레클뤼즈는 호소문을 발표했다.

군국주의는 이것으로 충분하다. 금술을 달고 군복의 솔기를 금빛으로 장식한 참모장교는 이젠 싫다. 민중에게 자리를 양보하라. 혁명을 알리는 종소리는 울려 퍼졌다. … 시민 여러분, 우리는 여러분과 함께 싸우고 필요하다면 여러분과 함께 죽을

것이다.

　밤이 되자 시내에 들이닥친 정부군 본대 2만 명은 비무장 시민들에게까지 닥치는 대로 발포했다. 파리의 거리마다 바리케이드를 사이에 두고 치열한 시가전이 벌어졌다. 파리코뮌의 마지막 '피의 일주일'은 이렇게 시작되었다. 희생당한 사람의 수는 긴 시간이 지난 지금까지도 정확히 파악되지 않았다. 적게는 1만 명, 많게는 5만 명까지 다양한 추정만이 있을 뿐이다. 파리코뮌이 진압된 후 10만 명이 넘는 사람이 코뮌 연루자로 체포되었고, 그 가운데 4만여 명이 군사재판에 기소되었다. 코뮌에 참여했던 인사들 가운데 7,500명은 프랑스의 식민지인 누벨칼레도니로 종신 유배되었다. 비록 실패로 끝이 났지만, 파리코뮌의 여파는 대서양을 건너 미국에까지 미칠 만큼 강렬했다. 미국의 보수 언론들은 파리코뮌 같은 공산주의운동이 미국에서도 일어날 것이라고 호들갑을 떨며 노동운동 탄압을 강력하게 선동했다.

　나폴레옹 3세의 쿠데타에 의해 성립한 제2제정이 보여준 무능과 실정에 분노한 노동자·민중이 봉기함으로써 성립한 프랑스 최초의, 아니 세계 최초의 민중권력인 파리코뮌은 직접민주주의를 통해 사회주의 건설을 시도하다 72일 만에 정부군에 진압되었다. 1871년 5월 27일까지 적어도 1만 명 이상이 학살되고, 4만 명이 넘는 사람들이 체포돼 투옥되거나 추방되었다. 코뮌의 장렬한 투쟁은 이후 사회주의운동에 커다란 영향을 미쳤다. 마르크스와 엥겔스는 파리코뮌이 곧 '프롤레타리아 독재'였다는 찬사를 보냈다.

　사회민주주의 속물들은 최근 또 한 번 프롤레타리아 독재라는 말에 대해 건강상 유익한 공포에 휩싸이게 되었다. 좋다. 신사 여러분, 이러한 독재가 어떤 모습인지 알고 싶은가? 파리코뮌을 보라. 이것이 프롤레타리아 독재였다.
–칼 마르크스·프리드리히 엥겔스, 《프랑스혁명사 3부작》(임지현·김종훈 옮김, 소나무, 1993), 〈프랑스 내전〉, 297

우연의 일치지만, 1979년 12월 12일 쿠데타를 일으켜 권력을 장악하고 민주화운동을 탄압했던 전두환 군부독재에 맞서 외롭게 투쟁한 1980년 광주의 민중항쟁이 계엄군의 총칼에 잔인하게 진압당한 날도 5월 27일이었다.

피를 부르는 군홧발 소리가 우리가 고요히 잠들려는 우리의 안방까지 스며들어 우리의 가슴팍과 머리를 짓이겨 놓으려 하는 지금 동포여 무엇을 하고 있는가. 동포여, 우리는 지금 무엇을 하고 있는가. 보이지 않는 공포가 우리를 짓눌러 우리의 숨통을 막아 버리고 우리의 눈과 귀를 막아 우리를 번득이는 총칼의 위협 아래 끌려다니는 노예로 만들려고 하는 지금 동포여 무엇을 하고 있는가. 동포여, 우리는 지금 무엇을 하고 있는가. 무참한 살육으로 수많은 선량한 민주시민들의 뜨거운 피를 오월의 하늘 아래 뿌리게 한 남도의 공기가 유신잔당들의 악랄한 언론탄압으로 왜곡과 거짓과 악의에 찬 허위선전으로 분칠되지고 있는 것을 보는 동포여, 우리는 무엇을 하고 있는가.

광주민중항쟁 당시 시민군으로 활동하다 광주를 탈출한 후, 항쟁이 진압된 3일 뒤인 1980년 5월 30일 전두환 신군부정권의 만행을 알리기 위해 종로5가 기독교회관 6층에서 투신 자결한 김의기 열사의 유서 내용이다.

한국에서 군부독재가 척결되어 민주화가 이룩되고, 광장의 정치가 살아날 수 있었던 것은 광주민중항쟁 때문이었다. 우리가 민주주의를 누리기 위해 광주에 빚을 져야 했던 것처럼, 프랑스 또한 파리코뮌의 정신과 역사를 기억하고 있다. 파리 20구에 있는 페르 라셰즈 묘지는 쇼팽의 무덤 때문에 잘 알려져 있지만, 그 한편에는 파리코뮌의 벽이 서 있다. 1871년 5월 28일 이곳에서 마지막까지 항전한 코뮌 병사 147명이 정식재판도 받지 못한 채 총살을 당한 곳이다. 광주항쟁 당시 계엄군이 남긴 총탄 자국이 전남도청과 전일빌딩 등에 남아 역사를 증언하고 있는 것처럼, '파리코뮌의 벽'에서는 150년이 지난 지금까지도 학살의 흔적을 볼 수 있다. 매년 5월 27일이면 프랑스 노동자와 시민은 물론, 세계 각국의 노동자들이 이곳을 찾아 화환을 바치고, 파리코뮌을 기념하는 행사가 개최된다. 나치가 프랑스를 점령했던 기간에도 화환은 끊이지 않았다고 한다.

파리코뮌은 프롤레타리아 민주주의가 부르주아 민주주의의 대안이 될 가능성을 보여주었고, 직접민주주의와 사회주의의 이정표가 되어주었다. 삼권분립과 간접민주주의가 근간인 부르주아 국가의 운영 방식과 달리, 파리코뮌은 입법·사법·행정을 코뮌 정부가 총괄했고, 모든 권력의 책임자를 민중이 직접 선출했다.

파리코뮌은 지역 코뮌들의 연합으로 이루어진 프랑스를 건설하려고 했지만, 노동자계급은 아직 미성숙했고, 그들을 지도할 전국적인 정치조직도 없었다. 어쩌면 실패는 당연했을 것이다. 그 당시 프랑스는 소농계층이 다수를 차지하고 있었고, 상퀼로트라고 불린 수공업 노동자의 대부분은 10인 이하 사업장에서 근무했다. 고용된 노동자 수가 10인 이상이면 대기업으로 분류될 만큼 프랑스의 자본주의가 덜 발전한 시대적 한계가 코뮌이 실패한 원인일 수도 있다.

만약 나폴레옹 3세가 프로이센 군대의 포로가 된 상황에서 국민방위군이 정부군의 전열이 정비되기 전에 베르사유로 진군했다면 혁명이 성공할 수 있지 않았을까? 파리를 장악한 민중들이 쥐를 잡아먹으면서 혁명을 수행하고 있었는데, 코뮌이 정부군의 자금줄인 프랑스 은행의 자금을 몰수했다면 상황이 달라지지는 않았을까? 그랬을 수도 있지만 아닐지도 모른다. 역사에는 교훈이 있을 뿐 가정은 필요치 않다.

파리코뮌은 노동자·민중이 직접 통치한 72일 동안 여러 사회주의적 정책을 시도해 미래 사회에 대한 희망을 심었다. 그것들은 러시아혁명 당시에도, 그리고 현재 사회민주주의를 표방하는 정부들에도 정책적 유산으로 남았다. 아무도 가본 적 없는 길을 홀로 걸었음에도 코뮌은 과거의 정부와는 다른 정책을 통해 새로운 사회에 대한 희망을 남겨주었던 것이다.

파리코뮌의 강령 가운데 '제빵노동자의 야간노동 금지 포고령'은 인상적이다. 갓 구워낸 따뜻한 빵을 싫어할 사람이 어디 있겠는가. 하지만 파리 민중들은 자기들의 본능과 습성을 제빵노동자의 인간적 삶을 위해 기꺼이 양보했다. 그것은 파리 민중들이 창조한 새로운 인간형, 공동체적 인간형의 표본이었고, 파리코뮌의 위대한 정신으로 남았다.

2) 러시아혁명

1917년 3월 러시아의 수도 페트로그라드에서 수십만 명의 노동자들이 대규모 시위에 나섰다. 배가 고파 우는 아이들을 집에 남겨 두고 나온

성난 군중들은 "빵을 달라!", "차르(황제)를 타도하자!"라고 외쳤다. 차르는 러시아를 포함한 슬라브계 군주의 칭호다. 러시아가 처한 상황은 암담했다. 제1차 세계대전에 무리하게 참전했지만, 독일과 대치한 전선에서는 연전연패라는 암울한 소식만 들려왔다. 러시아 국민은 기아에 내몰렸고, 가정주부들이 식료품 가게를 약탈하는 게 일상이었다. 도시는 노동자들의 총파업으로 마비된 상태였다. 차르와 귀족의 학정에 지친 민중들의 불만은 말 그대로 폭발 직전이었다.

시위 진압을 위해 동원된 병사들에게 발포 명령이 내려졌다. 하지만 이미 시위대와 한마음이 된 병사들은 지휘관을 향해 총부리를 돌렸다. 장교들은 달아났고, 병사들은 무기고에서 총을 꺼내 시위대에게 나누어 주었다. 무장한 군중들은 차르의 거처인 겨울 궁전으로 몰려갔다. 1917년 3월 15일 차르를 상징하는 깃발이 내려가고 혁명을 상징하는 붉은 깃발이 올랐다. 차르 니콜라이 2세는 퇴위를 선언하고 우랄산맥 근처의 작은 도시 토볼스크에 유폐되었다. 1918년 7월 16일 차르 일족은 시베리아 이송 도중 혁명군에게 살해당했다. 절대 왕권을 휘두르던 로마노프 왕조의 비참한 최후였다. 이 사건이 '2월혁명'이다. 서유럽이 사용한 그레고리력으로는 3월이지만, 러시아가 사용한 역법에서는 2월이었기 때문에 그런 이름이 붙었다. 러시아에서 혁명은 2월혁명으로 끝나지 않았다. 무너진 차르 체제를 대신할 새로운 체제를 수립해야 했다. 부르주아와 멘셰비키는 공화국을 선포하고 온건주의자 케렌스키를 수반으로 한 임시정부를 수립했다.

러시아혁명의 영웅 블라디미르 일리치 레닌이 망명지였던 스위스에서 급히 귀국했지만, 레닌의 세력은 보잘것없었다. 나중에 레닌의 지도로 혁명을 완수한 볼셰비키는 다수파라는 명칭과 달리 당시 소수파었다. 볼셰비키와 멘셰비키라는 명칭은 러시아혁명이 발생하기 14년 전인 1903년, 벨기에 브뤼셀의 허름한 창고에서 열린 러시아 사회민주노동당 제2차 당대회에서 다수를 차지한 레닌파가 이끄는 대의원들이, 자기들을 다수파를 뜻하는 볼셰비키라고 부르고 상대방을 소수파를 뜻하는 멘셰비키라고 부른 데서 비롯되었다.

볼셰비키의 지도자 레닌은 "모든 권력을 소비에트로!"라고 외치며 노동자의 대표기관으로 떠오른 소비에트(평의회)의 권력 장악을 주장하고 혁명의 지도자로 떠올랐다. 레닌은 임시정부의 해산과 소비에트 공화국 건설 등의 내용이 담긴 '4월 테제'를 발표해 러시아혁명의 성격을 재확인시켰다. 멘셰비키는 레닌을 격렬하게 비난했다. 볼셰비키의 일부도 동요했다. 러시아의 자본주의는 이제 걸음마 단계에 있고, 따라서 아직 혁명의 시기가 무르익지 않았다는 게 그들의 판단이었다. 임시정부는 눈엣가시인 레닌을 독일의 간첩이라고 모함하며 체포하려 시도했다. 레닌은 다시 외국을 떠돌아야 했다.

4월 테제

1. 제국주의 전쟁에 단호히 반대하고 즉각 평화를 실현한다.
2. 부르주아에게 권력을 넘긴 1단계에서 프롤레타리아와 빈농이 권력을 장악하는 2단계로 나아가야 한다.
3. 임시정부를 지지해서는 안 된다.
4. 소비에트의 권력을 확대해야 한다.
5. 의회민주주의에 반대하고 소비에트 공화국을 수립해야 한다.
6. 지주의 토지를 몰수해 국유화한다.

7. 모든 은행은 소비에트의 통제를 받는 국립은행으로 통합한다.

8. 생산과 분배는 소비에트가 통제한다.

9. 당대회를 소집하여 강령을 바꾸고 당명은 공산당으로 한다.

10. 새로운 국제혁명조직으로 제3인터내셔널을 창설한다.

하지만 9월 차르의 추종자인 육군 참모총장 코르닐로프가 쿠데타를 일으켜 계엄령을 선포하면서 상황이 반전되었다. 케렌스키는 울며 겨자 먹기로 볼셰비키에게까지 도움을 요청했다. 볼셰비키의 호소와 민중들의 봉기로 쿠데타는 5일 만에 진압되었다. 멘셰비키 등 부르주아와 타협한 세력의 무능함과 기회주의적 성격, 반혁명 세력의 존재, 임시정부가 전쟁을 계속할 것이라는 사실을 깨달은 민중의 지지는 급격히 볼셰비키에게로 기울었다. 볼셰비키는 명실상부한 다수파가 되었다. 비밀리에 레닌이 귀국했다.

1917년 11월 7일 무장봉기를 일으킨 볼셰비키는 임시정부를 타도하고 소비에트 정권인 인민위원회를 수립했다. 레닌이 인민위원장에 취임했다. '10월혁명'이다. 러시아 달력으로 이날이 10월 25일이었기 때문이다. 1918년 1월 17일 소비에트 중앙위원회는 〈피착취 근로인민의 권리 선언〉을 발표했다.

〈피착취 근로인민의 권리 선언〉

1. 러시아는 노동자·병사·농민의 소비에트 공화국이다.
2. 러시아 소비에트 공화국은 자유로운 민족의 자유로운 연합의 토대 위에 세워진다.

3. 소비에트 국가의 기본 과제는 인간에 의한 착취 폐지와 사회주의 건설이다.

4. 평화와 토지와 민족해방에 관한 대중들의 열망을 즉시 실현할 것이다.

권력을 장악했다고 해서 볼셰비키혁명이 완성된 것은 아니었다. 부르주아와 멘셰비키, 수구 왕당파들이 일제히 볼셰비키에 맞서 저항하기 시작했다. 러시아혁명이 자국의 사회주의 세력을 강화할 것을 염려한 영국·프랑스 등도 군대를 보내 혁명을 저지하려 들었다. 레닌은 먼저 독일과 단독 강화조약을 체결해 제1차 세계대전이라는 수렁에서 발을 뺐다.

토지개혁을 단행해 농민들에게 토지를 분배했다. 지긋지긋한 전쟁과 지주의 전횡에서 신음하던 민중들은 열광적으로 볼셰비키를 지지했다. 혁명 정부는 사기가 오른 민중들을 대상으로 징병제를 실시해 '붉은 군대'를 창설하고 반혁명 세력을 격파했다. 안팎의 적을 정리한 레닌은 이제 새집을 짓는 데 착수했다. 의회를 해산하고 새로운 헌법을 채택해 프롤레타리아 독재를 확립했고, 공산당 외의 정당 활동은 금지되었다. 수도도 페트로그라드에서 모스크바로 옮겼다. 1922년 12월 우크라이나·벨라루스 등 다른 공화국들이 합류해 소비에트사회주의공화국연방USSR의 성립을 선포했다. '소련'의 탄생이었다. 마르크스주의를 통치이념으로 한 인류 역사상 최초의 사회주의 국가가 등장한 것이다.

마르크스는 자본주의가 이룩한 고도로 발전된 생산력이 사회주의 혁명의 물질적 기초가 되리라고 예상했다. 하지만 서유럽의 마르크스주의자들은 마르크스의 예상을 기계적으로 이해해 혁명이 유럽의 자본주의 국가에서 먼저 일어날 것이라고 상상했다. 러시아의 멘셰비키가 레닌의 '4월 테제'를 비난한 것도 같은 이유에서였다. 사회주의 혁명이 성공하려면 우선 생산력이 충분히 발전해 국민이 먹고살 걱정에서 벗어날 수 있을 만큼의 경제적 기반이 마련되어야 한다는 것이다.

유럽의 사회주의자들도 제국주의를 자본주의의 부패와 심화된 모순을 보여주는 현상이라고는 생각했다. 하지만 임박했어야 할 혁명은 일어나지 않았다. 그들은 혁명을 자연적 현상처럼 이해했을 뿐 주체적인 활동의 결과라고는 생각하지 못했다. 러시아혁명은 이런 상상을 일축했다. 혁명은 현실이 되었다. 사회주의 혁명은 자본주의가 고도로 발전된 선진자본주의 국가에서 먼저 일어날 것이라는 동시대의 지배적인 상상을 뒤집고, 레닌의 예측대로 자본주의와 제국주의의 가장 약한 고리인 러시아에서 성공한 것이다. 마침내 자본주의가 사회주의로 이행하는 시대, 세계 사회주의 혁명의 시대가 열리고 있었다.

러시아혁명은 아시아·아프리카·라틴아메리카에서 제국주의의 침략에 맞선 식민지해방운동의 이정표가 되었고, 전 세계 사회주의 혁명의 도화선이 되었으며, 모든 약소국의 희망으로 떠올랐다. 그러나 러시아의 뒤를 이어 혁명에 나설 것으로 생각되었던 선진자본주의 국가, 특히 독일에서 자본가들이 반격에 나서고, 특히 사회민주주의자들의 배신이 이어지면서 서구 자본주의의 혁명 없이 소련이 살아남을 수 있을지가 심각한 고민거리로 등장했다. 혁명이 발생할 당시 러시아는 인구의 절대다수가 농민인 나라였고, 생산력의 수준도 매우 낮았다. 전쟁으로 피폐해진 경제는 장기간에 걸친 내전과 제국주의 국가들의 견제로 더욱더 피폐해졌고, 유럽의 혁명이 지체되어 러시아혁명과 독일혁명이 분리됨으로써 독일의 정치적·물질적 지원은 기대할 수 없게 돼버리고 말았다. 그 결과 1921년 제국주의의 지원을 받은 백군(반혁명 세력)과의 내전에서 승리를 거두고도 소비에트가 위기에 내몰리자, 소련은 영속

혁명론을 폐기하고 일국사회주의를 채택한다.

　　제국주의 국가들의 계속되는 반혁명 공작과 히틀러가 집권한 독일의 직접적인 침공 위협을 눈앞에 둔 소련은, 1921년부터 1928년까지 유지했던 신경제정책을 포기하고 급속한 중공업화와 농업의 집단화를 위해 제1차 5개년계획을 실행에 옮긴다. 이로써 1929년 자본주의 세계를 휩쓴 대공황의 와중에도 소련은 급격히 생산력을 발전시켜 히틀러의 침공에 대비할 수 있게 되었다. 제2차 세계대전에서 소련의 역할은 연합국의 승리에 엄청난 영향을 미쳤다. 제2차 세계대전 당시 소련은 2,900만 명의 국민이 희생을 당했고, 격심한 생산시설의 파괴로 공업과 농업에 막대한 피해를 당했으면서도, 사회주의의 독특한 생산양식의 힘으로 미국과 맞먹는 강대국으로 성장할 수 있었다.

　　그러나 만사가 다 원활하지는 않았다. 세계대전이 시작되기 전부터 소련은 자본주의 제국에 포위되어 있었고, 이 불리한 조건은 세계대전이 끝난 뒤에도 소련을 괴롭혔다. 혁명 당시 세계 어느 나라보다도 민주적이었던 소비에트는 1920년 후반부터 이미 변질되고 있었다. 제1차 5개년계획 이후 소련 공산당은 급속히 '대리주의'에 경도되었다. 앞에서도 말했지만 대리주의는 대중의 자발적 참여를 막고, 엘리트주의와 관료주의를 초래한다. 계획을 수립한 엘리트 관료와 그것을 실행할 노동자 대중이 분리되기 때문이다. 이제 당의 계획은 명령이 되었고, 대중은 그것을 실행해야 하는 의무만을 지게 되었다. 소비에트를 특징지었던 노동자 민주주의가 약화되어 모든 권력이 당 중앙으로 집중된 결과, 당의 엘리트·관료화와 대중의 수동화가 동시에 초래되었다.

　　관료주의는 10월혁명이 수립한 노동자국가를 고위 관료가 지배하는 국가사회주의로 변질시킴으로써 '사회주의'라는 이름을 건 '반사회주의적'인 새로운 지배·억압의 체제를 만들어냈고, 전 세계 대중들 사이에 사회주의와 공산주의의 위상을 추락시켰다. 이 체제가 내부에서 양성한 중앙집권적인 엘리트 관료들은 아무렇지도 않다는 듯 자본주의로의 회귀 의사를 밝혔고 실행했다. 서방으로부터 격찬을 받은 페레스트로이카(개혁)와 글라스노스트(개방)를 표방한 고르바초프는 소련을 독립국가연합이라는 모호한 형태로 쇠퇴하게 만들었고, 러시아연방을 해체한 옐친의 권력은 그의 수하였던 푸틴에게 이어져 우크라이나전쟁이라는 비극으로 이어지고 있다.

    소련은 해체되었다. 하지만 소련의 붕괴는 하루아침에 이루어진 것이 아니라 내부의 모순이 축적된 결과다. 이 과정은 끝내 자본주의로의 회귀를 낳았고, 지금 러시아는 제국주의 열강의 한 축을 이루고 있다. 소련의 사회주의 실험은 이렇게 실패로 끝나고 말았다.

3) 중국혁명

중국 공산당은 러시아혁명의 영향을 받아 1921년 7월 천두슈를 대표로 공식 출범했다. 출범 당시 당원 수는 50여 명에 불과했지만 이후 세력은 급속히 확대되었다. 1924년 쑨원이 지휘하는 국민당에 공산당이 가입함으로써 반군벌·반제국주의 통일전선, 통칭 제1차 국공합작이 성립했다. 1925년 쑨원의 사망 후 국공합작은 결렬되었다. 쿠데타로 쑨원의 계승자를 자처한 장제스가 공산당에게 총구를 겨눴기 때문이다. 국공내전이 발발한 것이다. 장제스는 중국 전역에서 공산당원을 학살했고, 공산당은 2만 5,000명의 당원 가운데 1만 5,000명을 잃는 참변을 당했다. 1928년 공산당은 장시성에 있는 천혜의 요새 정강산에서 소비에트를 건설하고, 농민과 노동자를 중심으로 30만에 달하는 홍군을 창설해 국민당에 대항했지만, 결과는 참패였다. 이를 계기로 중국 공산당의 조직 체계는 중앙집권적으로 개편된다. 홍군의 중심인물이었던 마오쩌둥이 공산당의 비공식적 지도자로 떠올랐고, 공산당은 강서성의 근거지를 버리고 대장정이라고 불린 고난의 행군에 나섰다.

마오쩌둥은 러시아와 달리 중국혁명의 중심은 농민이 될 것이라고 생각했다. 민중의 압도적 다수가 농민인 전근대적 봉건 사회 중국에서는 혁명 역량을 도시가 아닌 농촌에 집중해야 한다고 본 것이다. 또한 그는 민중이 지식인의 지도 없이도 스스로 공산주의 사상을 생산할 수 있다고 생각했다. 제3인터내셔널과 달리 그는 전위정당 노선 대신 대중주의 노선을 제창했다.

1936년 12월 국민당 동북군 사령관 장쉐량이 장제스를 납치해 국공합작을 요구한 시안사건이 발생했고, 1937년 중일전쟁을 일으킨 일본제국주의에 대항하기 위해 제2차 국공합작이 이루어졌다. 그러나 국민당은 공산당의 활동과 계급투쟁의 중지를 요구하는 등 양측의 갈등은 쉬 사라지지 않았다. 1940년 제2차 국공합작이 결렬되었고, 공산당은 세력 확대에 집중했다. 1945년 마오쩌둥은 공식적으로 공산당 최고 지도자로 선출되었다. 일본이 패망한 1945년 이후에 또다시 국공내전이 발발했다. 초기에는 압도적으로 병력이 많았던 국민당이 우세했지만, 1947~1948년을 지나면서는 공산당이 우세해졌고, 1949년 베이징 천안문 광장에서 중화인민공화국이 선포되었다. 장제스는 대만으로 도피했다.

1953년 마오쩌둥은 중공업 확대와 농업 집단화를 통한 사회주의 토대 구축을 주된 내용으로 하는 제1차 5개년계획을 수립했다. 소련의 지원으로 이루어진 이 계획은 어느 정도 성과를 달성했다. 자신감을 얻은 마오쩌둥은 1958년부터 1962년 초까지 농촌의 행정과 경제조직을 일체화한 '인민공사'를 설립해 전체 인구의 90퍼센트를 차지하는 농민을 공업 발전에 동원한다는 목표를 내걸고 '대약진운동'을 전개했지만, 무려 2,500만 명에 달하는 아사자를 낳고 처참하게 실패했다. 중·소국경분쟁으로 인해 소련의 원조가 중단된 탓도 있지만, 생산력이 정체했고 기근까지 겹쳤기 때문이다.

그는 인민공사를 설립해 농촌의 특성을 유지하면서도 산업화에 도달할 수 있다고 믿었지만, 물질적 토대가 마련되지 않은 상황에서 농민의 의식화만으로 목표를 달성할 수는 없었다. 기계의 도입을 통한 노동력의 대체가 생산력 발전의 토대라고 설명한 마르크스와 정반대로, 마오쩌둥은 인간이 기계를 대신해 생산력을 발전시킬 수 있다고 착각했다. 그는 지역 인민공사의 연합과 공산주의를 동일시했지만, 도시와 농촌, 노동자와 농민의 격차는 줄지 않았고, 육체노동과 정신노동의 격차는 더 벌어졌다. 지식인 출신 전문가를 채용해 도시를 중심으로 중앙집중적인 생산력 발전을 꾀한다는 실용주의 노선이 인민공사 노선과 충돌했다. 당은 분란에 휩싸였고, 1966년 마오쩌둥은 '문화대혁명'이라는 친위 쿠데타를 연출했다. 문화대혁명은 1976년 마오쩌둥이 사망하면서 막을 내렸다.

중국의 사회주의 건설 과정은 이제 막 성장을 시작한 도시 노동자보다는 인민의 절대다수를 차지하는 농민을 중심으로 전개된 농민혁명적 성격을 가지고 있는데, 이를 뒷받침한 것이 마오쩌둥의 대중노선이었다. 마오쩌둥의 대중노선은 정신노동과 육체노동의 분할, 지식의 차이에 따른 사회적 위계 형성에 대한 근본적 반성을 함축하고 있다. 마오쩌둥은 최초에는 단순히 행정적 업무를 위임받았을 뿐인 당과 정부의 행정관료들이, 인민 위에 군림하는 새로운 지배계급으로 전환된 소련의 역사적 경험을 중요하게 생각했던 것이다. 다시 말해 당이 인민 위에 군림하면 안 된다는 그의 생각이 당의 관료화를 막는 걸 중국혁명의 사활적인 문제로 인식하게 만든 것이다. 그가 대중노선을 강조한 것은 이 때문이다.

이렇게 전위조직의 목적의식을 강조한 레닌과 달리 마오쩌둥은 대중 스스로 자생적 투쟁을 통해 사회주의적 의식에 도달할 수 있다고 생각했고, 더 나아가서 지식인은 대중에게 배워야 하고 대중의 언어로 말해야 한다는 것을 강조하기 위해 대중을 지식인의 스승이라고 불렀다. 그러나 중국이 처한 낙후한 현실은 소련의 제1차 5개년계획을 도입하도록 강요했다. 농민의 희생을 바탕으로 중공업을 발전시키고, 농업을 집단화하려던 이 계획은 소련과 똑같은 관료주의의 병폐를 일으켰다. 이 부작용을 알고 있었던 마오쩌둥은 소련 모델의 무조건적 도입을 반대하고, 관료주의와 교조주의를 거부하면서 극단적인 평등주의와 대중노선을 추구한다.

대약진운동은 이렇게 시작되었다. 인민공사를 통해 농촌공동체를 유지해 도시 대신 농촌을 공업의 근거지로 만든다는 이 계획은 취약한 물질적 기반을 농민의 의지로 극복한다는, 다시 말해 물질적 토대의 부재를 농민의 의식적 집단화를 통해 공산주의에 도달한다는 주관적 상상에 입각해 있었다. 문화대혁명은 당내 실용주의자의 공격을 막기 위해 주자파走資派 척결을 명분으로 인민공사 노선의 복귀를 시도한 선택이었지만, 1976년 마오쩌둥이 사망하자 덩샤오핑을 비롯한 실용주의 노선의 공격을 받고 극좌 노선으로 평가절하되어 실각하게 된다.

이후 중국은 소련과 같이 중앙집권적 중공업화와 집단농장화를 추구하다 결국 국유재산을 당 관료들에게 불하하면서 다시 자본주의화의 길로 들어서게 되었다. 그렇게 오늘날의 중국이 탄생했다.

3. 자본주의를 넘어, 새로운 사회를 상상하자!

비록 실패로 귀결되긴 했지만, 최초의 프롤레타리아 독재인 파리코뮌은 사회주의 국가가 어떤 모습을 하고 있는지, 사회주의 인간형이란 무엇인지를 보여주었다. 제2인터내셔널의 기회주의적 노선을 극복하고 성공한 러시아혁명은 제국주의 국가에 포위되어 일국사회주의를 건설하다 변질되었고, 소련은 결국 해체되어 자본주의로 회귀했다. 소련의 경험을 반면교사로 삼아 사회주의를 건설하려 시도했던 인민공사 노선 또한 주관주의적 한계와 당내 실용주의 노선에 밀려 자본주의의 길로 다시 접어들고 말았다. 그 외에도 반파시즘·반제국주의 민중민주주의 혁명을 통해 사회주의를 건설하려 했던 많은 시도들이 제국주의 국가들의 개입과 시행착오 때문에 실패했고, 지금도 쿠바나 베네수엘라가 자본주의 국가의 포위 때문에 어려움을 겪고 있다.

그러나 20세기의 시도가 실패했다고 사회주의가 실패한 것은 아니다. 혁명은 아직도 진행 중이다. 자본주의는 이미 생산력의 고도화에 실패하고 있다. 생산력 발전을 위한 자본의 진취성은 상실된 지 오래고, AI와 같은 특정한 산업만이 자본주의를 이끌고 있지만, 그 발전의 방향이 무엇인지는 누구도 모른다. 그것의 운명은 이자만을 노리는 죽은 자본에 의해 좌우될 뿐이다. 마이너스 성장이라는 담론은 자본의 운명이 무엇인지를 보여주고 있다. 자본은 자기의 위기를 노동자와 민중에게 전가함으로써 연명할 뿐이다.

진화론적 사회주의의 주장이 사실이라면 자본주의는 벌써 폐지되었을 것이고, 인간의 세계는 새로운 방향으로 전환되었을 것이다. 하지만 현실은 그와 다르다. 새로운 사회는 요원해 보이고, 자본주의는 앞으로도 계속될 것처럼 보인다. 무엇 때문인가. 인간의 역사는 인간이 만든다. 인간의 개입 없이 새로운 사회가 자연적으로 등장하는 일은 결코 일어나지 않는다. 자본의 생명력이 다한 지금, 어쩌면 미래 사회는 노동조합운동과 노동운동의 우경화를 비웃으며 새로운 의식성이 등장하기를, 노동자와 민중이 총궐기하기를 숨죽인 채 기다리고 있을지도 모른다.

역사는 노동자계급의 승리가 세계적 범위에서 달성되지 않는다면, 고립된 일국의 혁명은 고도로 세계화된 자본주의 체제에 포위되어 다시 자본주의로 복귀할 수밖에 없다는 것을 보여주었다. 이 교훈을 잊지 않는다면 노동자계급의 국제적 연대를 위한 실천이 요구된다는 것을 이해할 수 있을 것이다. 반세기 이상 존재하지 못한 인터내셔널의 창립을 위한 투쟁이 요구되는 이유다.

노동자 민주주의의 발전을 수반하지 않는 생산수단의 국유화는 '개인의 자유로운 발전이 전체의 자유로운 발전의 조건이 되는 연합체'로 발전하는 사회가 아니라, 노동과정이 관료적 통제에 놓이고, 당이 사회 위에 군림하는 이상한 체제를 만들어냈고, 지배와 피지배 관계, 인간의 소외는 새로운 형태로 다시 출현했다. 노동자·민중은 명목상으로만 주체일 뿐 지배와 억압의 대상으로 전락하고 말았다. 어느 누구도 노동자계급을 대신해서 사회주의를 실현할 수는 없으며, 노동자계급의 해방은 노동자계급 스스로의 행위에 의해서만 달성될 수 있다. 민주주의를 발전시키려는 투쟁 속에서 자치능력을 발전시킨 노동자·민중만이 다가올 미래 사회의 주인이 될 수 있다.

자본주의의 모순은 생산수단의 사적 소유에서만 드러나는 게 아니다. 상품 생산, 시장을 위한 생산에서도 모순은 표현된다. 상품 생산에서는 생산이 생산자가 아니라 유통과 시장에 의해 규정된다. 시장이 생산자를 지배하는 것이다. 미래 사회는 이 모순을 극복해야 한다. 스페인 북부의 몬드라곤 협동조합복합체 같은 노동자 자주관리체는 시장이 아니라 민주적인 계획에 따라 생산을 통제할 것이다.

1959년 1월 쿠바혁명을 성공으로 이끌었던 체 게바라는 1965년 소련과 중국을 방문했을 때, 당 관료의 식당과 노동자 대중의 식당에 차이가 있는 것을 발견하고 이렇게 말했다. "이건 사회주의가 아니다. 이런 식의 사회주의라면 반드시 자본주의로 회귀하고 말 것이다." 체 게바라는 소련의 사회주의를 비판하면서 새로운 사회주의를 '21세기 사회주의'라고 명명하고, 자본주의를 극복한 새로운 사회주의를 건설하려면 물질적 토대를 변혁해야 할 뿐만 아니라, 인간 또한 사회적 개인 또는 '사회주의적 인간'으로 바뀌어야 한다고 강조했다. 체 게바라의 짐작대로 사회주의는 실패했고 자본주의에 편입되어 제국주의적 경쟁의 한 축을 담당하고 있다. 혁명의 새로운 모습에 대해 정리하면서 체 게바라가 아프리카 방문 중 우루과이 신문에 기고한 〈쿠바에서의 인간과 사회주의〉라는 18쪽 분량의 짧은 글에서 한 대목을 인용하려고 한다.

(사회주의) 경제의 기초를 건설하는 데는 긴 세월이 필요합니다. 그리고 신속한 발전을 이루기 위한 지렛대로서 '물질적 이해'를 사용하는 방식, 다른 나라들이 앞서 많이 걸어가서 다져진 방식을 따라가고 싶은 유혹이 매우 큽니다.

눈앞의 나무들에 가려서 숲을 보지 못할 위험이 있습니다. 자본주의가 건네준 무딘 무기들(경제적 세포인 상품, 이윤, 개인의 물질적 이해관계라는 지렛대)의 도움을 받아 사회주의를 이룩하겠다는 몽상을 추구한다면, 막다른 골목에 이를 가능성이 큽니다. 수많은 교차로를 통과해 먼 길을 지나온 다음, 언제 어느 교차로에서 잘못된 쪽으로 회전했는지 알아내기조차 어려울 만큼 멀리 지나온 다음, 막다른 골목에 이르게 될 겁니다. 그렇게 잘못된 길을 걸어오면서 자본주의가 건네준 무기들에 맞게 적응시켜 놓은 경제적 기초가 사람들의 의식 발전을 밑뿌리에서 무너뜨려버렸기 때문입니다. 공산주의를 건설하려면 새로운 물질적 기초와 더불어 '새로운 인간'을 형성하지 않으면 안 되는 데도 말입니다.

대중을 동원하는 데 도구를 올바로 선택하는 문제가 매우 중요한 것은 그 때문입니다. 물질적 유인들, 특히 사회적 성격을 지닌 물질적 유인들을 올바로 사용하는 것도 잊지 말아야 겠지만, 도구는 근본적으로 도덕적인 것이어야 하는 것입니다. … 이제 약간의 결론을 짓도록 하겠습니다. 우리 사회주의자들은 더 성취하고 있기 때문에 더 자유롭습니다. 우리는 더 자유롭기 때문에 더 성취하고 있습니다. 우리는 완전한 자유의 골격을 이미 세웠습니다. 다만 먹을거리와 옷가지가 모자랄 뿐입니다. 우리는 이것들을 만들어낼 것입니다.

우리의 자유와 하루하루의 생계는 핏빛을 띠고 있으며 희생으로 부풀어 있습니다. 우리의 희생은 의식적인 것이며, 그 희생은 우리가 건설하고 있는 자유에 대한 대가입니다. 혁명의 길은 멀고 부분에 따라서는 미답의 길입니다. 우리는 우리 자신의 한계를 알고 있습니다. 그렇지만 우리는 21세기의 인간을 스스로 만들 것입니다. 우리 자신을 그런 새로운 인간으로 만들 것입니다. 우리는 나날의 행동으로 단련될 것입니다. 이를 통해 새로운 기술을 갖춘 새로운 인간으로 변혁될 것입니다.

《자본론》에서 마르크스는 '자본이란 화폐로 현상하는 사물이 아니라 사회적 관계'라고 말했다. 즉 자본은 자본가가 독점한 생산수단을 가리키는 것이 아니라, 생산수단의 소유자가 생산수단을 실제로 사용하는 직접적 생산자와 맺는 관계의 형식을 의미한다. 자본-임노동 관계가 그런 의미다. 생산수단을 국유화해 물질적 토대를 변혁시키는 데 성공했으면서도, 국가(당)가 새로운 형태의 지배-피지배 관계를 유지함으로써 끝내 자본주의로 복귀해야 했던 현실 사회주의의 교훈을 되새기면서 새로운 대안적 사회주의를 모색해야 한다.

마치며

나의 직장생활은 M&A의 연속이었다.

첫 직장인 케이블TV 방송국은 1995년 풀뿌리민주주의를 표방하는 지방자치제의 출범과 함께 지역 언로를 확보하고, 다채널의 시대를 열겠다는 목적으로 대기업의 참여가 배제된 채 설립되었다. 그러나 동네 유선방송들이 정리·흡수되면서 케이블방송이 돈이 된다는 판단이 서자 대자본이 몰리기 시작했고, 그에 발맞추어 제도적 규제 또한 폐지되었다. 2000년도부터 지역 케이블방송의 1차 M&A가 시작되었고, 우리는 노동조합을 만들었다.

중소기업이었던 '한국케이블TV 해운대기장방송국'에 입사했던 내가 3차례의 M&A를 통해 CJ를 거쳐 LG의 직원이 될 수 있었던 건 노동조합이 있었기 때문이었다. IMF와 무노조경영의 모진 칼날에도 살아남을 수 있었던 것은 노동조합을 지켜왔던 선배들의 정신과 그를 지지하는 민주 시민들의 보호 덕분이었음을 믿어 의심치 않는다. 그러나 이 책에는 그 시간들을 나열하지는 않았다. 내가 경험한 사건들이 한정적인 만큼 그 시간을 완전히 배제할 수는 없겠지만, 이 책은 그런 목적으로 쓰이지 않았다.

현재 내가 몸 담고 있는 노조는 전국적으로 과반수의 조합원을 확보했고, 법적으로 노사협의회에서 노동자를 대표하는 노조지만, 이 노조를 만드는 데는 다섯 번의 노조 해산, 허다한 배신과 투쟁 그리고 19년이라는 긴 시간이 필요했다. 대한민국에서 노동조합을 만들고 안

정화한다는 건 매우 힘들고, 또 그만큼 위험한 일이기도 했기 때문이다.

놀랍게도 그렇게 만들어진 노동조합이 지금에 와서 하는 일은 의외로 평이하다. 조합원의 생일과 경조사를 챙기고, 팀장과 사이가 좋지 않아 직장생활이 괴롭다는 조합원의 하소연을 듣고(직장 내 괴롭힘인지 아닌지를 판단하기 위함이지만, 대부분은 하소연하는 과정에서 저절로 해결된다), 낡은 사옥을 점검한 뒤 수리를 건의하는 것(노동환경의 안전 보장은 노동조합이 해야 할 중요한 업무 중 하나다) 정도다.

내가 노조위원장직을 수행하면서 가장 신경 썼던 일 중 하나가 '퇴근시간 지키기'였는데 그것도 비슷했다. '퇴근 이후 PC Off제'의 예외 신청 건수를 조사해 문제를 제기하고 예외를 줄일 수 있도록 조치하는 게 내가 할 일이었다. 그다음에는 퇴근 이후 카카오톡으로 업무 지시가 자주 내려온다는 제보를 받아 이 문제를 공론화했고, 코로나 시국에는 재택근무를 촉구하기도 했다. 모두 조합원의 이익을 목적으로 한 일들이었지만, 파업 같은 대규모 투쟁에 돌입하지 않고도 해결할 수 있는 일이었다. 당연히 대정부투쟁과는 더더욱 거리가 멀었다.

사실상 대기업의 노동조합은 임금 및 근로조건에서 조합원의 이익을 지키는 데만 관심을 두고 있고, 단체협약도 대부분 경조사 지원 확대, 비연고 근무제도 개선 정도의 수준에서 이루어진다. 조합원이 투쟁에 동원될 일이 거의 없다는 말이다. 그런데도 어렵게 입사한 젊은 친구들은 자기 앞에 놓인 문제를 노동조합을 통해 해결하기를 꺼리는 것 같다.

나는 노동조합에 대한 젊은 친구들의 인식을 바꾸고 싶은 게 아니다. 지금 있는 노동조합이 그들의 고민을 담아낼 수 없다면 차라리 자기들에게 맞는 노동조합을 만들어도 좋다고 생각한다. 회사란 본래 자본의 이윤 추구가 목적인 조직이므로, 자본의 이익에 맞서 개인이 자기의 이익과 인격을 지켜내려면 적절한 수단을 가져야만 한다. 나는 가장 좋은 수단이 노동조합이라고 생각한다. 나는 젊은 친구들에게 이런 내 생각을 말해주고 싶다. 지금 있는 노동조합에 문제가 있다면 그 문제에 대해 함께 고민해보자고도 이야기하고 싶다.

이 책의 지면 대부분은 30년 넘게 노동운동에 헌신하면서 노동조합을 만들고 안정·발전시킬 구체적인 방법들을 고민해온 송영수 선배의 생생한 노하우를 전달하는 데 할애되었다. 우리가 그렇게 만들어온 조직으로, 혹은 앞으로 여러분이 그렇게 만들게 될 조직으로 무엇을 이룰 것인지는 각자가 결정할 몫이다. 다만 이제는 이전과 비교해 절차적으로나 사회적 인식의 면에서나 한층 수월해진 노동조합 설립과 안정을 위해, 나는 19년을 소모해야 했고 누군가는 평생이 걸렸다는 사실을 한 번쯤 생각해 주었으면 좋겠다. 내가 아는 고故 김성환 삼성일반노조 위원장은 삼성에 노동조합을 건설하기 위해 평생을 바쳐 투쟁했으나, 결국은 노동조합이 꽃피는 걸 보지 못하고 2023년 뇌졸중으로 타개했다(삼성전자노동조합은 김성환 위원장이 2022년 7월 뇌졸중이 발병하기 몇 개월 전에 그와 약간의 소통을 하던 정도였다).

2022년 5월 23일, 한남동 삼성 이재용 회장 집 앞 농성장. 이 때가 삼성전자노동조합과 삼성일반노동조합이 짧게나마 연대했던 시기인 것 같다. 2023년 1월에 고 김성환 위원장이 뇌졸중으로 쓰러졌으니, 삼성에 노조를 만들기 위해 일평생을 다한 그분의 삶이 공유되기엔 함께할 수 있었던 시간이 너무 짧아 안타깝다. 고 김성환 위원장 아내 제공.

이 책에서는 가장 먼저 노동조합을 설립하기 위한 기술적·제도적 방법에 대해 단계적으로 설명했다. 노동조합은 2인 이상이 모여야 설립할 수 있다. 당연히 어떤 내용으로 사람을 모을 것인지, 어떻게 의사를 결집해나갈 것인지가 두 번째 내용이다. 그 과정에서 실제로 경험했던 사례도 조금 첨가했다. 마지막으로 역사적으로 확인된 노동조합의 역할과 의미를 살펴보고, 왜 노동조합인가, 어째서 노동조합이어야 하는가를 다시 한번 되짚어보았다.

내가 19년이나 되는 긴 시간을 쏟아붓고서야 이루어낸 노동조합을 젊은이들은 6개월 만에, 3개월 만에 성취하기를 바란다. 그러지 못할 이유가 없는 대한민국을 희망한다.

대한민국 비정규직 비율이 40퍼센트에 육박하고, 비정규직의 임금은 고작해야 정규직 임금의 60퍼센트도 되지 않으며, 2022년 기준으로 정규직 근로자 전체 증가분의 77퍼센트가 서울·경기 등 수도권에 집중되어 있다.

의대와 스카이SKY 대학에 목을 매며 재수·삼수를 해야 하는 현실, 대학 시절을 오로지 스펙 쌓는 데만 몰두하고서도 무거운 학자금 대출로 인해 채무자로 사회에 첫발을 내디뎌야 하고, 졸업을 해도 취업 준비를 위해 또다시 몇 년의 어둡고 추운 시기를 견뎌야 하는 현실, 그 어느 것도 젊은 그대들의 잘못이 아님을 꼭 이야기하고 싶다.

시작이야 어쨌든 일단 조직이 생기고 나면, 그 내부에서 민주적인 투쟁이 일어나 결국은 노동자의 이익에 부합하는 조직으로 변화하고 발전했던 게 노동자운동의 역사라는 송영수 선배의 말에 동의한다. "어용 노조라도 없는 것보다는 있는 게 노동자에게 도움이 된다"고 감히 말하고 싶다. 그리고 노동자의 역사를 믿는 나는 젊은 사람들이 만드는 노동조합이 어떤 성격을 가졌건 응원한다. 이 책을 읽으면 "이런 꼰대 같은"이라는 말이 저절로 나올지도 모르겠다. 하지만 나는 그 말의 바탕에 노동조합에 대한 젊은 그대들의 관심이 있다고 믿는다. 그리고 그대들에 대한 열렬한 응원이 진심이라는 걸 믿어주었으면 한다.

마지막으로 다시 사회주의에 대해 잠시만 함께 고민해주었으면 한다. 물론 언제 적 사회주의냐, 몰락한 마르크스의 망령이냐고 느껴질 수도 있다. 그러나 자본주의 사회에서 자본주의 너머의 사회를 꿈꾸는 걸 비난해서는 안 된다. 그 새로운 사회의 이름이 사회주의여도 좋고 아니어도 좋다. 지속적인 경기 불황, 전쟁, 부익부 빈익빈, 인구절벽의 현실이 역사적으로 반복되고 있음을 다시 생각하고 함께 고민해주길 바란다.

2021년 6월 16일 임금투쟁 중 페이스북에 남겨놓았던 에피소드로 남은 말을 대신하려고 한다.

오늘 부산 집에 가려고 노트북 정리하고 있는데, 갑자기 4명의 젊은이들이 노조사무실에 들이닥쳐서 "노조 가입하러 왔습니다"라며 줄줄이 앉아 가입원서를 쓰는 바람에 드디어 우리 노조가 과반 노조가 되었습니다.

전체 가입 대상 899명 중 현재 452명이 가입했습니다. 2000년에 처음 노조를 만들고 싸우는 중 하나둘 조합원들이 탈퇴해서 마지막에 5명이 남았습니다. 해고가 되건 어쩌건 끝까지 싸우겠다는 우리를 설득한 건 당시 부산지역일반노동조합 송영수 위원장님이었습니다.

'너희가 살아남아서 노조의 불씨가 되어야 한다'는 것이었습니다.

그때부터 오늘 이 순간까지 저는 송영수 전 위원장님의 저 말을 단 한 순간도 믿지 않았습니다. '불씨는 무슨 불씨, 그냥 다 비겁하게 살아가는 거지……'

그런데 올해 임금교섭을 시작하고 약 3개월 만에 100명이 넘는 사람들이 들불처럼 일어나 노조 가입을 하더니 오늘에 이르렀습니다.

누구나 가슴속에 불씨 하나씩 가지고 있었나 봅니다.

저는 이제야 그걸 알게 됩니다.

덕분에 부산행 비행기 표를 취소하고 저는 조금 더 최선을 다해보려고 합니다.

2025년 5월

노동조합 활동의 혁신이 이끌어낼 더 나은 세상을 꿈꾸며

신지은

퇴사 대신 노조 만들기

1판 1쇄 인쇄 2025년 8월 20일
1판 1쇄 발행 2025년 8월 27일

지은이   송영수·신지은
펴낸이   강지영
디자인   스튜디오글리
펴낸곳   (주)회화나무

출판신고번호 제2016-000248호   신고일자 2016년 8월 24일
주소   04072 서울시 마포구 합정동 독막로 8길 16 302호
전화   02-334-9266   팩스 02-2179-8442   이메일 hoewhanamoo@gmail.com

ⓒ 송영수·신지은 2025

ISBN 979-11-983357-3-9 (03300)

* 이 책 내용의 전부 또는 일부를 재사용하려면
  반드시 저작권자와 회화나무 양측의 동의를 받아야 합니다.

* 책값은 뒤표지에 있습니다.
* 잘못 만들어진 책은 구입하신 서점에서 교환해드립니다.